新发展格局背景下新型城镇化理论及其实践创新

—— 以甘肃省临夏回族自治州为例

金 梅 党 玮 刘海兵 等著

中国财经出版传媒集团
中国财政经济出版社

图书在版编目（CIP）数据

新发展格局背景下新型城镇化理论及其实践创新：以甘肃省临夏回族自治州为例 / 金梅等著 . -- 北京：中国财政经济出版社，2022.1

ISBN 978 - 7 - 5223 - 0961 - 3

Ⅰ. ①新… Ⅱ. ①金… Ⅲ. ①城市化 - 研究 - 临夏回族自治州 Ⅳ. ①F299.274.22

中国版本图书馆 CIP 数据核字（2021）第 238035 号

责任编辑：张怡然　　　　　责任印制：张　健
封面设计：兰卡绘世　　　　责任校对：张　凡

中国财政经济出版社 出版

URL：http://www.cfeph.cn
E - mail：cfeph@ cfeph.cn

（版权所有　翻印必究）

社址：北京市海淀区阜成路甲 28 号　邮政编码：100142
营销中心电话：010 - 88191522
天猫网店：中国财政经济出版社旗舰店
网址：https://zgczjjcbs.tmall.com
北京中兴印刷有限公司印刷　各地新华书店经销
成品尺寸：170mm×240mm　16 开　20.25 印张　350 000 字
2022 年 1 月第 1 版　2022 年 1 月北京第 1 次印刷
定价：82.00 元
ISBN 978 - 7 - 5223 - 0961 - 3
（图书出现印装问题，本社负责调换，电话：010 - 88190548）
本社质量投诉电话：010 - 88190744
打击盗版举报热线：010 - 88191661　QQ：2242791300

前言 PREFACE

"加快形成以国内大循环为主体、国内国际双循环相互促进的新发展格局",这是以习近平同志为核心的党中央基于当前和今后一个时期国内外形势,着眼高质量发展做出的重大战略部署。城市化进程是各类经济社会活动从分散走向集聚并促进更多社会分工的过程。新型城镇化以人为核心,以都市圈、城市群为主要空间载体,通过人口向城市群都市圈集聚、智慧化及绿色化城市建设、城市群产业联动发展、城市配套服务提升等,畅通生产、分配、消费、流通等国内大循环,对"形成需求牵引供给、供给创造需求的更高水平动态平衡"产生扩容提质的积极作用,对促进国民经济各环节顺畅衔接,进而加快形成新发展格局积蓄动能,发挥战略支撑作用。

临夏回族自治州(以下简称"临夏")地处青藏高原和黄土高原的交错地带,是中华文明的重要起源地之一,早在5000多年前就有先民居住。自秦汉以来临夏就设县、置州、建郡,古称枹罕,后改称河州。"西部旱码头""东有温州、西有河州"及河州二十四关"维雍州之西陲"的美誉,呈现出临夏作为古丝绸之路上"茶马互市"商埠重镇的繁荣丽景,足以印证和揭开"河湟雄镇"的盛世繁华和文明卷帘。

城市是人类发挥想象力的恢宏巨作,证实人类具有以最深远而持久的方式重塑自然的能力。城镇化是伴随工业化发展,非农产业在城镇集聚、农村人口向城镇集中的自然历史过程,是人类社会发展的客观趋势,是国家现代化的重要标志。推进新型城镇化建设,是党中央、国务院做出的重大战略部署,是促进经济社会持续健康发展的重大举措。基于新型城镇化理论基础、资源承载力现状和政策动向,制定实施甘肃省临夏回族自治州新型城镇化规划,努力走出一条"以人民为中心、四化同步、具有临夏特色"的新型城镇化发展道路,有利于加快推进城乡发展一体化，加快推进产业转型升级，加快推进扶贫开发，加快黄河流域生态安全屏障建设，对推动全州经济社会转型发展、跨越发展，实现脱贫攻坚任务完成后"第二个一百年"奋斗目标，建成富强、民主、文明、和谐之州，具有重要的意义。

1. 以人为本创新规划

坚持以人民为中心，紧密对接"两个一百年"奋斗目标，抢抓国家新型城镇化重大战略机遇，把握新型城镇化和经济社会全面发展规律，以新型城镇化建设促经济建设、增民生福祉。对标集"绿色生态友好、创新高效发展、社会和谐包容、服务保障全面、城乡空间优化、多元文化融合"于一体的指标体系，明晰目标驱动，量化任务。以创新为动力，围绕"创新、协调、绿色、开放、共享"新理念、"一心四带多节点"新布局、"绿色生态友好等"新指标、十大城镇"新产业、新动能"、"5G引领赋能业态应用"新基建、"一体化"新体制机制、"共建共治共享"社会治理新体系等，在新型城镇化建设中注重生态文明和文化传承，注重保障和改善民生，注重远近结合和城乡统筹，以顶层设计促平衡，以临夏效率促发展，打造宜业、宜居、宜学、宜游的优质就业环境，高质量的城镇生活圈和社区服务圈，使全体居民共享新型城镇化建设成果。

2. 空间布局集约规划

顺应我国新型城镇化空间布局呈现的"四化"（形态多元化、结构协同化、动力升级化、约束刚性化）互动趋势，严格落实临夏州主体功能区战略，扩大生态空间、保障农业空间、优化城镇空间，打造"三生空间"（生产、生活、生态）。根据州内不同地区功能定位和资源环境承载能力，促进城市紧凑发展，提高国土空间利用效率，提升临夏县市一体化功能等级，完善城镇综合功能，促进城镇协调发展。实施乡村振兴战略，逐步形成多元、开放、高效、优质的"一心四带多节点"城镇空间结构和"城（中心城市、次中心城市、县域中心城市）—镇（重点镇、一般乡镇）—村（社区）"的城乡体系。通过加强城乡区域统筹，做到州域范围内实行城乡统一规划管理，一本规划、一张蓝图覆盖全域。从兰西城市群区域整体协调发展的角度，充分发挥临夏区域南向通道的中心枢纽作用，加强与周边县市的分工协作，打造甘肃南部极具辐射力、影响力的新型城镇化高质量先行示范区。

3. 产业支撑绿色规划

立足资源禀赋和经济社会发展基础，秉承"突出区域特色、促进产业集聚、强化辐射带动、形成循环发展"原则，以产、城、人融合为导向，按照"做实一产、做强二产、做优三产"的基本思路，以提高人民群众幸福指数为落脚点，以产业绿色发展为导向，以农业为基础，以多种类型的经济园区为依托，突出前瞻性和产业关联度，依靠科技创新，培育和发展新产业、新技术，加大文化创意植入产业的力度，打造三次产业融合发展的新业态、新模式。以文化旅游为首要产业，大力发展"十大产业"（现代农业、食品与民族用品加工业、美食服务业、先进制造业、通道物流业、清洁能源产业、中医中药产业、现代会展业、数字创意产业），推进产业集聚和企业集群发展，促成潜力产业、优势产业、特色产业、主导产业的产业优势向品牌优势转变，推动形成大中小城市相互促进、分工协作、优势互补、特色鲜明的产业发展新格局，走出一条产业空间集约高效、辐射带动强劲、点线面拓展均衡，生活空间宜居适度，生态空间山清水秀的绿色发展新路子，进一步推进产业基地与城市建设联动发展，提升产业发展对城镇化的支撑作用。

4. 城乡融合配套规划

以小城镇、特色小镇和新型农村社区为城乡融合、协同发展的载体，以完善产权制度和要素市场化配置为重点，协同推进新型城镇化和乡村振兴，统筹城乡发展规划，促进城乡融合和区域协调发展，实现城乡要素自由流动、平等交换和公共资源合理配置。以积极推进户籍制度和人才保障改革、深化土地管理制度改革、加强水资源配置改革、加快投融资体制改革、探索行政区划管理改革等为城乡融合重要配套改革的主要内容。协调推进城乡规划、产业、基础设施、公共服务、生态文明、社会管理一体化，促进公共资源在城乡之间均衡配置，实现城乡联网和共建共享。释放城镇化对农业农村现代化的发展红利，解决因供需错配导致非户籍人口不愿落户、城市不愿接收外来农业转移人口的"两个积极性"不高问题。

5. 政策措施保障规划

坚持把科学规划作为新型城镇化发展的前提，坚持把高位推进作为新型城镇化发展的关键，坚持把创新机制作为新型城镇化的保障，坚持把政策保障作为新型城镇化发展的重要支撑,坚持把示范引领作为新型城镇化发展的重要抓手,通过创新管理体制机制、加大政策支持力度、严格监测考核等保障措施,强化精准施策保障效果,积极营造临夏州新型城镇化发展的良好环境,统筹推动生态文明工程、科技创新工程、全民素质工程、公共治理工程、文化品牌工程、智慧城镇工程协同发展,确保规划目标和重点工程项目顺利完成。

新型城镇化是实现"两个一百年"奋斗目标的重要载体,更是疫情后立足国内大循环、畅通国内国际双循环背景下撬动内需的最大潜力所在。"民为邦本,本固邦宁"以城乡统筹、城乡一体、产业互动、节约集约、生态宜居、和谐发展为基本特征的新型城镇化,既是构建"共建共享"新治理格局的必然要求,也是临夏州人民对美好生活的向往与追求。集约、智能、绿色、低碳的新型城镇化高质量发展的新时代已经到来,全州深入推动新型城镇化建设的号角已吹响,政策机遇正逢其时、适逢其势。"千淘万漉虽辛苦,吹尽狂沙始到金。"在州委、州政府的坚强领导下,全面贯彻党的十九届五中全会中关于"坚持创新的核心地位、全面推进乡村振兴、构建新发展格局"的会议精神,认真贯彻执行习近平总书记在甘肃视察时的重要讲话和指示要求,发挥丝绸之路城市节点作用,推进新时代西部大开发形成新格局,以实施黄河流域生态保护和高质量发展为统领,以临夏州"十四五"规划及中长期整体发展理念、目标、路径为"三个立足点",以基本州情、时代特征、治理体系为"三个面向",新时代临夏人将以"高站位、宽视野、有深度、在状态、有激情、敢为先"的精神,立足新时代,担当新使命,抢抓叠加汇集的政策机遇,擘画新蓝图,开启新征程;找准临夏州的发展定位,充分挖掘潜力优势,提出新思路、新战略、新举措,全力以赴谋项目、引项目、上项目,巩固好脱贫攻坚成效,有效衔接乡村振兴,积极推进新型城镇化与乡村振兴互促共融,乘势而上开启新型城镇化建设和城乡融合新征程。"天机云锦用在我,剪裁妙处非刀尺。"全州上下要切实增强政策意识、机遇意识、发展意识,充分把握政策机遇叠加释放、后劲动能持续增强、潜力优势加速转化、弯道超车加快发展的重要时期,以发展"十大产业"为关键,展现新作为,开创新局面,力求实现项目带动突破、产业支撑突破、民企发展突破、生态治理突破、区域联动突破、城乡融合突破、创新驱动突破、开放开发突破。众志成城,攻坚克难,补短板、强弱项,争取创建国家生态旅游示范区、产业升级转型示范区、特色农产品优势区，发展有历史记忆、文化脉络、地域风貌、民族特点的美丽城镇，努力实现具有临夏特色的新型城镇化，城乡融合更高质量、更有效率、更加公平、更可持续地发展，逐步形成在全国具有一定影响力的少数民族地区新型城镇化建设创新改革的"临夏模式""临夏速度"，谱写"加快建设幸福美好新临夏、不断开创富民兴临新局面"的时代篇章。

2021 年 11 月

第一篇　理论指引

第一章　引言 ·· 3
　　一、研究背景 ··· 3
　　二、研究意义 ··· 4
　　三、新型城镇化研究综述 ··· 5
　　四、研究思路和方法 ··· 14
　　五、主要内容 ·· 15

第二章　新型城镇化的内涵、特点及目标 ······················ 16
　　一、新型城镇化的内涵 ··· 16
　　二、新型城镇化的特点 ··· 22
　　三、新型城镇化的目标 ··· 24
　　四、中国新型城镇化发展趋势 ····································· 33

第三章　新型城镇化路径 ·· 36
　　一、优化城镇总体布局和形态 ····································· 36
　　二、系统推进城镇更新 ··· 37
　　三、增强城镇基础设施水平和公共服务能力 ··············· 38
　　四、强化城镇产业支撑 ··· 39

五、有序推进农业转移人口市民化 ·· 40

　　六、推动城乡融合发展 ·· 41

　　七、推动高质量发展城镇化的重大工程 ·· 43

第二篇　甘肃省临夏回族自治州新型城镇化实践路径

第一章　发展基础 ·· 49

　　一、州情概况 ·· 49

　　二、城镇化发展的现状与成效 ·· 63

　　三、城镇化发展问题诊断 ·· 75

第二章　政策背景和发展机遇 ·· 85

　　一、政策背景 ·· 85

　　二、发展机遇 ·· 94

第三章　临夏州新型城镇化总体要求 ·· 97

　　一、指导思想 ·· 97

　　二、基本要求 ·· 98

　　三、规划目的、性质和意义 ·· 100

　　四、规划依据、范围及期限 ·· 103

　　五、战略定位 ·· 104

　　六、发展目标 ·· 105

第四章　优化城镇总体布局和形态 ·· 113

　　一、总体空间布局 ·· 113

　　二、城镇总体布局职能及形态 ·· 115

　　三、州域城镇等级及职能结构 ·· 119

　　四、乡镇职能结构 ·· 122

五、优化区划设置 ·· 123

第五章　系统推进城镇更新 ·· 129
　　一、思路与目标 ·· 129
　　二、发展举措 ·· 130

第六章　增强城镇基础设施水平和公共服务能力 ·· 145
　　一、思路与目标 ·· 145
　　二、发展举措 ·· 146

第七章　强化城镇产业支撑 ·· 158
　　一、文化旅游业 ·· 158
　　二、现代农业 ·· 166
　　三、食品与民族用品加工业 ·· 172
　　四、美食服务业 ·· 176
　　五、先进制造业 ·· 178
　　六、通道物流业 ·· 181
　　七、清洁能源产业 ·· 185
　　八、中医中药产业 ·· 187
　　九、现代会展业 ·· 189
　　十、数字创意产业 ·· 191

第八章　有序推进农业转移人口市民化 ·· 195
　　一、思路与目标 ·· 195
　　二、发展举措 ·· 196

第九章　推动城乡融合发展 ·· 204
　　一、思路与目标 ·· 204
　　二、发展举措 ·· 205

第十章　推动高质量发展城镇化的重大工程 …… 211

一、生态文明工程 …… 211

二、科技创新工程 …… 217

三、全民素质工程 …… 220

四、公共治理工程 …… 224

五、文化品牌工程 …… 227

六、智慧城镇工程 …… 230

第十一章　新型城镇化实施保障 …… 234

一、体制机制保障 …… 234

二、政策支持保障 …… 243

三、人才支撑保障 …… 261

四、项目带动保障 …… 265

五、试点示范保障 …… 267

六、监测考核保障 …… 268

第三篇　经验借鉴

一、甘肃省调整优化新型城镇化空间布局 …… 273

二、漳州全力推进文化、旅游、体育、会展、夜间经济融合发展 …… 275

三、中山市改善城市交通网络，解决制约经济社会发展瓶颈 …… 276

四、广州搭设信息实时共享系统，提升运营效率 …… 278

五、宁夏农业银行金融服务城镇化 …… 280

六、人才引领产业转型——苏州探索新型城镇化之路 …… 282

七、武城"进城证"让农民"进得来离得开" …… 284

八、韶关市仁化县康溪村土地资源的"土地银行"零存整取模式 …… 286

九、广州存量旧厂房与旧工业用地更新改造 …… 288

十、浙江省工业项目"标准地"制度 …… 289

  十一、城市功能分区与土地混合利用的协同 …………………………… 290
  十二、南张楼村"巴伐利亚试验"城乡融合 …………………………… 291
  十三、宁波模式城乡融合 ………………………………………………… 293

附录：临夏州资源环境承载力分析 …………………………………………… 295
  一、各系统人口容量 ……………………………………………………… 295
  二、综合承载力人口容量 ………………………………………………… 297
  三、人口潜力指数 ………………………………………………………… 297
  四、结果与分析 …………………………………………………………… 298

参考文献 ……………………………………………………………………………… 302

后　　记 ……………………………………………………………………………… 306

第一篇
理论指引

第一章
引 言

城镇化是国家治理现代化的必由之路,也是中国经济社会现代化的必经之路,而新型城镇化是深刻把握国家城镇化发展规律提出的新概念和新思路。党的十九届五中全会精神强调了"十四五"时期关于新型城镇化战略的深化定义和新要求,明确指出新城镇化必须遵循的核心思想——"推进以人为核心的新型城镇化",进而明确了未来中国新型城镇化的目标任务和政策举措。

新型城镇化需要及时地直面各种问题,例如"游离"在城乡之间的"半城镇化"的状态。面对城镇化发展不平衡和不充分的矛盾,新型城镇化要解决三个层面协调发展的问题。一是人口(城镇化)—(区域)经济—(国土)空间的整体性、协调性;二是全域国土空间基础上人口与经济的协调发展关系;三是城镇化新阶段对协调区域经济发展不平衡和对国土空间资源环境保护的现实需求。

一、研究背景

人类社会究竟是先有农村还是先有城市,或者二者有着某种共同的源起,我们目前还无法找到足够的证据加以确证,但有一点是确定的,中国文明主要溯源于农业文明,乡村是中国文明得以形成的基石和根源,而城市温润了中国文明,是中国文明的重要载体。因此,从创造文化到丰富文化的视角看,城乡二者相互依赖、始于一体,城乡自古是难以真正分割的,正如费孝通在《乡土重构》中强调的"乡村和都市本是相关的一体"。这样的城乡连续体认知是研究新型城镇化和追溯城镇化建设的重要学术背景。

中华人民共和国成立后，我国城镇化率大幅提升。1949年末，我国常住人口城镇化率只有10.64%。2011年末，常住人口城镇化率达到51.27%，工作和生活在城镇的人口比重超过了50%，比1978年末提高33.35个百分点。党的十八大提出"走中国特色新型城镇化道路"，我国城镇化开始进入以人为本、规模和质量并重的新阶段。2020年末我国常住人口城镇化率达63.89%，比2011年末提高12.62个百分点。为积极推动新型城镇化建设，户籍、土地、财政、教育、就业、医保和住房等领域配套改革相继出台，农业转移人口市民化速度明显加快，大城市管理更加精细，中小城市和特色小城镇加速发展，城市功能全面提升，城市群建设持续推进，城市区域分布更加均衡。但是，我国城镇化在快速推进过程中也存在城镇发展不平衡、农民工市民化任务依然繁重、城乡二元结构依然突出等一系列问题。

新型城镇化是中国城镇化道路的必然选择，为解决人口的激增和就业困难、社会保险难以全面覆盖、基础设施建设滞后、环境污染严重、房价持续走高、交通压力增大、若干城市发展负面效应不断显现、忽视对农民利益的保护等问题，党的十八大以来，以习近平同志为核心的党中央坚持以人民为中心的发展思想，积极推进以人为核心的新型城镇化。传统城镇化发展模式暴露出很多因不平衡、不充分问题产生的矛盾，因而在坚定走新型工业化道路的同时，还要走一条新型城镇化之路。新型城镇化是当下发展的主流，和以往的传统城镇化相比，内涵更丰富，要求更明确。

二、研究意义

中国特色社会主义进入新时代以来，城乡发展不平衡不充分成为当前我国社会主要矛盾中较为突出的问题，乡村振兴的提出为缓解城乡二元结构难题提供了战略支持。协调推进乡村振兴和新型城镇化，将城镇化发展的焦点从单纯聚焦城镇化率逐渐转向同步关注城镇化质量，对科学促进城乡融合发展具有重要意义。

党中央、国务院的会议精神对新型城镇化提出了具体要求。2012年党的十八大提出坚持走中国特色新型城镇化道路。《国家新型城镇化规划（2014—2020

年)》出台以来,新型城镇化建设逐渐成为各级政府的工作重点,开展了大量试点工作,取得了许多成功的经验,创造了一些值得借鉴和推广的、具有鲜明特色的地方发展模式,为新型城镇化全面深入推进积累了丰富的实践经验。2018年中共中央、国务院印发《乡村振兴战略规划(2018—2022年)》,特别强调"坚持乡村振兴和新型城镇化双轮驱动"。乡村振兴为新型城镇化提供了全面发展的坚实基础,是统筹城乡问题必不可少的发展战略。2020年国务院政府工作报告中提出加强新型城镇化建设,大力提升县城公共设施服务能力,深入推进新型城镇化。

坚持新型城镇化和全面推进乡村振兴的融合,坚持走中国特色新型城镇化道路,深入推进以人为核心的新型城镇化战略,有步骤地为解决发展不平衡、不充分的矛盾问题提出方案。1978年,我国城镇人口为1.72亿,城镇化率只有17.92%。通过政策性战略部署,2020年我国常住人口城镇化率达到了63.89%,而户籍人口城镇化率仅为45.4%,两者相差18.49个百分点,表现出了我国在城镇化发展中的困境。"十四五"末,我国常住人口城镇化率预计提高至65%,进一步提升城镇化发展质量,实现以工补农、以城带乡,推动形成工农互促、城乡互补、协调发展、共同繁荣的新型工农城乡关系,注重城乡区域发展协调性,加快农业农村现代化。新型城镇化之"新",在于推进"以人为核心"的城镇化,在于走"集约、智能、绿色、低碳"的中国特色新型城镇化道路,在于更加关注城镇化质量的提高。

民族要复兴,乡村必振兴。城乡发展将迎来新的历史机遇,此时,科学评估新型城镇化建设状况和城乡融合发展状况,总结经验,巩固成果,并为推进新型城镇化和城乡融合发展制定清晰的路线图,以更有力的举措,汇聚更强大的力量来推进全面改革。

三、新型城镇化研究综述

(一)新型城镇化发展质量评价

21世纪以来,中国新型城镇化发展水平提高较快。余江(2018)指出,

2000—2016年，中国新型城镇化率综合指数年均提高2.5个百分点。卢新海（2019）指出，中部地区城镇化水平总体呈上升态势，平均值从2000年的0.66%增长到2016年的1.36%。中国新型城镇化水平整体处于快速提升态势，呈现"东—中—西"依次递减的阶梯式分布格局。新型城镇化发展的空间集聚效应显著增强。

但是，新型城镇化水平还存在着比较明显的区域差距。郭炳南等（2021）认为，新型城镇化发展水平差异主要来源于区域间差异，东部与西部的区域间差异最大，东部与中部的区域间差异次之，中部与西部的区域间差异最小，且均呈现不断缩小的态势。曾建丽（2021）等认为"京津冀"城市群新型城镇化水平空间差异明显，以京津两地为核心，向周边城市呈"核心—边缘"递减趋势，城市群内部发展差距逐年扩大，"京津冀"城市群新型城镇化水平呈现等级化特征。叶继红（2021）等认为"长三角"城市群新型城镇化质量整体呈现出提升态势，各城市间的经济发展差距有所缩小，城市社会发展和经济社会资源利用效率成为影响"长三角"城市群新型城镇化高质量发展的重要因素。黄敦平（2021）等从宏观经济质量、产业结构质量、人口质量、生态环境质量、公共服务质量、城乡统筹六个方面分析，得出：我国新型城镇化质量总体水平不高，并存在较强的空间异质性；东部地区新型城镇化发展质量整体较强，中、西部地区则相对较弱。他进一步基于聚类分析将我国各省份划分为新型城镇化发展质量较高地区、一般地区和较低地区三类。赵娜（2020）认为，2008—2017年，中国新型城镇化发展质量总体呈稳步上升态势；四大区域板块新型城镇化发展质量呈阶梯式不均衡分布，但总体有向均衡化高质量发展靠拢的趋势；东部、中部、东北、西部地区四大板块新型城镇化发展质量依次递减；四大区域板块新型城镇化发展潜力差异明显，中、西部地区大部分省份后发潜力较大，东部大多数省份新型城镇化发展趋于稳定，东北地区新型城镇化质量提升潜力最低。

综上可以看出，中国新型城镇化水平快速增长，逐年提升，城镇化的发展缩小了地区经济发展差距，但总体上新型城镇化水平的区域差距还比较明显。一是东部、中部、西部区域有明显差距，二是以城市群发展为特征的新型城镇化模式中，呈现由中心城市向周边城市"核心—边缘"递减趋势，且这种差距逐年扩大。因此，在新型城镇化水平总体提升的基础上，应更加关注差距的有效控制问题。

（二）新型城镇化的影响因素

新型城镇化是实现城乡一体化、消除城乡二元结构的关键动力，因而也是经济社会迈向高质量发展阶段的重要目标。因此，分析新型城镇化的影响因素也是学术界的一项重任。核心的影响因素有：

1. 新型工业化

李苏等（2021）认为新型城镇化加快促进新型工业化发展，新型工业化进一步推动新型城镇化建设，两者互相驱动、互相支撑。

2. 物流业发展

温婷等（2021）认为长江经济带物流业集聚对新型城镇化存在着显著的正向溢出效应。物流业多样化集聚水平受到约束时，物流业多样化集聚与新型城镇化呈先促进后抑制的倒"U"形关系；以基础设施水平为门槛变量时，长江经济带物流业多样化集聚水平与新型城镇化水平呈先抑制后促进的"U"形关系，物流业专业化集聚水平与新型城镇化水平呈"N"形关系。

3. 财政分权

杨志辉等（2021）认为财政分权对新型城镇化发展具有显著的促进作用，地方政府获得的财政资源越多，新型城镇化发展水平越高；财政分权对新型城镇化的促进作用与新型城镇化的水平呈现反向变动关系。新型城镇化处于较低水平时，财政分权对其的促进作用较大；新型城镇化处于较高水平时，财政分权对其的促进作用较小。

4. 旅游业发展

王琴等（2021）认为长江经济带旅游业的发展惯性明显高于新型城镇化的发展惯性，且两者之间存在相互的正向影响。分地区来看，长江上、中、下游地区是新型城镇化惯性发展区，也是旅游业惯性发展区；上、中、下游地区新型城镇化对旅游业发展均具有正向影响；上游地区旅游业发展对新型城镇化的正向影响存在滞后效应，而中游和下游地区旅游业发展对新型城镇化会产生负向影响。张鹏杨（2021）等认为我国旅游产业集聚和新型城镇化发展均存在显著的空间自相关性；旅游产业集聚不仅对本地新型城镇化发展有积极影响，而且对相邻地区新型城镇化也会形成一定的正向溢出效应；对外开放、固定资产投资、政府干预能够显著带动新型城镇化发展。

5. 乡村振兴

王永瑜等（2021）认为乡村振兴和经济增长均对新型城镇化具有带动作用，而经济增长的带动作用更强；经济增长和新型城镇化均对乡村振兴具有显著的带动作用，并且新型城镇化的带动作用更强；新型城镇化对经济增长的带动作用明显强于乡村振兴的带动作用。

6. 新型城镇化自身的惯性

余欣（2021）认为前期新型城镇化建设发展显著正向促进本期新型城镇化建设发展，即新型城镇化建设发展有持续性；消费升级显著正向促进新型城镇化；服务业成本过高会负向作用于新型城镇化；服务业成本适度增加，则增强消费升级对新型城镇化的正向促进作用。

综上可以看出，新型工业化、物流业集聚、财政分权、旅游业发展、乡村振兴、区域经济发展和自身惯性均对新型城镇化有正向促进作用。

（三）新型城镇化协同研究

1. 新型城镇化与区域协调发展

加强新型城镇化与区域协调发展耦合协调机制的研究对于实现新时代经济高质量发展具有重要的意义。郭炳南等（2021）认为中国新型城镇化与区域协调发展耦合度呈稳步上升趋势，以2011年为节点从轻度失调跃升为勉强协调状态；在空间分布上两者的耦合度表现出"东部＞中部＞西部"阶梯分布的格局，区域间差异较大，东部耦合协调程度远高于中部和西部，东部和西部区域内部耦合度分布不平衡，中部整体耦合水平低；各省份的耦合度普遍呈上升态势，省份间的差异不断缩小，多数省份新型城镇化与区域协调发展的同步性较强。徐雪等（2021）认为31省（区、市）"新型城镇化—乡村振兴—经济增长质量"三系统综合发展水平呈现显著的区域差异。其中，三系统综合水平都相对较高的省（区、市）主要分布在东部地区，而东北、中部和西部地区三系统综合水平较低，绝大多数低于全国平均水平；全国三系统耦合协调度整体上偏低，研究期内呈现缓慢上升并趋于稳定的发展趋势。在全国层面，政府能力、交通基础设施水平、金融发展水平、产业结构、人口增长及劳动力质量对三系统耦合协调度具有显著的正向促进作用，而城乡收入差距则不利于三系统的协调发展；三系统耦合协调度的影响因素具有明显的区域异质性。

新型城镇化与区域协调发展耦合度整体上呈上升趋势，但两者之间的耦合度也存在显著的地区差异，东部地区的耦合度更高，而西部地区的耦合度较低。肯定的是，这种耦合度的地区差异正在逐步缩小，均衡发展趋势正在显现。

2. 新型城镇化与生态环境协调发展

在快速城镇化过程中，往往伴随着一系列环境恶化问题，给资源环境承载力带来了巨大的压力。因此，在我国经济迈入新常态的背景下，城镇化与生态环境的交互耦合及协调发展，成为学者们十分关注的问题。邵海琴等（2021）认为2005—2017年长江经济带旅游资源绿色利用效率和新型城镇化水平呈波动上升的态势，2017年分别为0.885和0.493，发展水平仍较低，提升空间较大。不同区域两者发展水平差异较大，面临着突出的发展不平衡问题；各地区耦合协调度空间分布区位差异明显，呈现出"下游—中游—上游"梯度递减的规律，且具有明显的空间集聚特征，其中，中、上游省区耦合协调类型空间演变较大，下游省区较稳定；长江经济带旅游资源绿色利用效率与新型城镇化耦合协调度存在"俱乐部收敛"现象，具有维持原有状态的稳定性，且其动态演进是一个相对持续、渐进的过程，短期内难以实现跨越式发展。朱艳娜等（2020）认为新型城镇化与生态环境综合发展指数呈现明显的正相关关系，合肥、芜湖两地新型城镇化综合发展水平较高，其余7地发展水平较低，总体呈"中间高，周边低"；合肥、芜湖、马鞍山三地生态环境综合水平较高，其余6地发展水平较低，整体呈"西南低，中东部高"新型城镇化与生态环境在整体发展及阶段演化中表现出较高的内部一致性；耦合度呈现较为均衡态势，整体处于高水平耦合阶段。姜亚俊等（2021）认为从综合发展水平来看，山东省新型城镇化和生态环境综合发展水平均逐年上升，但生态环境发展水平有所波动，两个子系统之间发展不平衡、不充分。从协调发展水平来看，新型城镇化与生态环境的耦合协调度呈上升态势，总体处于初级协调阶段，协调度不高；耦合协调度由沿海向内陆递减,市域差距不断缩小;各地市新型城镇化发展水平整体表现为滞后型,研究时段后期,个别城市转为生态环境滞后型。张发明等(2021)认为中部地区新型城镇化质量与生态环境承载力耦合程度处在拮抗阶段,且耦合度值近年来处于停滞不前阶段;新型城镇化质量与生态环境承载力耦合协调度水平基本符合"北高南低"的空间分布规律,整体处于中耦合协调阶段;但在区域上存在明显差异,根据耦合协调度、生态环境承载力水平和新型城镇化质量状况可以将中部各省份的耦合格局大致分为三种类型。中部地区生态环境治理任务刻不容缓,需要用可持续发展思维来引领城镇化的进一步发展。

综上所述,已有关于新型城镇化与生态环境协调发展的研究大多是以省份、区域为样本,得出的结论因为地区的差异而有差异。比较一致的观点是,新型城镇化与生态环境协同发展的整体水平正逐年上升,但仍有较大上升空间。

3. 新型城镇化与乡村振兴协调发展

乡村振兴是新型城镇化发展的重要目标。已有研究主要集中在两个方面:一是关于新型城镇化与乡村振兴耦合度的研究;二是乡村振兴和新型城镇化如何融合发展的研究。

在新型城镇化与乡村振兴耦合度研究方面:刘依杭(2021)认为农业现代化水平不高,城乡要素双向流动不足、对接不畅,服务保障机制不均衡,治理体系不健全等是制约二者协同发展的主要因素。马长发等(2021)认为西部地区的新型城镇化水平不断提高,乡村振兴的发展水平低于新型城镇化水平;两大战略发展存在空间差异,且发展水平高的地区其耦合协调度也较高,在内蒙古、重庆、广西和四川等发展水平较高的地区,两大战略实现良性互动,在青海和西藏等比较落后的地区,两者勉强协调。陈晓华等(2021)认为乡村发展和新型城镇化水平整体耦合度处于上升趋势,协调发展态势良好;乡村发展与新型城镇化的耦合协调度空间差异明显,耦合协调度亚类型也存在异质性;乡村发展与新型城镇化耦合协调度受地理交通区位、区域人口素质、公共资源配置、生活消费水平、政府财政投入的影响显著,两两交互作用增强。李丹等(2021)分析了黑龙江省新型城镇化与耕地利用耦合协调的时空分异特征,认为黑龙江省新型城镇化与耕地利用综合发展指数总体趋势为先下降后上升,新型城镇化与耕地利用耦合度不高，长期处于颉颃阶段，但耦合度指数呈波动上升趋势；新型城镇化与耕地利用耦合协调度尚存在一定差异，但尚在可控范围内，需持续关注，采取差异化的政策措施，进行科学合理调整。唐晓灵等（2021）认为重庆市新型城镇化与农业经济协调发展程度还未达到高水平耦合阶段，但其协调程度在不断提升；基于区域差异来源分析，重庆市应结合各功能区的区域特色和功能定位因地制宜发展特色农业经济。

在乡村振兴和新型城镇化如何融合发展方面：杨梵（2021）认为为解决城乡之间不平衡不充分的矛盾，既满足农业农村的现代化又平衡了城乡协调一体发展的目标，基于马克思和恩格斯的城乡关系理论结合中国的现实和历史进程阶段，提出了乡村振兴和新型城镇化战略融合发展的路径建议，并从理论和现实层面解释了乡村振兴和新型城镇化的逻辑联系，并且从经济、社会、文化、生态、制度五个层面，提出相应的现实路径，促进新型城镇化和乡村振兴战略的融合发展。张合林等（2021）认为应积极探索乡村振兴与新型城镇化耦合协调发展的路径，构建乡村振兴与新型城镇化耦合协调发展的实现机制，如城乡要素资源双向流动机制、城乡产业融合发展机制、城乡公共服务均衡配置机制、城乡空间融合发展机制和城乡生态环境协同治理机制等。夏金梅（2021）认为推动我国新型城镇化与乡村振兴协同发展，时间维度上应以社会主义现代化为目标，确定协同发展的时间节点；空间维度上可将特色小镇建设作为载体，把以城市群为主体、大城市为中心、周边中小城市和小城镇为支点的城镇化空间形态与乡村连接，优化协同发展的空间格局。

4. 新型城镇化与产业及产业结构协调发展

这方面研究主要集中在新型城镇化与农业现代化、工业现代化、物流业集聚、科技创新以及数字经济产业协调发展等方面。代表性的成果有：

一是与农业现代化协调发展。闫玉科等（2021）认为广东省新型城镇化与农业现代化的耦合协调度逐步上升，先后经历了"失调—濒临失调—初级协调—中级协调"，但目前整体耦合度并不高；广东新型城镇化对农业现代化产生正向拉动效应，较强于农业现代化的反作用，而长期内这种拉动效应渐渐被强化趋于平稳。这说明，新型城镇化与农业现代化的协调度还需要进一步提升。

二是与物流业的协调发展。梁雯等（2021）选取 2010—2019 年"长三角"地区三省一市面板数据，分析得出江苏省、浙江省、上海市新型城镇化效率均处于较高水平，安徽省处于落后水平。上海市和安徽省物流效率始终处于 DEA 有效状态。"长三角"地区新型城镇化水平差异性表现为：从江苏省、浙江省、上海市到安徽省梯度递减。物流业水平差异性表现为从江苏省、浙江省到上海市梯度递减，而安徽省于 2013 年之后超过浙江省位于第二梯度。"长三角"地区新型城镇化和物流两系统之间长期处于高水平耦合阶段，但耦合协调度横跨低度失调、弱度失调和弱度协调三个阶段。这说明，新型城镇化与物流业相关度耦合度较高，但区域间差异表现明显。

三是与数字经济产业的协调发展。王常军（2021）认为数字经济和新型城镇化在"十四五"时期将发挥更加重要的作用；新型城镇化为数字经济发展提供空间载体和应用场景支撑，创造了新一代信息技术大规模、系统性的应用机遇；数字经济为新型城镇化建设带来了投资驱动和创新驱动，创造了有别于传统城镇化的突破路径。

四是与科技创新的协调发展。实现科技自立自强是党的十九届五中全会明确提出的重大战略部署。曹允春等（2021）认为研究期内长江经济带科技创新与新型城镇化综合发展指数均呈现同向上升趋势；二者耦合协调度从西向东逐步增加，研究期末整体呈高度耦合协调；研究期内长江上游、中游、下游省（市）内部差异基本无缩小趋势，这说明新型城镇化有利于科技创新。

五是与产业结构的协调发展。翁异静等（2021）认为 2005—2015 年，浙江省一直处于产业结构主导型阶段，2016 年开始进入新型城镇化主导型发展阶段；从空间格局上看，产业结构和新型城镇化的耦合协调度呈现出单极化向扁平化发展的趋势；浙江省西南部内陆地区的耦合协调度低于东部沿海地区，其中杭州市和宁波市耦合协调度最高，但产业结构升级相比新型城镇化发展稍有滞后。

（四）新型城镇化发展的模式和路径

近年来，国内众多学者从不同角度对我国城镇化发展战略和路径的选择提出了各自的见解。杨飞虎（2020）从包容性角度出发，认为当前我国城镇化发展迅速，但存在着城乡发展互斥、失地农民生计困境和环保压力等不包容问题，制约着新型城镇化可持续发展。因此，应建立包含经济、社会、文化、生态等方面的包容性发展制度，构建市场调配、政府监管、社会参与的多维发展体系，形成包含总体模式、实施模式和保障模式"三位一体"的包容性发展模式，从而有效提高我国新型城镇化包容性发展的质量。汪雅珍等（2021）认为，新型城镇化政策显著促进了"长三角"经济高质量发展水平，新型城镇化与产业结构升级、政府干预以及就业水平的交互项均显著促进了"长三角"经济高质量发展。刘治彦等（2020）提出了落实新型城镇化发展规划、推进地区差异化发展、加快基础设施建设和生态环境治理、推进城乡融合和科技创新等方面的路径。焦方义等（2021）认为通过国内大循环的升级实现国际大循环的重塑，是新型城镇化促进"双循环"发展格局形成的机制。具体机制包括：一是产业聚集和技术创新推动；二是区域一体化和自贸区发展；三是收入分配制度和户籍制度改革；四是国内外制度环境的优化。任碧云等认为为推动新型城镇化高质量发展，应构建包含治理策略、推进策略和保障策略在内的"三位一体"策略集合，并推动涵盖产业精准扶持、配套保障有效、社会服务均等、生态环境友好的"四维联动"创新发展实践策略，同时将核心城市群建设工程、市民化工程、环境动态考评工程和城乡包容性质量工程作为新型城镇化高质量发展的着力点。

（五）总结与展望

综上所述，新型城镇化发展取得了可喜成绩，但仍需要重点关注以下问题：第一，新型城镇化地区不均衡问题仍然突出，因此如何解决各区域间城镇化发展不平衡的问题，实现区域城镇化的协调发展，仍然是今后学界的一个重要课题。第二，新型城镇化与生态环境协同发展的整体水平正逐年上升，但上升仍有较大空间，因此，如何在保持资源环境可持续利用的情况下推进城镇化发展，这是一个难题，但也是一个非常值得深究的问题。第三，在乡村振兴和新型城镇化如何融合发展方面，需要更多、更深入微观机制的研究。第四，新型城镇化如何助力科技创新是一个新议题。

四、研究思路和方法

（一）研究思路

本书按照"理论指引—实践路径—案例借鉴"的研究思路，以新发展格局为背景，以新型城镇化规划建设为主线，系统地阐述了新型城镇化的内涵、特点、目标及发展趋势；在此基础上，以甘肃省临夏回族自治州新型城镇化总体规划和建设为例，系统研究城镇总体布局和形态、城镇更新、城镇基础设施水平和公共服务能力、城镇产业支撑、农业转移人口市民化、城乡融合发展、重大工程等新型城镇化重点领域的布局思路、发展目标和发展举措，探索新发展格局背景下新型城镇化实践路径。

（二）研究方法

1. 文献研究和案例分析相结合

搜集国内外城镇化及新型城镇化的主流文献，并对其进行鉴别、整理，通过对文献的研究形成对新型城镇化发展规律的科学认识，为新型城镇化的实践路径奠定理论基础；精选国内新型城镇化经典案例，借鉴其成功经验，为科学规划临夏州特色的新型城镇化发展路径提供思路。

2. 定性分析和定量分析相结合

对以人民为中心的新型城镇化内涵、特点和相关政策分析采用定性分析的方法，明晰新型城镇化的性质和发展趋势；采用指标体系，设定新型城镇化发展目标，并对系统人口容量、潜力指数及综合承载等采用定量分析方法，使相关规划分析建立在翔实、准确的数据基础上。

3. 访谈调查与问卷调查相结合

采取召开座谈会、个别深访、现场调研等形式的调查方法，对临夏州新型城镇化基础设施、公共服务、重大项目等进行访谈调查，详细了解新型城镇化的现状，找准新型城镇化的问题症状；对新型城镇化建设目标、城乡融合、生活环境等问题采用问卷调查的方法，了解政府管理者和普通居民对新型城镇化的期望。

五、主要内容

本书共分三篇，主要内容包括：

第一篇为理论指引，主要包括研究背景、研究意义、研究思路和方法以及新型城镇化的内涵、特点、目标及路径。

第二篇为甘肃省临夏回族自治州新型城镇化实践路径，主要包括城镇化发展的现状、成效及问题诊断分析，规划背景和发展机遇，新型城镇化的总体要求，城镇总体布局和形态，城镇更新，城镇基础设施水平和公共服务能力，城镇产业支撑，农业转移人口市民化，城乡融合发展，重大工程及保障措施。

第三篇为经验借鉴，以新型城镇化问题为导向，精选国内新型城镇化典型案例，在本书中借鉴其成功经验。

第二章
新型城镇化的内涵、特点及目标

在现代化建设过程中实现新型城镇化是必由之路，也是经济发展的原始动力和必然结果。中国的新型城镇化是以城乡融合发展、协同互促为指向的城镇化，也是以居民共同富裕、成果分享为目标的城镇化，更是以统筹经济社会生态、具有可持续发展特征的城镇化。因此，新型城镇化的目标与产业、生态、城乡融合、基本公共服务等方方面面密切相关。习近平总书记指出，要坚持以创新、协调、绿色、开放、共享的发展理念为引领，促进中国特色新型城镇化持续健康发展。

一、新型城镇化的内涵

城镇化是一个自然历史过程，是国家现代化的重要标志，是我国由贫穷落后走向繁荣富强的必由之路。从党的十八届四中全会提出坚持走中国特色的新型城镇化道路，到十九届五中全会强调"推进以人为核心的新型城镇化"，明确了新型城镇化目标任务和政策举措。战略性的要求为乡村振兴提供"压舱石"，首先需要与时俱进地厘清传统城镇化和新型城镇化的概念区别。

（一）什么是城镇化

国内对城镇化内涵的界定包括城乡一体化理论、公共治理理论、科学发展观理论、小城镇发展理论、大城市发展理论、多元城镇化发展理论等。首次提出并界定"城镇化"的人是卡尔·马克思，其在《政治经济学批判》一书中写道："现代的历史是乡村城市化，而不像在古代那样，是城市乡村化。"2000

年，党的十五届五中全会通过的《中共中央关于制定国民经济和社会发展第十个五年计划的建议》首次采用"城镇化"一词。2002年，党的十六大正式提出"走中国特色城镇化道路"，具有较强的政策导向。"城镇化"的用词是符合中国特色的，在此基础上，我国学者进行了更为深入的研究，逐渐形成了更具体的城镇化概念。

傅晨（2005）认为，工业化发展致使乡村劳动力及资源向城市靠拢的过程即为城市化。城镇化的持续变动过程，显现在城市规模的扩大和人口数量增长上，当然也包括人们对城市生活理念和方式的转变、同化。宁越敏（2009）指出，城镇化就是城市生活方式逐步取代农村生活方式，乃至最终由农民到市民身份的转变过程，这一转变过程源自农民对城市生活方式、科技以及财富等因素的向往。苏发金（2012）认为，城镇规模和数量的扩张归结于农村资源向城市的转移。谢天成、祖麟（2015）指出，城镇化并不意味着重点发展中小城市和小城镇，而是要因地制宜，优化城镇规模结构，增强中心城市辐射带动功能，加快发展中小城市，有重点地发展小城镇，进而促进大中小城市和小城镇协调发展。吴宝华（2018）认为，城镇化是指在社会文化水平不断提高、经济结构逐步调整以及农村剩余人口不断向城镇转移的背景下，城镇的数量、规模等方面均得到了快速的发展，人们的生活理念等方面与城市市民趋同的过程。马丽斌（2021）认为，所谓城镇化通常指农村人口向城镇转移，同时第二产业和第三产业集聚城镇的过程，具体体现为城镇数量增加、规模扩大，即乡村向城市转化。

综上关于城镇化的内涵界定主要是指政府主导型的城镇化，也揭示了农村剩余劳动力不断向城镇快速转移、拥有劳动力的人相应成为城镇新居住人群的特点。城镇化发展的过程中也出现了新问题和新困境，在诸多影响因素中，人的因素是最为活跃的。城市人口在总人口中的比重上升，达到城市行政规模的城市数量也在不断增加。农村居民的市民化和农民工的市民化，都伴随着对扩大基础设施投资、工业化升级、完善公共服务和统筹城乡发展的需求。以上现象充分说明在城镇化的演进中人是首要因素。新型城镇化的提出，也是发展的必然选择。

（二）什么是新型城镇化

"新型城镇化"在 2002 年和"新型工业化"战略一起提出，主要是依托产业融合推动城乡一体化。在历经了城镇化的各个发展阶段，面对新契机和新动能，把生态文明理念和原则全面融入城镇化全过程，走集约、智能、绿色、低碳的新型城镇化之路后，新型城镇化的概念融入了人口市民化、城乡建设、协调发展、可持续发展等方面。其中，张友良（2012）认为新型城镇化是物质文明和精神文明的有机结合，是传统城镇化向现代城镇化转变的过程。刘海平（2012）认为新型城镇化是在新型工业化、经济社会现代化和信息化两个引擎的助推下，将城乡两个体系的经济、科技、社会、人口、资源、环境、空间等要素优化组合、统筹发展的进程。单卓然、黄亚军（2013）关于"新型城镇化"的界定丰富了国内学者的研究。他们认为新型城镇化是以实现区域统筹与协调一体、产业升级与低碳转型、生态文明和集约高效、制度改革和体制创新为重点内容的崭新的城镇化过程。孙久文（2013）认为既要重视大中城市的发展，也要重视小城镇的发展。吴廷海（2013）认为新型城镇化是不同层次区域中的城乡关系与城乡协作。李子联等（2018）认为新型城镇化的本质在于推进产业城镇化、土地城镇化和人口城镇化。吕秀彬（2021）指出，"以人为核心的新型城镇化"是指城镇化建设要以满足人民群众对美好生活的需求为出发点，坚持以人为本、四化同步、优化布局、生态文明和文化传承的原则，顺应发展规律，推进城乡融合，以构建城市群为依托，促进城市的可持续发展。

以上对于"新型城镇化"的界定是从不同层面进行论述，如经济层面、社会层面、体制制度层面、城镇建设层面，因而也反映出其不同内涵，如民生的城镇化、可持续发展的城镇化、质量的城镇化。新时代新型城镇化建设之路重在突显"中国特色"，既包含发展道路的"新"，也包含发展性质的"新"，同时还体现在具体实现方式、手段的"新"。

（三）新型城镇化能力模型

1. 能力递进模型

新型城镇化应具有三大内涵，概括为强调民生、强调可持续发展和强调质量，这三个层次构成了新型城镇化的能力递进模型。每个层次的新型城镇化能力又可以从经济、社会、体制制度和城市建设四个层面刻画（见图1-2-1）。

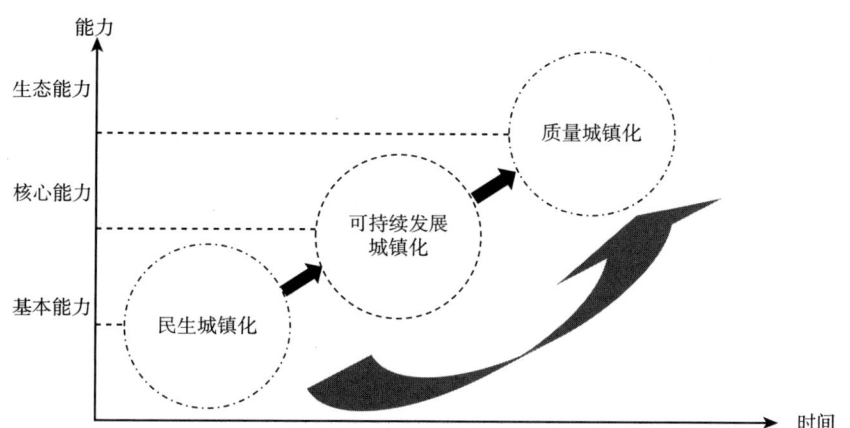

图1-2-1　城镇化能力演进图

（1）基本能力：民生的城镇化。民生城镇化，经济层面体现在缩小收入差距，提高城镇居民可支配收入和提高农村人均纯收入等方面；社会层面体现在提高社会保障和福利水平，提高社会医疗救助水平和提高社会教育水平等方面；体制制度层面体现在对城乡户籍制度、土地制度、收入分配制度和行政管理体制的革新等方面；城市建设层面体现在促进城乡公共服务均等化、加快完善道路交通、市政设施等基础设施以及不断推进保障房安居工程建设等方面。

（2）核心能力：可持续发展的城镇化。可持续发展城镇化，经济层面体现在加快产业转型升级，着力产业结构调整，加快现代农业和现代服务业发展等方面；社会层面体现在繁荣文化市场，提高社会网络化水平，鼓励非政府团体和机构引导公众参与等方面；体制制度层面体现在创建服务型政府，推进政务消费及人员财产的公开透明，鼓励扩大民间投资等方面；城市建设层面体现在强化区域生态环境保护，树立区域低碳发展理念，鼓励新能源、新材料利用，提倡垃圾回收，倡导历史文化保护以及大力推进绿色建筑革命等方面。

（3）生态能力：质量的城镇化。质量的城镇化，经济层面体现在实施经济发展的"低污染、低耗能、低排放"以及加快区域与城乡协调；社会层面体现在提高全社会文明程度，提高全社会受教育水平，提高全社会市民健康水平和保障全社会食品安全等方面；体制制度层面体现在提高有关食品、民众健康、医疗卫生等公共服务的监管门槛，加大处罚力度，建立及完善相关法律法规等方面；城市建设层面体现在从追求建设速度向谋取建设质量转变，关注城乡公共服务质量，关注城市环境质量（空气质量、水环境质量等），坚持土地利用的节约集约与高效，最大限度地提高市民的生活品质和便捷程度。

2. 新型城镇化可预见的误区

（1）误区一：将城乡统筹理解为将农村变为城市，将农村集体用地变为城乡建设用地或"去农村化"。

第一个误区是错误地理解"城乡统筹"概念。这种观念一方面认为城乡统筹即将农村变为城市，主张城市是村庄发展的唯一目标和样板，进而盲目地实施"村改城"计划，导致村非村、城非城和乡村风貌丧失；另一方面，认为城乡统筹即将农村集体用地转为城乡建设用地，进而通过规划区划定、行政区划调整等方式将农用地转为工业和居住用地，导致农村传统生活方式遗失、自然环境遭到破坏并侵占基本农田，以致威胁生态格局及粮食安全。再有甚者可能激进地赞同"去农村化"，认为城乡统筹即将城乡用地统一按照城市发展模式开发，将农民就地变为市民，其结果将激化城乡建设与生态基底保育的矛盾乃至造成严重的社会问题。

（2）误区二：将城乡公共服务均等化等同于城乡公共服务同等化。

第二个误区是错误地理解"城乡公共服务均等化"概念，认为城乡公共服务均等即乡村公共服务的配置标准、项目内容与类型、设施规模和数量应与城镇相同。比如认为乡村应和城镇一样设立博物馆、会展中心、体育中心等大型文化、体育设施，或认为乡村应效仿城镇配备三甲医院、大型福利中心等，进而导致乡村公共财政运营压力巨大、公共服务设施空置率高、土地浪费和服务质量低下等问题。

（3）误区三：将产业转型与升级理解为强调产业高端化、高技术化和产业链条弃下游化。

第三个误区是片面地理解"产业转型与升级"概念。这种观念一方面认为产业转型即从传统依赖资源与低成本劳动力的低端产业向高端产业转化，从高产出低效益向低产出高效益转变，盲目引进高新技术手段和高知识人才，进而追求不符合本地实际情况的先进制造业、高端装备制造业和高新技术产业等，导致本地陷入目标产业引进困难、传统产业倒闭、地区失业率提高、经济发展停滞、公共服务质量降低、社会矛盾激化、城市衰败一系列恶性循环；另一方面认为产业升级即标志着产业链条向中上游迈进、放弃下游产业，进而导致地区产业结构失衡、产业间关联度降低、趋同化现象严重、城镇间恶性竞争、经济倒退等严重问题。

（4）误区四：将低碳环保理解为单一的拉闸限电、限制机动车数量、限制私家车出行和植树造林。

第四个误区是肤浅地理解"低碳环保"理念。这种观念一方面认为低碳即降低碳需求和碳供给，如拉闸限电、限制机动车数量和私家车出行以降低碳排放，忽视新型城镇化民生内涵的实现，进而增加经济发展与低碳环保间的矛盾；另一方面，理想化地主张环保即大面积植树造林，导致"种树容易养树难"，没有从源头上缓解生态环境压力。

（5）误区五：将集约紧凑理解为奉行"高密度、高强度与高层建筑"。

第五个误区是极端地理解"集约紧凑"概念。这种观念错误地认为集约紧凑即代表着高密度使用、高强度开发和高层建筑盛行，一则导致城乡开发容量大大突破环境承载力、"卧城"和"鬼城"不断出现、房地产市场泡沫破裂；二则导致城市可识别性下降、城市千篇一律与特色丧失、城乡环境质量大幅下降、经济社会发展长期倒退等问题。

（6）误区六：将追求城镇化质量理解为城镇化已达标、放弃城镇化速度或使城镇化停滞。

第六个误区是未全面理解"质量的城镇化"的概念。这种观念一方面认为新型城镇化意味着看重质量、放弃速度，进而导致短期内城镇化水平停滞、城镇财政支撑困难；另一方面，想当然地认为所有城镇均已达到质量型城镇化阶段，进而导致新型城镇化长期内生动力不足、质量提升缓慢，乃至城市破产。

二、新型城镇化的特点

(一) 科学性

城乡一体、统筹发展是新型城镇化发展的科学性体现，决定发展的质量。促进新型城镇化要实现人的城镇化、保障城乡协调发展，从而转化每个人对身份和服务的认知，同化美好生活方式、习惯。中国新型城镇化的重要成就之一就是在实践中形成了科学的中国特色城镇化道路，也是当前我国谋发展的必然选择。着眼于到2035年基本实现新型城镇化的重大战略部署，需科学统筹，发挥市场主导、政府引导、农民为主体的基本原则，统筹协调新型工业化、新型城镇化在乡村振兴发展的可持续发展之路。

(二) 协调性

推进乡村振兴与新型城镇化协调发展。党的十九大报告提出"建立更加有效的区域协调发展机制，以城市群为主体构建大中小城市和小城镇协调发展格局"。十九届五中全会为新型城镇化定步调：以人为核心，以协调发展为动力机制。新型城镇化的协调性体现在充分发挥制度灵活性和制度创新优势，通过优化城镇化的空间布局，进一步探索解决城镇化发展过程中的不平衡不充分的问题。"十四五"时期，要进一步增强中心城市和城市群等经济发展优势区域的经济和人口承载能力，增强其他地区在保障粮食安全、生态安全、边疆安全等方面的功能，实现城市化地区与农产品主产区、生态功能区的协调发展。新型城镇化的协调性特征具体体现在三个方面：

一是城乡发展的协调性。经过我国高等教育的发展，当今农村剩余劳动力也有了代际变化，这是我们优化农村剩余劳动力很好的基础。在顶层设计中，运用信息化手段提升劳动力的技术更新，从而更好地提升农村劳动力的价值，由此形成城镇化水平的高效发展。同时，提倡城市反哺农村、工业反哺农业的新机制措施。二是经济发展的协调性。这是新型城镇化城市和乡村人们平等关系协调的保障。国家的社会资源本应是平等共享和再创造的，而这一点也是经济发展大力促进社会经济平稳、有序、协调发展的最终目的。三是跨区域产业协调性。促进区域协调发展，进行产业结构调整、升级，使区域产业和结构转型趋于现代化。

（三）集约性

当前，我国推进全面建设社会主义现代化国家，目标在21世纪中叶实现中等发达国家的水平。在全民生活质量和生活水平指标性的发展建设中，加快推进以人为核心的新型城镇化意义重大。到2035年基本实现新型工业化、信息化、城镇化、农业现代化，建成现代化经济体系，要求新型城镇化提供人力资源支撑和空间载体保障；实现国家治理体系和治理能力现代化，人民平等参与、平等发展的权利得到充分保障，要求新型城镇化坚持以人为核心，更好结合有效市场和有为政府，破除制约城乡要素自由流动和高效配置的体制机制障碍，促进社会公平，把城市建设成为高品质生活的空间载体；实现城乡区域发展差距和居民生活水平差距显著缩小，要求以满足人民日益增长的美好生活需要为根本目标，加快农业转移人口市民化，推动新型城镇化和乡村振兴相互促进、城乡融合发展。

（四）人本性

新型城镇化的实质是实现以人为本的城镇化建设，是突显中国特色的新型城镇化建设，不以"城镇化率"作为衡量的单一标准，即摒弃资本逐利为根本目的，而将人的需求放在第一位，不断提升人民的获得感、幸福感和安全感。这不仅体现在公平公正的城市福利中，也体现在"市民化"的过程中市民价值观的塑造和培养上。同时，要进一步提升就业、医疗、教育等社会公共服务的水平，让农村转移人口与城市人口享有同等待遇。新型城镇化确立了以人为本、公平合理的发展规则，把人们最关心的生活问题作为社会发展的最终目标，实现民众生活水平的提升。在科学统筹协调发展中，可以创造性地发挥人的主观能动性，这是以人为本的"本"，也是社会发展的客观规律，在人们的创造和实践中大力推动和实现城镇化的发展。

以人为本是新型城镇化的核心和重要内涵，贯彻落实共享发展是实现以人为本、促进新型城镇化持续健康发展的基本要求。当前，影响共享发展的障碍主要有三个方面：一是农民工市民化进展缓慢。从户籍人口城镇化率与常住人口城镇化率的缺口看，2012—2019 年仅缩小 1.35 个百分点。从农民工规模数量看，2012 年全国农民工总量为 26261 万人，2019 年农民工总量增加到 29077 万人，虽然 7 年间农民工市民化人数接近 9000 万，但农民工总量却增加了 2816 万。农民工总量不降反增，说明农民工市民化速度和户籍人口城镇化速度不及农民工增速，农民工市民化任重道远。二是大中小城市和小城镇之间发展差距较大。在城镇化数量型、速度型发展阶段，无论是市场还是政府，都更加倾向于把更多的资源要素配置到大城市、特大城市和超大城市，而对于数量更多的中小城市，尤其是以县城为代表的中小城市和小城镇，市场竞争力、财政收入能力、资源调配能力相对不足，制约了县城产业集聚、人口集聚能力和整体发展水平，影响了县城的基础设施建设、公共服务能力以及县城居民的就业、收入和生活水平。以县城为代表的中小城市和小城镇发展的不充分及其与大城市、特大城市和超大城市之间发展的不平衡，已经成为我国城镇体系的主要矛盾，成为共享城镇化发展成果的短板和薄弱环节。三是城市内部基本公共服务布局不平衡。在城市内部，基本公共服务布局极不平衡，影响不同区域居民的共治共享。

三、新型城镇化的目标

（一）坚持"创新"引领产业发展

新型城镇化建设不仅能够集聚城镇空间范围内的人口，还能够释放内需潜力、促进消费升级，是促进产业结构优化升级的重要动力支撑。新型城镇化有利于促进创新要素集聚和信息技术扩散，优化各类生产要素资源配置效率，不断增强城镇内在创新活力，驱动传统产业升级和新兴产业发展。产业被誉为"立城之基""兴城之本"，产业发展与新型城镇化的演进是密不可分的。然而，产业规模小、产业结构单一、产业体系雷同、产业集聚能力弱、城镇化水平低、产城融合度不高、投资融资渠道较为单一、产城支撑后劲不足等问题表明城镇产业支撑带动作用亟须加强。因此，要坚持创新引领产业发展。

在产业发展的过程中，创新已经成为必不可少的推动引擎。作为产业结构转型升级的有效手段，创新得到了相关主体的广泛关注。习近平总书记曾多次指出：创新是引领发展的第一动力。产业发展和演化包括三个方面的趋势，首先是单一产业的升级，即产业内部出现新产品、新技术、新工艺，通过产品的更新换代满足市场需求；其次是创造一个新的产业，即原有产业部门之外出现新的产业部门，可能会出现新产品、新技术和新工艺；最后是产业结构的转型升级，即产业之间的地位向着更高级和更协调的方向转化。熊彼特所定义的创新是将一种从未有过的关于生产要素和生产条件的"新组合"引入生产体系，建立一种全新的生产函数。"新组合"包括引进新产品、引进新工艺、开辟新市场、控制新的原材料供应商、实现工业的新组织。通过新组合不断实现创新，促进产业发展，并且随着创新内涵的扩张，新型城镇化所带来的产业结构转型升级也需要创新活动才能实现。

通过创新引领产业发展，首先，要营造良好的创新生态环境，要进一步深化创新体制改革，破除阻碍创新的各类障碍，加快突破长期困扰产业发展的体制"瓶颈"，积极推行参与式治理，形成包容审慎的适应性监管体系。其次，要为创新做好资源的引导和布局。在市场失灵领域加大政府的投入和参与力度，力图形成颠覆性突破创新，为产业结构升级奠定技术基础；并且，要利用市场化手段引导创新生态系统中的资源流向创新领域，为产业发展提供经济支撑。最后，要坚持"引进来"与"走出去"并重。习近平总书记提出，要充分发挥国内超大规模市场优势，逐步形成以国内大循环为主体、国内国际双循环相互促进的新发展格局。因此，积极引导各个产业融入全球创新体系对于产业发展具有重要意义。接受国际创新政策和规则的制约和激励，扫清促进创新要素流动的制度障碍，通过各种创新制度，为全球资源流入企业创造便利条件，为产业发展营造更为有利的国际发展环境。

（二）坚持"协调"引领整体发展

新型城镇化坚持以人民为中心的发展思想，坚持稳中求进的工作总基调，坚持新发展理念，坚持高质量发展，以促进人的城镇化为核心。相较于传统城镇化，新型城镇化不再是简单的城市人口扩张和比例增长，更加强调产业支撑、人居环境、社会保障、生活方式等方面实现由乡到城的转变。因此，新型城镇化强调城乡的整体发展，环境与经济的整体发展，农业、农产品加工业和其他相关产业的整体发展等。

首先，协调使用土地空间的功能。城市规模的快速扩张使得城市空间范围不断扩大，城市占地与农业的耕地、生态功能区等在土地空间上的矛盾冲突逐渐增加。因此，在新型城镇化的建设过程中，要按照客观经济规律调整完善区域政策体系，发挥各地区比较优势，促进各类要素合理流动和高效集聚，增强创新发展动力，加快构建高质量发展的动力系统，增强中心城市和城市群等经济发展优势区域的经济和人口承载能力，增强其他地区在保障粮食安全、生态安全、边疆安全等方面的功能，形成优势互补、高质量发展的区域经济布局，实现城市化与农产品主产区、生态功能区的协调发展。其中，在农产品主产区要保护基本农田和生态空间，增强农业生产能力。新型城镇化建设过程中，要充分发挥新型城镇辐射带动作用，引导加工产能向农产品主产区、优势区和物流节点集聚，促进农产品加工业发展。新型城镇化的建设过程中要高效利用土地，根据土地利用经济效益、土地利用社会效益以及土地利用生态效益三个层级系统化衡量土地利用效益，使用经济城镇化、社会城镇化、人口城镇化、生态环境城镇化以及城乡统筹发展五个层级衡量新型城镇化系统的发展水平，为今后新型城镇化建设过程中土地利用效益和城镇化评价提供评价指标。

其次，要协调大中小城市和小城镇的发展。根据资源环境承载能力和人口吸纳能力，要建设以城市群和都市圈为主体形态、以中小城市和县城为吸纳新增城镇人口的主要载体的新型城镇，这样才能够形成以城市群、都市圈和中心城市为引领，大中小城市与小城镇协同发展的城镇化规模新格局。其中，要发挥中心城市和城市群的带动作用。中心城市和城市群正在成为承载发展要素的主要空间形式，有效发挥其作用是新型城镇化战略推进并不断完善的关键所在。

最后，要推进以县城为重要载体的城镇化建设。县城作为连接城市和乡村的关键枢纽，是县域经济的核心板块、城乡整体发展的重要枢纽，也是乡村振兴的重要信息资金技术源泉，更是农村外出务工人员返乡后进城的主要目的地。因此，加大县城基础设施、公共卫生设施、公共服务体系建设，增强城市防洪

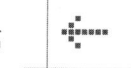

排涝能力,加强城镇老旧小区改造和社区建设,强化历史文化保护,塑造城市风貌,使县和县级市中心镇成为新型城镇化建设的突破口。

(三) 坚持"绿色"引领生态发展

新型城镇化以人的城镇化为核心,以提高质量为关键,面向未来。新型城镇化建设过程中,发展依然是硬道理,而传统城镇化的发展路径不可持续。传统城镇化路径中,城镇化产生了环境污染、生态破坏等方面的问题,因此,新型城镇化要权衡和协调经济发展与环境质量的关系,发展的路径一定是绿色化的路径,需倡导绿色的消费观念、强化绿色科技研发和建立国家绿色金融协调机制等。绿色生态的城镇化是新型城镇化的重要特征和内容,也是新型城镇化建设实现可持续发展的必然要求。《国家新型城镇化规划(2014—2020年)》指出,要把生态文明理念全面融入城镇化进程,着力推进绿色发展、循环发展、低碳发展,节约集约利用土地、水、能源等资源,强化环境保护和生态修复,减少对自然的干扰和损害,推动形成绿色低碳的生产生活方式和城市建设运营模式。新型城镇化需要以"绿色"引领生态发展。

首先,要以人为核心,促进生产空间、生活空间以及自然空间的生态化发展。高效集约利用生产空间和制定生产空间的生态制约性指标能够促进生产空间的生态化。以集约的方式规划、经营和管理城镇空间是在增加少量空间投入或者不增加空间投入的前提下通过创新、技术投入、提高管理水平、优化结构等方式利用生产空间。要把用地规模标准、产业结构标准、资源效率标准、排放控制标准等控制资源消耗、环境损害的生态效益指标纳入生态制约评价标准和干部政绩考核评价标准体系中。通过基础设施、生活环境以及生活方式的生态化促进生活空间生态化。通过与日常生活息息相关的交通网络的规划、建筑的改造和扩张、地表水以及公共服务网点等的建造和规划保证基础设施的完善,有效提高城镇居民生活、工作等的便捷性和效率,并且确保规划中对自然环境的保护和公园、绿地、服务设施等生活环境设施的建设,保证生活质量。通过基础设施和生活环境的生态化确保城镇居民能够享受到衣、食、住、行等生活方式的便捷和实现一定的精神追求,并且保证一定的休闲、娱乐活动,形成具有生态特征的世界观、人生观和价值观。自然空间的生态化指的是生态用地的数量和质量。通过自然空间的生态化使饮用水源保护区、城镇建设规划绿地、湿地保护区、公园与水体、自然历史名胜区、农田和山脉、主干河流、水库及湿地等区域形成多层次、多功能的复合型生态网络。因此，要保证生态用地的数量。此外，在新型城镇化建设过程中，也要主要保护生物的多样性，保证生态用地的质量，从而保证自然空间的生态化。

其次，推动产业转型升级，提升新型城镇化高质量发展效益。新型城镇化建设过程中，坚持生态文明理念有助于推进经济发展方式由粗放型向集约型转变，也是构筑资源节约型、环境友好型社会的内在要求。要坚持发展以互联网、通信基础设施、传感网等技术为基础，以知识管理理论和创新理论为指导的新兴产业。新兴产业的发展能够产生更大效益，提高生产效益的同时节约能源资源。同时，新兴产业的发展能够将人、社会、自然以更加和谐的方式进行整合，运用自组织理论揭示出人、社会以及自然的内在能量，有助于正确科学处理人与自然的关系。再者，应对传统产业进行生态改造，改进生产工艺，控制污染物的产生和排放，保持能源消耗和二氧化碳等有害气体的排放处于较低水平，同时培育新型的绿色产业、环保产业、高科技产业等，在资源承载力与生态环境容量的约束条件下发展经济社会，加快实现经济、社会和环境的协调和可持续发展，如通过加大太阳能、风能、生物质能源等新能源的利用，推动城镇能源消费革命；运用技术水平低碳处理垃圾、污水以及废渣等城镇固体废弃物等。

最后，以生态文明理念强化社会生态建设。新型城镇化的生态发展不仅仅局限于人与自然的和谐，还包括人与人的和谐，因此社会的生态发展对于新型城镇化建设尤为重要。新型城镇化与传统城镇化的区别在于是否坚持以人民为中心的原则，社会生态发展要以人民为中心，以民生改善为根本目的，关注城镇化建设过程中人的素质和生活质量的提高。政府要从维护社会公平正义的角度出发，完善各种规章制度，公平合理地分配各种资源和权利，让人民最大限度地、低成本地参与到经济社会发展过程中，参与到城镇化的建设过程中并分享利益。另外，要关注人民的精神生活。在旧城改造中要注重保护历史文化特色、民族文化风格和传统文化风貌；在新城建设中要融合现代风格和传统的文化元素，使城镇功能提升和文化保护与创新活动相结合。

(四)坚持"开放"引领融合发展

2020年新型城镇化建设和城乡融合发展重点任务的总体要求是:加快实施以促进人的城镇化为核心、提高质量为导向的新型城镇化战略,提高农业转移人口市民化质量,增强中心城市和城市群综合承载、资源优化配置能力,推进以县城为重要载体的新型城镇化建设,促进大中小城市和小城镇协调发展,提升城市治理水平,推进城乡融合发展。因此,新型城镇化建设和城乡融合发展相辅相成、密切相关。

坚持"开放"引领城乡融合发展,要立足于县域,将其作为推进城乡融合的基本单元,以打通城乡要素流动的制度性通道为根本途径,在开放的背景条件下高质量地推进城乡融合发展。城乡融合发展之所以困难,是因为各类要素在城乡之间不充分、不平衡的流动。因此,要以开放的视角打通城乡要素流动的制度性通道。

首先,要在开放的环境下借力、发力,把握人口迁徙流动规律的价值动能,加速提升农业人口市民化率。市民化率的提升既可以是就地就近的,也可以在县外或省外实现。城乡融合发展,不仅是城镇人口的扩张和比例的提高,更重要的是以人为核心的有机融合和城镇化。因此,要把握人口流向的自然规律,顺应规律创造推进城乡融合发展的主力军和生力军。另外,还要通过各种政策法规,鼓励和引导各类人才返乡入乡创新创业,保证农村农民能够就地就近实现城镇化,不断加快城乡融合发展的新力量汇集的速度,加快实现城乡融合发展和新型城镇化。

其次,要进一步加大开放力度,推动各类要素由城入乡。推动城乡融合发展,必须要用改革的理念打破城乡分割的各种思想壁垒,调动农民群众参与推动改革的积极性和热情,形成城乡之间互相支撑、共同发展、互利共荣的思维定势。通过发挥政府主导和市场高效配置资源的作用,建立健全城乡劳动要素充分对流的双向机制、资源要素自由流动的开放机制、土地要素平等交换的公平机制、技术要素自由扩散的共享机制、管理要素统筹协调的共建机制,使劳动力、资本、技术等生产要素在城乡之间无缝对接、优化配置、充分融合。

最后,激发城乡参与主体合作共赢的内生动能。在开放的背景下,城乡融合发展的参与主体众多,因此,在把握优势互补、合作共赢的时代特征的前提下,要寻找合作共赢的"最大公约数",把握城乡居民、农村农民、各级政府组织以及社会组织之间互利共赢的价值需求点,这样才能够激发参与主体不断地爆发出活力和创造力,推动新型城镇化和城乡融合发展。要赋予居民应有的参与权和监督权,居民作为城镇发展的受益者,同时也是城镇发展和治理的责任者,因此,在决策程序上充分体现城镇居民的主人翁精神,为其提供参与讨论和决策的有效途径,建立居民与政府共同治理城镇的合作机制,在精神层面上提高农村居民决策权的意识,有效促进城乡融合发展。

(五)坚持"共享"引领均等发展

传统城镇化的建设和发展,导致人口快速集聚以及城市空间范围不断增长,然而,小城镇则面临基本环境恶劣、基础设施缺乏等基本公共服务难以满足人民需求的尴尬境地。并且,城镇化建设过程中提升了人民的生活水平和人口素质,也带来了对基本公共服务范围和质量更高的要求。2018年,国家发展和改革委员会强调做好新型城镇化工作,必须聚集农业专业人口市民化,推动城镇基本公共服务均等化。因此,新型城镇化的建设目标中要明确重点发展地区和城市,加快完善公共服务和基础设施功能,即城镇基本公共服务均等化发展。

坚持共享引领均等发展,通过共享的原则,建立健全共享机制,通过一系列措施共同引领城镇基本公共服务均等发展。共享的原则是在新型城镇化建设的过程中、城乡公共服务融合发展的过程中,使资源的单向流向转变为双向流向,注重民生效应,让城乡居民能够更公平和广泛地享受到基本公共服务。面对城乡关系的复杂性,不能仅依靠政府为农村提供公共服务资源,更重要的是要考虑农民实际需求以及周围城市公共服务发展水平,实现城乡公共服务资源的双向流动,才能够得到城乡共同繁荣的结果。

建立健全共享机制包括价值观的共享。通过共享引领城乡基本公共服务均等化发展的核心价值在于开放化、一体化、均衡化以及共享化。政府和企业之间传统的"政府搭台,企业唱戏"的公共服务治理模式应该加以改变,转变为"企业搭台,企业唱戏,政府协同",即规划的运作过程由政府主导模式转变为政府引导、多元主体制约治理的模式。尤其是对于那些既有社会收益又有生产者收益的公共产品，优先按照"谁受益、谁负担"的原则，在政府提供少部分补贴的情况下，根据具体情况进行资金分摊。并且，在新型城镇化建设过程中，要通过区域之间的"帮扶"机制，促进城乡基本公共服务均等化。价值观上的共享，是通过有针对性的供给提高公共服务的质量，通过科学确定城乡基本公共服务供给的范围和重点，使城乡居民最大限度地享受更优质的公共服务，使群众更有获得感。

共享机制引领下的一系列的措施包括推进农村社会事业建设、提升政府公共服务能力以及打造社会力量积极参与的多元化公共服务供给模式。首先，对于农村社会事业的建设，要着重突出群众普遍关心的教育、社保、医疗等方面。逐渐推进城乡居民医保一体化、大病保险城乡全覆盖，减少农民进城看病的时间和费用。接收城市务工人员的子女，使其能够享受与城市学生相同的教育。提升政府的公共服务能力，加强公共服务供给侧改革；实现精细化管理，要找准长期制约农村基本公共需求的"短板"，加强制度创新，保证有限的资金等资源发挥最大的效用。其次，可以借助互联网、大数据等技术手段推进城乡基本公共服务资源共享，在降低基本公共服务供给交易成本的前提下提高资源配置的效率。最终，根据农村公共产品的不同属性、基础设施的使用频率等因素，打造由多主体、多渠道以及多方式共同参与的供给模式，打造社会力量积极参与的多元化公共服务供给模式，在补充政府在提供基本公共服务方面财力不足的前提下，拓宽农村公共服务和公共产品的融资渠道，更好地实现城乡基本公共服务的均等发展。

（六）突出文化魅力、张扬城市个性

著名作家冯骥才曾指出：600多个城市已经基本失去了个性，文脉模糊、记忆依稀、历史遗存支离破碎、文化符号混乱。在传统城镇化建设过程中一直存在"重经济、轻文化"的倾向，虽然经济总量得到了很大程度的提升，交通等基础设施建设得到了很大程度的改善，但是文化软实力发展滞后。新型城镇化强调城市和自然的和谐发展，追求历史文化的传承和延续，要求塑造出特色鲜明的城镇形象。一个充满个性的城市，应该是"承古"和"扬今"同时并存的继往开来的城市。新型城镇化建设过程中不应该以毁灭历史和文化为代价，

保留一个城镇的独特风格也是对于这个城镇独特的地域特征的保护。因此，在新型城镇化建设过程中，要突出文化魅力、张扬城市个性。

新型城镇化建设过程中，突出文化魅力、张扬城市个性是题中应有之义。首先要树立正确的历史文化保护观念。历史文化是新型城镇化建设中张扬城市个性的动力，是最为独特的不可替代的资源，且是最具有竞争力的资源。因此，要树立正确的历史文化保护观念，客观地认识和了解城镇化建设范围内的区位交通条件、自然资源要素、人文景观特点、经济社会发展趋势以及历史文化遗址等，通过科学的方法分析出城市环境建设中需要保留的优势和长处，需要改善的劣势和缺陷，在保护传统文化、历史遗址的基础上进行新型城镇化的建设和改造。并且，在新型城镇化建设过程中，要做好历史遗址的解读工程。政府和相关部门要紧密联合，通过刻碑、立传等方式，让该地区的历史文化可以世世代代传承下去。其次，要确立新型城镇化特色。城市个性化的张扬需要一系列特色确定，如历史特色、文化特色、建筑特色、产品特色等，其中，历史特色和文化特色是该地区漫长岁月积淀而形成的文化脉络，也是不可复制的宝贵财富，因此，要在保持传统文化特色的基础上发扬文化特色，包括建造具有特色化的建筑物、宣传具有历史特色的经典人物、打造具有文化特色的景点等，这是新型城镇化建设的底线和起点。最后，要坚持以人民为中心的新型城镇化建设，正确处理好民生改善和传承文化之间的辩证关系。新型城镇化与传统城镇化最大的区别就是以人民为中心，因此，对于文化魅力的弘扬落脚点在人民，让新型城镇化中张扬的城市个性惠及人民，不断满足人民群众日益增长的文化需求同时提高人民的生活水平和物质水平。

传统的城镇化发展成就巨大，在很大程度上改善了城乡居民的生活水平，但同时也产生了一些问题，如城镇范围不断扩大占据了农业用地，工业产业只注重经济效益不注重环境问题带来的环境污染和能源消耗等。而新型城镇化建设路径走的是一条科学发展、集约高效、功能完善、环境友好、社会和谐、个性鲜明、城乡一体、大中小城市和小城镇协调发展的道路。因此，新型城镇化建设过程中要以人为核心进行新型城镇化的建设，在经济上注重产业发展，但在产业发展的同时关注环境问题，促进生态发展；不盲目进行城镇的扩张，在城镇人口比例提高的过程中注重农民就地就近的城镇化市民率，促进城乡融合发展；在文化上，关注城镇的文化发展，促进城镇个性的打造，通过创新、协调、绿色、开放、共享等发展理念和文化魅力的突出，共同促进新型城镇化建设过程中经济、社会和居民精神文化等的整体发展，最终实现新型城镇化。

四、中国新型城镇化发展趋势

城镇化是伴随工业化发展、非农产业在城镇集聚、农村人口向城镇集中的自然历史过程，是人类社会发展的客观趋势，是国家现代化的重要标志。特别是我国大力推进的新型城镇化，通过供给侧结构性改革，可在有效延长经济传统增长动能的同时，加快形成新的增长动能，对推动经济持续健康发展具有重要意义。"十四五"时期我国城镇化仍将保持相对较快的速度，必须充分考虑城市化快速发展对经济和社会的影响，同时也要看到城镇化发展呈现出的一些新趋势，需要在制定城镇化政策时充分考虑，并做出相应调整。

（一）城镇间人口流动比重不断提高

国家统计局农民工监测数据显示，2019年农民工总量仅增长0.8%，增速已连续两年低于1%，而在外出农民工中，2019年末在城镇居住的农民工人数没有增长，乡城间人口转移总量已经稳定甚至出现下降。其中，本地农民工11652万人，比上年增加82万人，增长0.7%；外出农民工17425万人，比上年增加159万人，增长0.9%。在外出农民工中，年末在城镇居住的进城农民工13500万人，与上年基本持平。国家卫生健康委员会的流动人口监测结果显示，省内县际流动人口和省际流动人口比重有所上升，城镇间流动人口比重上升。我们使用手机信令的监测数据结果显示，2017年在新增跨市域流动人口中，以县城和市区作为流出地的比重为36.1%，2018年上升为39.2%，2019年则达到45.1%，呈快速上升趋势，未来在推进农民工市民化的同时，需要更加关注城镇间流动人口问题。随着城镇间流动人口的增多，城镇化发展模式需要从人口进城向满足城乡人口的美好生活转变，城镇化应从以农村人口落户城镇为目标转为追求公共服务和发展机会全面均等化供给。

（二）大城市承载人口比重上升，城市出现分化

我国城镇实行等级化管理体制，优质公共服务资源集中在高等级大城市中。随着收入水平提升，人们对美好生活需求更为强烈，优质公共服务是美好生活的最主要内容，过去受户籍制度的限制，行政等级高的大城市进入门槛更高，随着城镇化改革的深化，各类城市的进入门槛在降低，越来越多的人流向公共服务水平更高的大城市，也是对美好生活向往的体现。2019年中央财经委员会第五次会议提出"中心城市和城市群正在成为承载发展要素的主要空间形式"，城市间出现极化现象，在城镇间流动的人口不断增多，大城市吸纳人口比重上升，城市出现分化成为必然。研究表明，省会城市吸纳人口的比重在不断提高，在一些人口流出地，本地城市吸纳人口的比重在下降。

（三）人口老龄化对城镇化影响加剧，家庭化转移比重提高

据测算，"十四五"期间我国60岁以上老年人将增加4870万人，是"十三五"期间的1.35倍，劳动年龄人口减少速度将加快，而转折时期将从2022年开始，2022年进入60岁的人口将超过2000万，而2021年仅1100万左右。国家统计局农民工监测数据显示，2018年农民工平均年龄为40.2岁，比上年提高0.5岁，本地农民工平均年龄已达44.9岁。2019年农民工平均年龄为40.8岁，比上年提高0.6岁，其中40岁及以下农民工所占比重为50.6%，比上年下降1.5个百分点，50岁以上农民工所占比重为24.6%，比上年提高2.2个百分点，近5年来占比逐年提高。国家卫生健康委员会2018年流动人口发展报告数据显示，老年流动人口规模在2000年以后增长较快，从2000年的503万人增加至2015年的1304万人，年均增长6.6%。随着人口结构的转变，城镇户籍制度改革不断深入，我国城镇化进程中的人口转移将会从以黄金年龄劳动力为主，迈向以核心家庭为主的阶段。

（四）城市更新成为城市发展的重要内容

中华人民共和国成立后，经过30多年的城市建设，1981年以来，我国城市建成区面积扩大了7.3倍，同时出现巨量的城市老旧建筑，旧城更新改造的

需求日益明显。从发达国家的经验来看，在城市化接近成熟时，城市更新成为城市化的重要内容。美国在1949年通过的《住房法》中开始推进城市更新改造，1950年美国城市化率为64%。日本在1969年颁布实施了《都市再开发法》，当年日本城市化率为71%。我国正在接近这个水平，有些地区已经达到这个水平。城市更新不仅是增加对旧城基础设施建设的投入，随着经济发展水平的提升，还要满足城市居民对美好生活追求的内在需求，同时也意味着巨大的投资机会。因此，有效增强旧城吸引力，将提高我国经济发展的稳定性和持续性。

第三章
新型城镇化路径

一、优化城镇总体布局和形态

我国幅员辽阔,各地在自然地理情况、能源储备、资源禀赋、交通条件、经济发展水平等方面差距甚大,城镇化的发展模式不可能是单一的。因此要调整城镇化发展方针,不搞"一刀切",在城镇发展建设规模、空间布局等方面要因地制宜,构建科学的城镇体系。同时,推进城镇化,既要优化宏观布局,也要搞好城市微观空间治理。

从宏观布局来看,全国主体功能区规划对城镇化总体布局做了安排,提出了"两横三纵"的城市化战略格局。我国已经形成京津冀、长三角、珠三角三大城市群,同时要在中西部和东北有条件的地区,依靠市场力量和国家规划引导,逐步发展形成若干城市群,成为带动中西部和东北地区发展的重要增长极,推动国土空间均衡开发。根据区域自然条件,科学设置开发强度,尽快把每个城市特别是特大城市开发边界划定,把城市放在大自然中,把绿水青山保留给城市居民。

从微观治理来看,要"以人为本",推进"以人为核心"的城镇化,提高城镇人口素质和居民生活质量,把促进有能力在城镇稳定就业和生活的常住人口有序实现市民化作为首要任务。要优化布局,根据资源环境承载能力构建科学合理的城镇化宏观布局,把城市群作为主体形态,促进大中小城市和小城镇合理分工、功能互补、协同发展。要坚持生态文明,着力推进绿色发展、循环发展、低碳发展，尽可能减少对自然的干扰和损害，节约集约利用土地、水、能源等资源。要传承文化，发展有历史记忆、地域特色、民族特点的美丽城镇。

二、系统推进城镇更新

"十四五"规划和2035年远景目标纲要提出，"十四五"时期我国"常住人口城镇化率将提高到65%"。在城镇化发展接近成熟期时，通过维护、整建、拆除、完善公共资源等合理的"新陈代谢"方式，对城市空间资源重新调整配置，增强城市产业动力，才能更好地满足人们的期望需求，更好地适应经济社会发展的实际。

城市更新涉及面广、工程量大，关乎人们的获得感、幸福感和安全感，也是加快建设现代化城市的出发点和落脚点。实施城市更新行动，要有科学的总体规划，应立足系统升级，着眼统筹发展，不能仅仅是对旧房修修补补；要有长远规划，形成长效机制，向高质量、高品质方向更新升级，不能急于求成、一蹴而就；要以精细化的设计引领城市更新，解决好老百姓普遍关心的住房、环境、安全等问题；要积极回应人民关切的热点，以百姓需求的迫切性为优先级逐步推进城市更新项目；要在建设模式、功能设计上具有前瞻性，不能只看重"颜值"，还应该导入重大功能，持续推动城市功能更新，为城市发展提供新的经济增长点。

城市更新，事关人民群众福祉，事关城市长远发展，是推动城市高质量发展、创造高品质生活的必然选择和内在要求。实施城市更新行动，总体目标是建设宜居城市、绿色城市、韧性城市、智慧城市、人文城市。要加快存量住宅更新，在老城区推进以老旧小区、老旧厂区、老旧街区、城中村等"三区一村"改造为主要内容的城市更新行动；要改善城市人居环境，完善城市空间结构，实施城市生态修复工程，开展建筑节能改造，推进城市绿色可持续发展；要补齐基础设施短板，增加设施和公共服务，完善城市复合功能，增强城市韧性；要运用新一代信息技术推行城市治理"一网统管"，构建智慧城市；要注重城市历史文化保护，将城市特色风貌与城市更新有机结合，再现富有中国传统特色的城市意境。

城市更新，既能够推动城市现代化治理，又能推动经济高质量发展。在实施城市更新行动中，既应注重城市运行管理，又应注意增强城市发展动能。要加快推进基于数字化、网络化、智能化的新型城市基础设施建设和改造，让新科技支撑城市建设水平和运行效率的提升，城市治理水平不断迈向精细化、现代化；要因地制宜将一批"城中村"改造为城市社区或其他空间，增加公共活动空间，增设便民商业服务设施，形成新工业、新商住、新生态等集聚区，延续城市生命周期；要在城市群、都市圈和大城市等经济发展优势地区，探索老旧厂区和大型老旧街区改造，通过调整空间布局结构、升级公共基础设施、补齐公共服务短板，对老旧厂房更新改造和低效产业园区"腾笼换鸟"，为产业升级和新经济发展创造良好环境，为居民消费就业提供更好条件，不断增强城市发展动能。

三、增强城镇基础设施水平和公共服务能力

县城是我国推进工业化、城镇化的重要空间，是城镇体系的重要一环，是城乡融合发展的关键纽带。近年来，特别是党的十八大以来，县城建设日新月异，我国新型城镇化建设有力有序推进，逐步成为扩大内需的主要动力。但是在新型城镇化过程中，也存在不少短板和弱项，主要表现在城镇的公共设施供给和人口规模不相匹配、城市建设的投融资机制还不够健全、城市治理能力还不够高等方面。

在新冠肺炎疫情暴发期间，城镇治理暴露出的问题尤为突出，县城公共卫生、人居环境、公共服务、市政设施、产业配套等方面仍存在不少短板弱项，综合承载能力和治理能力仍然较弱，对经济发展和农业转移人口就近城镇化的支撑作用不足，与满足人民美好生活需要还有较大差距。下一步，将围绕提升城镇化的质量和水平，加快补齐城镇基础设施和公共服务的短板，更加注重城市的更新和城市治理，提高对产业和人口集聚的支撑能力。

在加快补齐城镇基础设施和公共服务的短板等方面，重点工作主要有以下几个方面：

第一，以常住人口规模为依据，健全城市公共服务体系。推动各类城市特别是农业转移人口集中流入的城市，放开、放宽落户限制，继续完善以居住证

为载体,与居住年限等条件挂钩的基本公共服务提供机制,并按照常住人口规模、分布和结构来配备基本公共服务设施。同时加快发展中心城市和重点城市群,形成新的增长极和增长空间。

第二,以县城城镇化补短板、强弱项为切入点,提升城镇综合承载能力。2020年5月,国家发展和改革委员会印发了《国家发展改革委关于加快开展县城城镇化补短板强弱项工作的通知》,瞄准市场不能有效配置资源,需要政府支持引导的公共领域,围绕健全公共卫生服务设施、环境卫生基础设施、市政公共设施和县域经济培育设施四个方面,明确提出了17项建设任务,优先支持东部地区基础较好的县城建设,有序支持中西部和东北城镇化地区县城建设,合理引导其他县城建设。

第三,以老旧小区改造为抓手,加快推进城市更新。要改造一批老旧小区,财政给予适当补助,重点支持完善水、电、气、路、信等配套基础设施,以及养老、托育、停车、便民市场等公共服务设施,切实改善群众的居住条件。因地制宜推进老旧厂区、老旧街区和城中村改造。

第四,以社区为基础,提升城市治理水平。推动城市政府向服务型转变、治理方式向精细化转型、配套资源向街道社区下沉,建设集基本和非基本公共服务等功能于一体的美好生活服务站,增强社区综合服务功能。补齐公共卫生短板,全面加强环境治理。同时,推进智慧城市建设,完善智能化、精细化城市管理平台。

四、强化城镇产业支撑

要充分利用工业化中期经济快速发展的机遇,调整优化产业结构,增强第二、第三产业可持续发展能力,为农村剩余劳动力转移提供尽可能多的就业岗位,强化产业发展对农民就业非农化的带动作用,从而促进城镇化与工业化和经济发展适度同步发展,实现农民非农化与农地非农化、人口城镇化与土地城镇化的协调。具体来说要从以下方面着手:

一是要加快发展现代农业,提升其对工业化和城镇化的基础性作用。要加大对农业的投入,改善农业生产条件,依靠科技进步和农民素质提高加速传统农业向现代农业的转变，实现农业生产的专业化、商品化和社会化，提升农业发展水平。

二是要优化第二产业内部结构，提升工业化发展水平。要积极发展高新技术产业，运用高新技术对传统产业进行技术改造与升级，大力发展装备制造业，加强区域联系，构建合理的产业分工协作体系，扶持龙头企业，增强其对区域产业发展的辐射带动作用。

三是进一步完善鼓励信息产业发展的相关政策体系和环境，加快发展信息产业，促进城镇化智慧发展。

五、有序推进农业转移人口市民化

所谓城镇化，是指随着工业化进程，农业人口不断向非农产业转移、向城镇转移，从而使城镇数量增加、城镇规模扩大、城镇人口比重提高的历史过程。城镇化是经济社会发展的客观趋势，推进城镇化、提高城镇化率的实质就是随着工业化的发展，推进农业人口非农化、非农人口市民化。当前和今后相当长一段时间，我国应以农业转移人口市民化为重要任务，积极稳妥推进城镇化，为调整优化城乡区域经济结构，扩大内需，促进经济持续健康发展创造条件。

当前我国城镇化质量不高的主要原因是农业转移人口市民化滞后。在我国城镇化过程中，大批农村劳动力异地转移，即农民从原来务农的村庄转入镇、县城、地级市、省城或跨省进入别的大中小城市务工，这是典型的城镇化发展形态。我国一些城市积极探索，相继出台了农业转移人口落户城镇的政策措施，积极推进城镇化，积累了一些经验。但是从总体上看，我国城镇化质量不高，存在一些不容忽视的问题，主要表现在：

一是土地城镇化速度快于人口城镇化速度。2000—2010年，我国城市建成区面积增长了78.5%，而同期城镇人口只增长了45.9%。其症结是在现行财税制度下，地方"土地财政"扩张动机强烈，而征地制度改革滞后，对农民的补偿标准偏低。

二是户籍人口城镇化速度慢于常住人口城镇化速度。2000—2011年，户籍人口城镇化率与常住人口城镇化率的差距从10.5%扩大到16.3%，其实质是农业转移人口市民化进程滞后，由此造成城市中的"新二元结构"，并引发了一系列不良后果。第一，削弱了城镇化对内需的拉动。据测算，一个农村人口成为城市居民，每年会增加1万元消费需求。如果农民工及其家属不能成为真正的市民，这一庞大群体的消费需求就不能得到充分释放。第二，影响产业发展。由于相当一部分农民工缺乏在城市定居的预期，长期在城乡双向流动，过"两栖"生活，导致城镇产业工人队伍不稳，不利于劳动者素质提高和产业结构升级。第三，影响社会和谐稳定。农民工与城镇居民经济社会地位长期不平等，成为引发一系列社会问题的重要原因。

今后5年乃至更长时间，要贯彻落实党的十八大、十九大精神，以促进人口城镇化为核心，以有序推进农业转移人口市民化为重点，以创新体制机制为动力，推动城镇化健康发展。一是科学规划城市群规模和布局。以大城市为依托，以中小城市和小城镇为重点，逐步形成辐射作用大、人口积聚能力强的城市群，促进大中小城市和小城镇协调发展。二是加快改革户籍制度。大城市要继续发挥吸纳外来人口的重要作用，中小城市、小城镇特别是县城和中心镇要从实际出发放宽落户条件，有序推进符合条件的农业转移人口在城镇居住落户，享有与当地城镇居民同等的待遇。要切实保护农民的土地权益，无论是承包地换户口，还是宅基地置换，都要严格遵守法律法规，充分考虑农民的当前利益和长远生计，在农民自愿的基础上进行，决不能脱离实际，更不能搞强迫命令。三是努力实现城镇基本公共服务常住人口全覆盖。明确城镇政府对农民工及其家庭成员的基本公共服务职能，加大相关公共支出力度，拓展投融资渠道，加强基础设施建设，提高社会保障、医疗、教育、住房等基本公共服务能力，促进农业转移人口融入城镇。

六、推动城乡融合发展

要把乡村振兴战略这篇大文章做好，就必须走城乡融合发展之路。2020年底召开的中央农村工作会议上，习近平总书记强调，要推动城乡融合发展见实效，健全城乡融合发展体制机制，促进农业转移人口市民化，要把县域作为城乡融合发展的重要切入点。这些重要指示为城乡融合发展指明了路径方向，提出了具体要求，我们必须深刻领会，精准把握，扎实贯彻落实。

城乡关系是一个国家和民族在现代化过程中要应对的重大关系。城乡发展不是此消彼长的零和博弈，而是融合发展、共享成果的共生过程。党的十八大以来，我国在调整工农城乡关系、统筹城乡发展方面取得显著进展。踏上第二个百年奋斗目标新征程，面对"三农"工作重心的历史性转移，必须推进城乡融合发展取得更大实效，形成工农互促、城乡互补、协调发展、共同繁荣的新型工农城乡关系，推动乡村全面振兴，加快农业农村现代化。

推动城乡融合发展，要着力破解体制机制障碍。当前我国常住人口城镇化率已突破60%，处在城镇化较快发展阶段的中后期。这意味着农民进城务工还是大趋势，但也到了城乡平等互补和向深度融合迈进阶段。2020—2025年是破除城乡二元结构、健全城乡融合发展体制机制的窗口期。要通过多维制度联动，发挥协同效应与乘数效应，着力破除妨碍城乡要素自由流动和平等交换的体制机制壁垒，促进各类要素更多向乡村流动，形成人才、土地、资金、产业、信息汇聚的良性循环。要聚焦"人"，通过合理政策引导，促进人的双向流动，既要把该打开的"城门"打开，强化常住人口基本公共服务，促进农业转移人口市民化，又要激励各类人才返乡入乡创业。同时要聚焦"地"和"钱"，完善农村承包地制度、稳慎改革农村宅基地制度、建立集体经营性建设用地入市制度、健全财政投入保障制度、完善乡村金融服务体系、建立工商资本入乡促进机制。

推动城乡融合发展，要坚持农业农村优先发展。要围绕城乡公共服务、基础设施、产业发展、居民收入差距等问题，加快补齐乡村短板，缩小城乡差距，实现共同繁荣。要按照农业农村优先发展政策取向，抓紧落实提高土地出让收益用于农业农村比例的政策，绝不能玩数字游戏。一方面要着眼城乡一体补欠账，要加强农村基础设施建设，加大农村人居环境整治力度，稳步提高基本公共服务均等化水平，逐步实现城乡基本公共服务的标准统一、制度并轨，让农民的获得感、幸福感、安全感更加充实、更有保障、更可持续；另一方面要立足城乡差异挖潜能，通过挖掘农村特有的生态、休闲、旅游、教育、文化等功能，积聚现代信息技术、数字技术等先进科技成果，改造传统农业，延长产业链条、丰富农村业态，让农业农村农民共享新一轮经济发展红利。

推动城乡融合发展,要把县域作为重要切入点。县级一头连着城市,一头连着农村,是城市与乡村的对接点,在我国城乡一体化格局中发挥着越来越重要的作用。近年来,县域的人口吸纳积聚、产业支撑能力明显增强,已形成人口、产业和公共服务城乡融合发展的趋势。未来一段时期,县域将是城镇化的主要空间载体。要推进空间布局、产业发展、基础设施等县域统筹、一体设计、一体推进;要强化基础设施和公共事业县乡村统筹,加快形成县乡村功能衔接互补的建管格局,推动公共资源在县域内实现优化配置,要赋予县级更多资源整合使用的自主权,强化县域综合服务能力。

七、推动高质量发展城镇化的重大工程

城镇化是伴随工业化进程、非农产业在城镇集聚、农村人口向城镇集中的发展过程,是人类社会发展的客观趋势,是国家现代化的重要标志。改革开放以来,我国城镇化水平显著提高,城镇人口快速增加,城镇综合实力持续增强,城镇面貌焕然一新。党的十八大以来,我们党明确提出实施以人的城镇化为核心、以提高城镇化质量为导向的新型城镇化战略,我国新型城镇化建设取得重大进展。

社会资本在推进新型城镇化和城镇建设中发挥着重要作用。习近平总书记强调,要遵循科学规律,加强顶层设计,统筹推进相关配套改革,鼓励各地因地制宜、突出特色、大胆创新,积极引导社会资本参与,促进中国特色新型城镇化持续健康发展。有序引导社会资本参与新型城镇化、进入基础设施建设领域,这样既能拓宽城镇化建设融资手段和渠道,形成多元化、可持续的资金投入机制,又能激发民间投资活力、拓展企业发展空间、提高公共服务水平,是推动新型城镇化高质量发展的重要路径。社会资本参与新型城镇化建设,主要可以在以下几个方面产生积极效应。

(一)扩大城镇化建设资金来源

推进新型城镇化涉及人口转移、劳动就业、社会保障、基础设施建设、住房建设等方面,是一项投入巨大的系统工程,离不开社会各界大力支持和广泛

参与，需要建立多元、高效、可持续的资金保障机制。社会资本投资在稳增长方面发挥着重要作用，近年来在国民经济投资中的比重保持稳定。有效激发社会资本参与新型城镇化建设，特别是通过政府与社会资本合作、完善金融市场、丰富金融产品等方式引入社会资本，能有效盘活存量资本，为新型城镇化高质量发展提供持续稳定的资金来源，同时还能进一步提高资金整体使用效率、减轻政府财政压力。

（二）提高公共设施运营水平

公共设施是推进城镇化的基础和保障，完善公共设施配套是提升城镇化水平的重要举措。社会资本具有运营效率高、技术创新动力强的特点。在城镇供水、污水处理、垃圾处理、公共交通基础设施、公共停车场等市政公用领域吸引社会资本参与，逐步改变过去市政公共产品和服务由政府单一供给的方式，发挥政府和社会资本各自优势，有利于提升城市配套服务水平，提高公共设施和服务的效率与质量，为改善民生创造良好环境。可通过加快基础设施投融资体制改革，完善投资、建设、运营市场体系，构建公开透明、可预期的政策保障机制等方式，统筹协调各方力量，共同推进社会资本积极参与基础设施建设。

（三）强化产业发展的支撑作用

新型城镇化建设应建立在坚实的实体经济基础之上，而产业发展是振兴实体经济的关键。推动产业发展与新型城镇化建设协调并进，有利于农业转移人口市民化，提高城镇化质量，实现以人为核心的新型城镇化建设目标。当前，我国经济正在向高质量发展阶段转变，产业结构转型升级是转变经济发展方式的重要任务。以产业结构转型升级为契机，吸引社会资本在产业规划、产业培育、建设运营等多个环节发挥作用，能够在体制机制上保障产业与新型城镇化建设协同发展，同时创造更多就业岗位，为新型城镇化建设提供持续稳定的动力，推动新型城镇化健康发展。

(四) 加强生态文明建设

为人民群众创造良好的生产生活环境，是以人为核心的新型城镇化的内在要求。生态文明建设强调绿色发展、循环发展、低碳发展。将生态文明理念融入新型城镇化建设全过程，能够进一步提升人们的生产生活环境质量，使人们安居乐业，更加积极地投身于建设事业，为新型城镇化健康发展提供不竭动力。随着城镇规模扩大，城镇绿化、污水处理、垃圾无害化处理等领域的需求快速增长，吸引社会资本进入这些领域。搭建节能量、碳排放权、排污权、水权等交易平台，对排污、消耗等进行市场化定价，能够充分发挥市场在资源配置中的决定性作用，在减少污染排放的同时降低社会成本，提供更加高效的服务。

第二篇
甘肃省临夏回族自治州新型城镇化实践路径

第一章
发展基础

一、州情概况

(一) 历史沿革

临夏州境,春秋时期为羌、戎之地;战国末期属古雍州之城。秦朝时,初为罕羌侯邑,后置枹罕县。西汉初,境内有大夏县、枹罕县、白石县,属陇西郡。隋朝,初设枹罕郡。唐代,宝应元年(762年),为吐蕃属地,仍称河州。北宋,熙宁六年(1073年),王韶取河州,属熙河路经略安抚司。元代,忽必烈至元六年(1269年),改为河州路。明代,成化九年(1473年)12月,复置河州,属临洮府。清代,乾隆二十七年(1762年),移临洮府驻兰州,遂名兰州府,河州属之。民国十七年(1928年),更名临夏县。

1949年8月22日临夏解放。同年设临夏专区,专署驻临夏县,辖临夏(驻韩家集)、和政、夏河、宁定、永靖(驻莲花城)、康乐(驻辛集)、洮沙、临洮等8县。1956年11月,临夏回族自治州成立,成为全国仅有的两个回族自治州之一。

(二) 行政区划

截至2019年底,临夏州下辖有1个县级市、5个县、2个自治县,即临夏市、临夏县、永靖县、康乐县、和政县、广河县、东乡族自治县、积石山保安族东乡族撒拉族自治县(见图2-1-1)。临夏州辖有123个乡镇、7个街道办、1116个行政村、80个社区。

新发展格局背景下新型城镇化理论及其实践创新
——以甘肃省临夏回族自治州为例

图 2-1-1　临夏回族自治州地图

注：审图号：甘 S（2021）91 号，甘肃省自然资源厅监制，甘肃省基础地理信息中心编制。

（三）地理环境

1. 位置境域

临夏州位于黄河上游，在甘肃省中部西南面；地理坐标介于东经102°41′~103°40′，北纬34°57′~36°12′，东西长136公里，南北长183.6公里，总面积8169平方公里；东临洮河，与定西市相望，西倚积石山，与青海省毗邻，南靠太子山，与甘南藏族自治州搭界，北濒湟水，与兰州市接壤。

2. 地形地貌

临夏州地处青藏高原与黄土高原过渡地带，境内山谷多、平地少，地势西南高、东北低，由西南向东北递降，呈倾斜盆地状态，平均海拔2000米。基本特征是：1/3面积为河谷川塬地区，1/3面积是黄土干旱山区，1/3面积高寒阴湿。

3. 气候

临夏州大部分地区属温带半干旱气候，西南部山区高寒阴湿，东北部干旱，河谷平川温和。冬无严寒，夏无酷暑，四季分明。年均气温6.3℃，最高气温32.5℃，最低气温零下27.8℃；年均降水量537毫米，蒸发量1198~1745毫米；年均日照时数2572.3小时；无霜期137天。

4. 河流水系

临夏全境属黄河流域，黄河自西北入境贯穿临夏北部、流长124公里，一级支流有洮河、大夏河、湟水河等，平均最大流量1027三次方米/秒，著名的刘家峡、盐锅峡、八盘峡三大电站库区均在州内；洮河流经州界东部边沿92公里，平均最大流量162三次方米/秒；大夏河自西南流经临夏盆地58公里，平均最大流量34.3三次方米/秒；还有其他河流和季节性山溪（见表2-1-1）。

表2-1-1　　　　　　　2018年临夏回族自治州水系一览表

水系		流域面积（平方公里）	河长（公里）	径流深（毫米）	多年平均流量（三次方米/秒）	年平均径流量（亿三次方米）
黄河一级支流	崔家峡河	42.7	20.0	281	0.38	0.12
	刘集河	81.5	24.0	224	0.58	0.18
	吹麻滩河	158.0	35.8	162	0.81	0.23
	银川河	457.0	40.6	115	2.22	0.70
大夏河干流	大夏河	7152.0	63.0		25.02	34.10
	多支坝河	71.0	5.1	302	0.68	0.21
	槐树关河	245.9	23.5	273	2.13	0.67
	老鸦关河	245.9	26.4	200	1.55	0.49
	牛津河	27.3	10.3		0.43	0.14
洮河水系	冶木河	1289.0	79.3	179	6.73	
	杨家河	173.8	14.9	103	0.57	0.18
	三岔河	770.2	56.1		1.14	0.87
	广通河	1598.0	88.0		9.74	
	巴谢河	433.7	45.5	50	0.69	0.22

资料来源：2018年地表水资源调查（甘肃省水利厅）。

（四）主要资源

1. 矿产资源

临夏州地处黄河上游，著名的矿藏宝库——祁连山和西秦岭山脉的交汇部位，已发现矿物计七大类35种，占全省已知矿种的40%。

2. 水能资源

截至2019年，临夏州境内水资源总量336.15亿三次方米，其中年过境径流量332.5亿三次方米，多年平均自产地表水资源总量12.15亿三次方米。河流落差集中，水能理论蕴藏量225.5万千瓦，可开发装机容量264.32万千瓦，已开发239.3145万千瓦，占可开发量的88.56%。2019年全州总用水量3.63亿三次方米。其中，农业用水量排名第一，占总用水量的78.51%（见表2-1-2）。

表2-1-2　　　　　　2019年临夏州用水量基本情况　　　　（单位：亿三次方米）

总用水量	生活用水量	工业用水量	农业用水量	生态用水量
3.63	0.56	0.2	2.85	0.02

资料来源：2019年临夏州统计资料手册。

3. 耕地资源

全州有耕地1435.3平方公里，荒地1900平方公里，林地1685.3平方公里，水面724平方公里。农村人均占地3333.3平方米（5亩），其中耕地933.3平方米（1.4亩），分为川塬、山阴、干旱三类地区，大体各占1/3。粮食作物主要有小麦、玉米、洋芋、蚕豆、青稞五大类，经济作物主要有大麻、甜菜、瓜果、花椒、药材类。

4. 旅游资源

根据国家标准《旅游资源分类、调查与评价》GB/T 18972—2003，临夏州旅游资源的主类达到8个，亚类共有24个，占到全国资源亚类总量的77.41%；基本类型94个，占全国总量的60.64%。临夏州共有各类旅游景区、景点107处，其中国家5A景区1个、国家4A景区8个、省级旅游度假区1个、省级建设大景区2个、省级历史文化街区2个、国家特色小镇1个、全国乡村旅游重点村1个、全国重点文物保护单位7个、国家地质公园3个、省级地质公园1个、国家级非物质文化遗产11项。"十三五"以来，临夏州旅游人数和旅游收入持续增进，旅游人数年均增长率为36.06%，旅游收入年均增长率为44.22%（见表2-1-3），临夏州被评为最美中国旅游城市和2019中国最具魅力人气旅游城市。

表2-1-3　　　　2016—2019年临夏州旅游接待人次及旅游收入情况

年份	旅游人数			旅游收入		
	总人次（万人次）	比上年增长（%）	海外游客（人次）	总收入（亿元）	比上年增长（%）	国际旅游外汇收入（万元）
2016	1110.20	23.99	131	48.10	24.67	14.38
2017	1586.10	42.87	455	70.30	46.30	12.00
2018	2098.61	32.32		96.39	37.03	
2019	2711.49	28.95		133.18	37.95	

资料来源：2016—2019年临夏州国民经济和社会发展统计公报。

(五) 人口、民族与宗教

2019年末，临夏州常住人口207.14万人，比2016年增加4.5万人，年均增长率为0.56%；人口出生率为15.5‰，比2016年提高0.65‰；人口死亡率为7.89‰，比2016年提高0.79‰。人口密度为253.57人/平方公里，比2016年增加5.51人/平方公里。具体情况如表2-1-4所示。

表2-1-4　　　　2016—2019年临夏州人口基本情况

年份	常住人口（万人）	人口出生率（‰）	人口死亡率（‰）	人口自然增长率（‰）	人口密度（人/平方公里）
2016	202.64	14.85	7.10	7.75	248.06
2017	204.41	15.62	7.66	7.96	250.23
2018	205.88	15.26	7.80	7.46	252.03
2019	207.14	15.50	7.89	7.61	253.57

资料来源：（2016—2019年）临夏州国民经济和社会发展统计公报。

临夏州有回、汉、东乡、保安、撒拉等42个民族，东乡族和保安族是以临夏州为主要聚居区的甘肃特有的少数民族。本州内信仰伊斯兰教的少数民族人口102.7万人，约占全州总人口的56%。

(六) 经济发展

"十三五"期间，临夏州经济持续快速增长，综合经济实力不断增强（见图2-1-2）。2019年临夏州生产总值为303.5亿元，占全省的3.48%，比2016年增加了73.39亿元，年均增速7.97%。三次产业增加值分别为40.6亿元、58.6亿元、204.3亿元，分别占全省地区生产总值的3.86%、2.05%、4.25%。人均GDP达14697元，占全省的44.54%。全社会消费品零售总额为101.4亿元，占全省的2.74%。"十三五"时期，临夏州的产业结构为"三二一"型，三次产业结构由2016年的16.7∶20.1∶63.2调整为2019年的13.4∶19.3∶67.3，产业结构不断优化（见图2-1-3）。

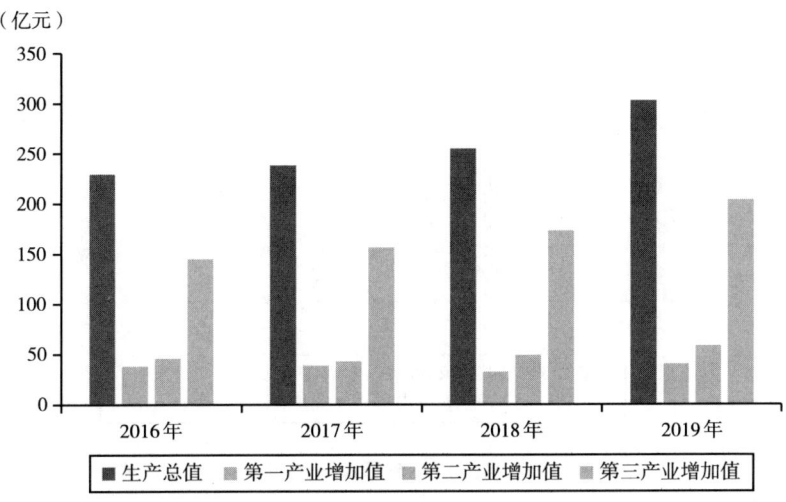

图 2-1-2　2016—2019 年临夏州综合经济情况

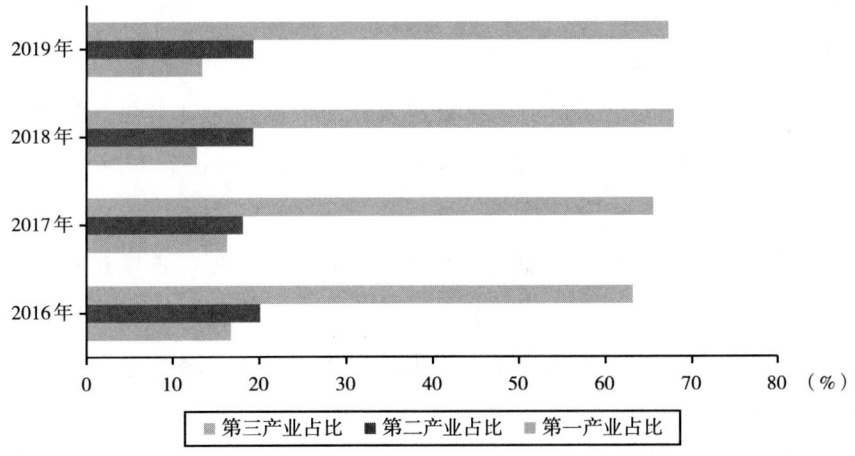

图 2-1-3　2016—2019 年临夏州三次产业结构变化图

城乡居民收入持续增加，人民生活水平继续改善。临夏州城镇居民人均可支配收入从 2016 年的 17912 元提高到 2019 年的 22375.7 元，增加了 4463.7 元，城镇居民人均消费支出也增加了 2042.9 元。农村居民人均可支配收入从 2016 年的 5680 元增加到 2019 年的 7512.4 元，增加了 1832.4 元，农村居民人均消费支出也相应增加了 1705 元（见图 2-1-4）。

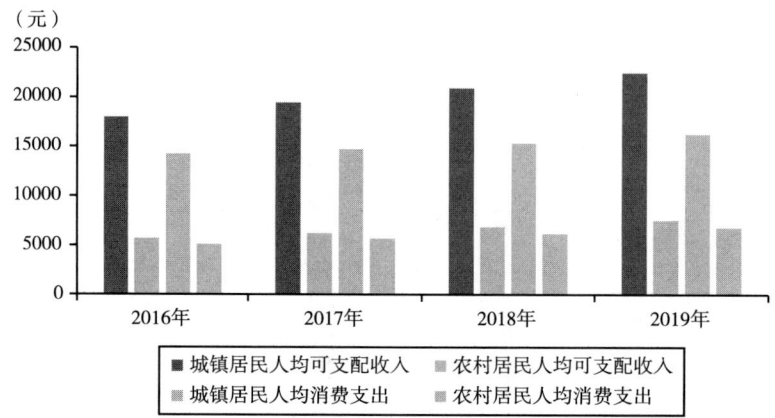

图 2-1-4　2016—2019 年临夏州城乡居民人均可支配收入和消费支出变化

资料来源：根据（2016—2019 年）临夏州国民经济和社会发展统计公报测算。

"十三五"期间，临夏州域内外经济联系逐渐增强。根据 2020 年复工复产期间的百度迁徙数据，临夏州人口迁出目的地排名前 6 位城市分别是兰州市（43.16%）、定西市（21.62%）、海东市（9.68%）、甘南州（5.49%）、西宁市（2.91%）、白银市（1.62%）。临夏州人口迁入来源地排名前 5 位城市分别是兰州市（34.79%）、定西市（17.4%）、甘南州（12.17%）、海东市（6.25%）、西宁市（2.90%）。

以 2020 年复工复产期间的临夏州百度迁徙数据为依据，选取包含临夏州在内的兰西城市群主要城市为研究对象，运用城市引力模型，发现兰西城市群主要城市中对临夏州吸引力最强的是兰州市，引力值高达 3.60；其次是西宁市，引力值为 0.56；第三是白银市，引力值为 0.36（见表 2-1-5）。因此，临夏州域外联动发展过程中应重视以兰州为核心层、以西宁为紧密层、以白银市为外围层的圈层互动协同。从城市的引力和来看（见图 2-1-5），兰州市居于影响力的首位，引力和为 36.11；西宁市的引力和为 11.89，居于第二位。临夏州位于兰西城市群主要城市的第六位，引力和仅为 1.10，说明临夏州处于兰西城市群的边缘，经济社会各项实力较弱，与其他城市之间的联系较弱，城镇化协同效应亟须增强。

表 2-1-5　　　　2019 年兰西城市群主要城市引力值

城市	临夏州	兰州市	定西市	海东市	西宁市	白银市
临夏州	—	0.38	0.19	0.18	0.12	0.23
兰州市	3.60	—	8.51	3.33	3.39	17.28
定西市	0.26	1.25	—	0.16	0.13	0.51
海东市	0.29	0.57	0.18	—	3.04	0.26
西宁市	0.56	1.66	0.43	8.65	—	0.59
白银市	0.36	2.96	0.60	0.26	0.21	—

资料来源：根据 2019 年兰州市、临夏州、定西市、海东市、西宁市国民经济和社会发展统计公报测算，通过引力值表示区域经济联系量或空间相互作用量的大小，引力值越大的城市对其他城市的影响力越大。

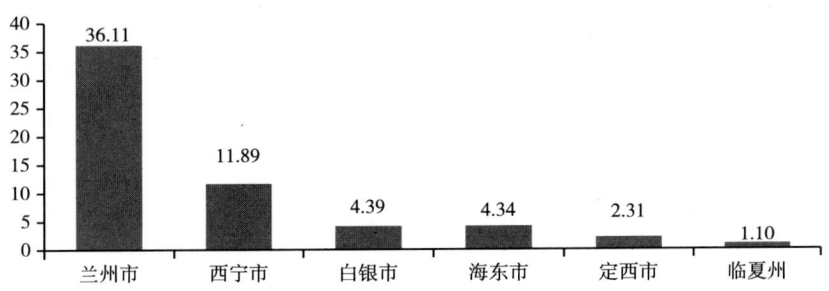

图 2-1-5　2019 年兰西城市群主要城市的引力和

临夏州各县市之间的空间经济联系强弱差异性明显，从经济规模、城镇规模、城镇距离等方面来看，临夏州各县市之间的影响力及经济联系强度存在明显的等级性，临夏市的引力和排名为第一，临夏市与临夏县的引力值高达 0.513，居于首位，临夏市、临夏县同城一体化既是现实也是必然。其次，临夏市对东部的东乡县的引力值为 0.455，居于第二位，中心城区对东部的区域有较强的经济引力，进一步印证了临夏州城镇引力较强的区域为东部。积石山县、广河县和康乐县对临夏州其他县市的影响强度相对较低。总体来看，临夏市处于临夏州的核心区，临夏县和东乡县处于紧密区，和政县、永靖县处于直接辐射区，积石山县、广河县和康乐县处于次级辐射区（见表 2-1-6、图 2-1-6）。

表 2-1-6　　　　　　　2019 年临夏州各县市引力值

县市	临夏市	临夏县	东乡县	积石山县	永靖县	广河县	康乐县	和政县
临夏市	—	0.513	0.455	0.099	0.142	0.130	0.042	0.284
临夏县	0.236	—	0.026	0.033	0.015	0.016	0.007	0.026
东乡县	0.165	0.020	—	0.008	0.018	0.034	0.007	0.032
积石山县	0.026	0.019	0.006	—	0.004	0.005	0.002	0.006
永靖县	0.081	0.018	0.029	0.009	—	0.013	0.006	0.015
广河县	0.025	0.007	0.018	0.003	0.004	—	0.020	0.073
康乐县	0.010	0.003	0.005	0.002	0.002	0.025	—	0.016
和政县	0.080	0.016	0.025	0.007	0.007	0.109	0.019	—

资料来源：根据 2019 年临夏州统计资料手册测算。

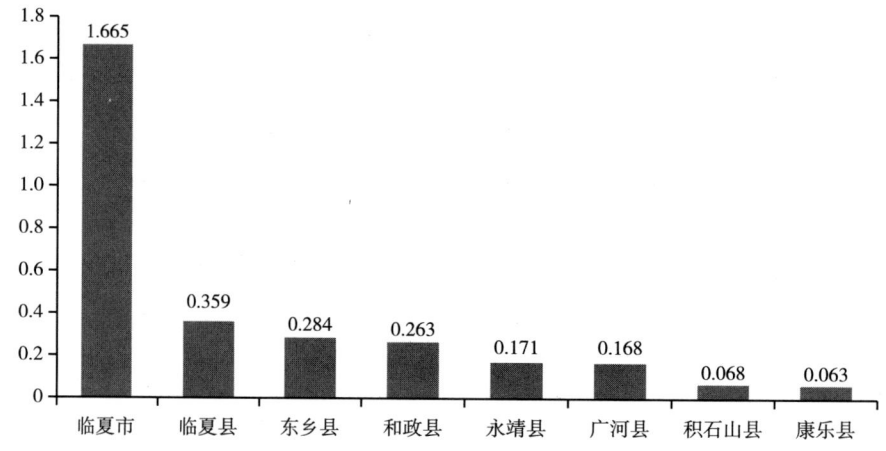

图 2-1-6　2019 年临夏州各县市引力和

（七）社会事业

1. 扶贫建设

深入实施《临夏州脱贫攻坚实施方案（2018—2020 年）》和"一户一策"精准脱贫计划，以敢死拼命的精神抓脱贫，统筹推进农村基础设施建设、富民产业培育和公共服务提升。截至 2019 年底，全州 6 个贫困县（市）全部顺利实现脱贫摘帽，"十三五"期间，全州累计减少贫困人口39.18万人，贫困发生率下降到1.78%，2020年全州8个贫困县（市）全部实现脱贫摘帽，全州精准脱贫工作取得决定性胜利。

2. 环境整治

"十三五"以来，临夏州环境质量不断提高。城区（县城）已全部建成污水处理厂，城市污水集中处理率为94.25%，污水处理能力达13.25万三次方米/天，实际处理量10.78万三次方米/天。城区（县城）均已建成生活垃圾处理场，全部为卫生填埋，生活垃圾无害化处理率99.49%。同时，临夏州生态建设初见成效。截至2019年底，全州绿化覆盖面积2422.1万平方米，绿地面积2407.3万平方米，公园绿地面积378.8万平方米，公园总共20个，全州建成区绿地率为32.6%（见表2-1-7）。

表2-1-7　　2016—2019年临夏州城市（县城）生态环境现状

指标名称	2016年	2017年	2018年	2019年
城市污水集中处理率（%）		84.94	84.94	94.25
城市生活垃圾无害化处理率（%）		98.0	98.0	99.49
环境监测站（个）	9	8	9	9
环境监测人员（人）	93	85	81	125
人均公园绿地面积（平方米）				4.94
建成区绿地率（%）				32.6

资料来源：根据2016—2019年临夏州国民经济和社会发展统计公报测算。

2019年，统筹推进了造林绿化、水土保持、河道治理、土地整治、灾害防治等生态工程，完成造林种草19666.7万平方米，新建绿色通道573.6公里，治理水土流失54.5平方公里、河道71.8公里，和政县被评为全国绿化模范单位。扎实推进污染防治攻坚战，改造土炕、土灶和小煤炉6.1万个，淘汰老旧机动车1万辆。严格落实河湖长制，开展河湖"清四乱"行动，饮用水源水质达标率100%。有序推进工业用地土壤污染详查，完成75个农村环境整治项目。

3. 教育

与"十三五"初期相比,临夏州教育资源建设取得一定成效。2019年末,临夏州各级各类学校共有2403所,比2016年增加656所(见表2-1-8)。在校生人数比2016年增加5.47万人,专任教师人数比2016年增加0.29万人(见表2-1-9),学龄儿童入学率99.98%。从教师队伍来看,全州教师队伍整体素质进一步提高。省级农村骨干教师948人,省级骨干教师281人,省级学科带头人21人,省级青年教学能手85人,特级教师24人,陇原名师4人。从教师学历构成来看,教师第一学历为师范类本科的7563人,占教职工总数的25%,研究生及以上学历362人,占教职工总数1.2%。

表2-1-8　　　　2016—2019年临夏州各级各类学校数量　　　　(单位:所)

年份	幼儿园	小学	九年一贯制学校	初级中学	完全中学	高级中学	电大分校	中专及职校	特殊教育学校	高职院校	小计
2016	502	1129	16	67	5	14	1	11	1	1	1747
2017	628	1129	19	62	5	14	1	11	1	1	1868
2018	775	1129	19	63	5	14	1	11	1	1	2019
2019	1167	1121	19	64	7	13	1	9	1	1	2403

资料来源:2016—2019年临夏州国民经济和社会发展统计公报。

表2-1-9　　　　2016—2019年临夏州在校生和专任教师人数　　　　(单位:万人)

类别		2016年	2017年	2018年	2019年
在校生人数	小学	18.96	19.90	21.31	22.73
	普通中学	9.45	9.55	10.32	11.25
	中专及职校	0.62	0.55	0.46	0.52
	小计	29.03	30.00	32.09	34.5
专任教师人数	小学	1.15	1.20	1.26	1.38
	普通中学	0.85	0.85	0.85	0.91
	中专及职校	0.06	0.06	0.06	0.06
	小计	2.06	2.11	2.17	2.35

资料来源:2016—2019年临夏州国民经济和社会发展统计公报。

4. 卫生

与"十三五"初期相比,临夏州医疗卫生事业建设初见成效。2019年末,临夏州共有医疗单位196个,比2016年减少40个,其中县级及以上医院15个,乡(镇)卫生院133个;病床10158张,比2016年增加1939张;专业卫生技术人员8770人,比2016年增加3780人。全州人均执业(助理)医师每千人1.94人,注册护士每千人3.4人。进一步实现了医疗资源的优化共享和综合管理,为临夏州落实医疗改革任务打下坚实基础。

5. 文化

2019年末,临夏州共拥有公共文化场馆202个(座),比2016年减少10个(座),其中,博物馆(纪念馆)数量减少7个。全州广播电视转播台10座,广播人口覆盖率99.03%,电视人口覆盖率99.07%(见图2-1-7)。

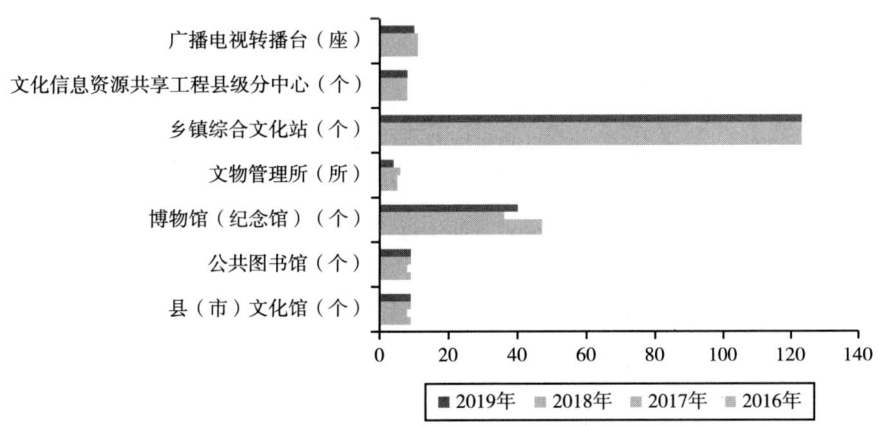

图2-1-7 2016—2019年临夏州公共文化场馆基本情况

资料来源:2016—2019年临夏州国民经济和社会发展统计公报。

6. 科技

2019年,临夏州共组织实施各类科技计划项目38项,其中国家级、省级15项,州级23项。各类科技计划项目总量比2016年减少77项,其中,国家级、省级减少17项,州级减少60项。全年共取得科技成果16项,比2016年减少17项;全年申请专利383项,比2016年增加7项(见图2-1-8)。

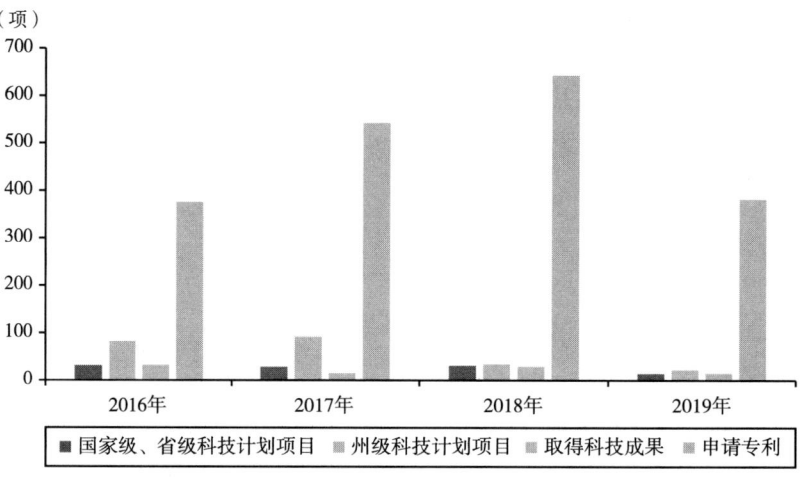

图 2-1-8　2016—2019 年临夏州科技发展基本情况

资料来源：2016—2019 年临夏州国民经济和社会发展统计公报。

7. 社保

2019年末，临夏州参加失业保险的职工人数2.97万人，比2016年减少1.10万人。参加基本养老保险的人数154.96万人，比2018年实行城乡统筹居民养老保险以来增加32.84万人。2019年参加基本医疗保险的人数214.34万人，比2016年增加45.7万人，其中城镇职工参加基本医疗保险人数增加0.71万人，城乡居民参加基本医疗保险人数增加44.99万人（见表2-1-10）。全社会低保户数6.23万户，比2016年减少11.46万户，其中城镇低保户数减少3.48万户，农村低保户数减少7.98万户；全社会低保人数21.58万人，比2016年减少39.13万人，其中城镇低保人数减少9.33万人，农村低保人数减少29.79万人（见图2-1-9）。

表 2-1-10　　　　2016—2019 年临夏州居民参保基本情况　　　　（单位：万人）

年份	参加失业保险的职工人数	基本养老保险的人数	基本医疗保险	
			城镇职工	城乡居民
2016	4.07	4.02	11.01	157.63
2017	3.75	4.01	11.38	156.94
2018	3.80	122.12	11.49	185.25
2019	2.97	154.96	11.72	202.62

资料来源：2016—2019 年临夏州国民经济和社会发展统计公报。

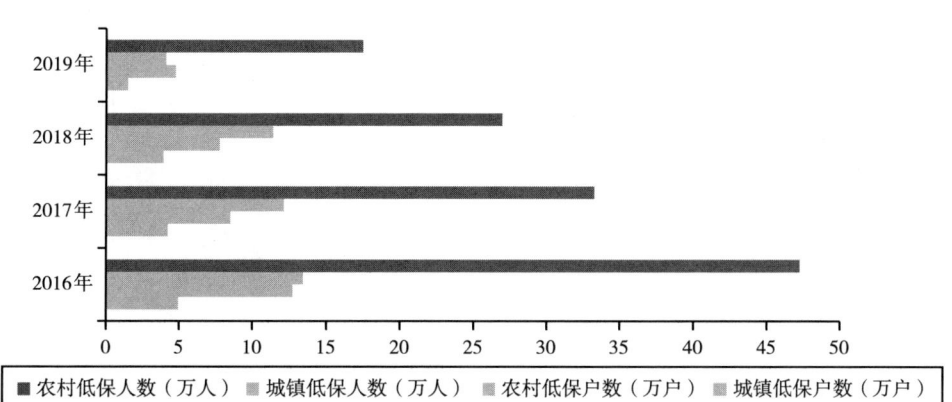

图 2-1-9 2016—2019 年临夏州居民低保基本情况

资料来源：2016—2019 年临夏州国民经济和社会发展统计公报。

8. 体育

2019 年，临夏州共举办各类体育活动 680 场（次），比 2016 年增加 80 场（次）；参加人数达 100 万余人（次），比 2016 年增加 10 万人。乡镇全民健身中心 9 个，笼式足球场 3 个，行政村农民体育工程配备器材 42 个，社区健身器材配置 37 个村。

二、城镇化发展的现状与成效

（一）城镇化水平显著提高

城镇人口持续增长，城镇化水平显著提高。"十三五"以来，临夏州城镇常住人口不断增加，从 2016 年的 66.32 万人增加到 2019 年的 76.73 万人，年均增长率 3.92%；城镇户籍人口从 2016 年的 58.01 万人增加到 2019 年的 63.43 万人，年均增长率为 2.34%（见图 2-1-10）。分区域来看，"十三五"期间，临夏州七县一市的城镇化水平均有不同程度的提升。其中，作为临夏州政府所在地——临夏市的常住人口城镇化率和城镇户籍人口城镇化率均最高，远高于全州水平，常住人口城镇化率从 2016 年的 88.28% 增加到 2019 年的 88.70%，年均增幅 0.12%；城镇户籍城镇化率由 2016 年的 84.43% 增加到 2019 年的 85.12%，年均增幅 0.20%（见表 2-1-11）。

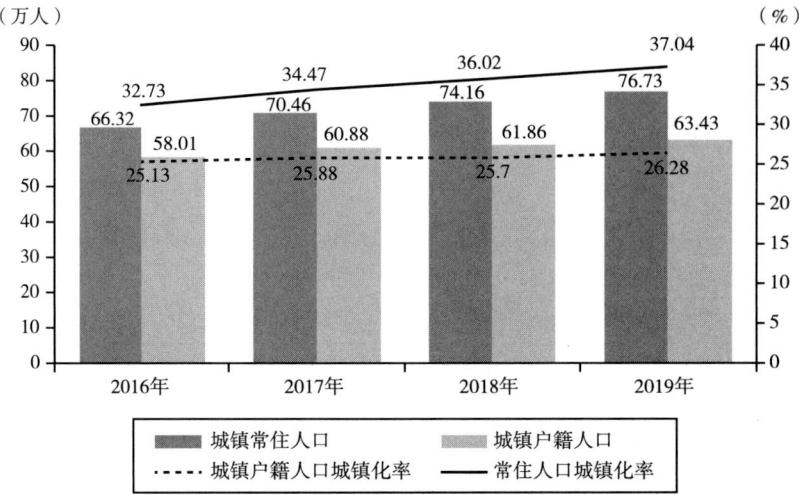

图 2-1-10　2016—2019 年临夏州城镇人口规模及城镇化水平的变化

资料来源：根据 2016—2019 年临夏州国民经济和社会发展统计公报测算。

表 2-1-11　　2016—2019 年临夏州各县市人口数及城镇化水平基本情况

年份	地区	临夏市	临夏县	康乐县	永靖县	广河县	和政县	东乡县	积石山县
2016年	常住人口数（万人）	28.34							
	常住人口城镇化率（%）	88.28							
	城镇户籍人口数（万人）	22.15	3.78	5.16	7.06	7.89	3.78	4.59	3.59
	城镇户籍人口城镇化率（%）	84.43	9.08	17.70	34.02	28.09	16.61	13.19	13.11
2017年	常住人口数（万人）	29.03							
	常住人口城镇化率（%）	88.62							
	城镇户籍人口数（万人）	22.69	4.22	5.60	7.27	8.28	4.04	4.66	4.12
	城镇户籍人口城镇化率（%）	84.59	10.02	18.93	34.92	28.65	17.40	12.92	14.85

年份	地区	临夏市	临夏县	康乐县	永靖县	广河县	和政县	东乡县	积石山县
2018年	常住人口数（万人）	29.19							
	常住人口城镇化率（%）	88.69							
	城镇户籍人口数（万人）	23.22	4.22	5.89	7.17	8.43	4.02	4.71	4.18
	城镇户籍人口城镇化率（%）	84.75	9.90	19.47	34.23	28.33	16.83	12.59	14.78
2019年	常住人口数（万人）	29.56	34.37	24.63	18.79	24.60	19.62	30.81	24.76
	常住人口城镇化率（%）	88.70	23.80	23.47	51.84	32.52	28.85	24.44	22.70
	城镇户籍人口数（万人）	23.77	4.68	5.47	7.54	7.92	4.98	4.83	4.25
	城镇户籍人口城镇化率（%）	85.12	11.04	17.94	36.16	26.46	20.66	12.74	15.27

（二）城市更新建设持续推进

——老旧小区改造。"十三五"期间，临夏州制订出台《临夏州全面推进城镇老旧小区改造工作实施方案》，完成199个老旧住宅单元改造，涉及239栋楼、8805户，建筑面积127.84万平方米，共争取落实各类资金2.07亿元。其中临夏市对老旧小区电梯改造89部。对2000年底前建成的老旧小区按基础类、完善类、提升类三大类功能进行了梯次划分，计划"十四五"期间完成。

——棚户区改造。截至2019年12月，临夏州完成棚户区改造6755户，基本建成675户，放租赁补贴8300户。

——城市历史文化保护传承。临夏州启动了《临夏市历史文化名城保护规划》编制，实施了文化遗产"历史再现"工程，建设了临夏州博物馆、永靖县黄河水电博览馆、和政古动物化石埋藏馆、临夏海洋古生物化石馆等行业博物馆；和政县渊源博物馆、积石山黄河文化博物馆等非国有博物馆；临夏县北塬乡娄高祁"乡村记忆"博物馆、康乐县蜂窝寺展览馆等5家"乡村记忆"博物馆；康乐县景古红色政权纪念馆、临夏市胡廷珍烈士纪念馆。

（三）基础设施承载力趋于完善

1. 交通基础设施承载力进一步强化

2016—2019年，临夏州道路总里程逐年递增，人均道路里程呈先降低后升高趋势。截至2019年底，全州公路通车总里程7723.852公里，其中高速公路104.589公里，占1.35%；二级公路601.409公里，占7.79%；三级公路882.073公里，占11.42%；四级公路5843.785公里，占75.66%；等外公路291.996公里，占3.78%（见图2-1-11）。数据表明，临夏州高等级公路较少，二级以上高等级公路仅占总里程的9.14%。

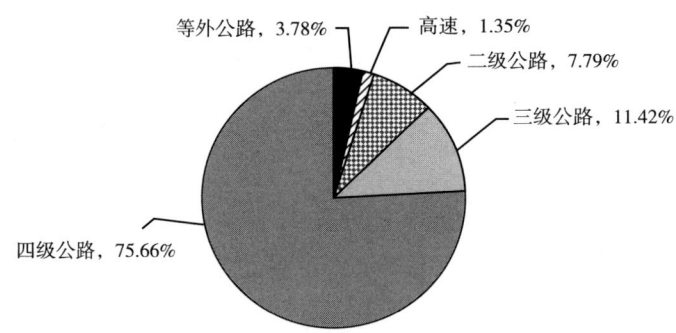

图2-1-11 临夏州各等级公路里程结构分布图

兰西城市群道路网络显示，临夏州大部分县区处于兰州市1小时辐射范围内。但是，县级以上等级道路的密度统计结果表明，临夏州道路网密度总体水平还较低，除永靖县的道路交通密度稍高外，其他的临夏县、和政县、广河县和康乐县的道路交通网密度不足40米/平方公里，在兰西城市群中处于中等偏下水平。

2. 水利网络保障系统基本形成

临夏州初步形成了以供水、灌溉、防洪、发电、水资源管理、水土保持为主的水利体系。截至 2019 年底，全州累计已建成各类水利工程 1833 处，其中已建成水库 16 座（大型 2 座、中型 2 座、小型 12 座），总库容 600133 万三次方米；塘坝 27 座；耕地灌溉面积 535.68 平方公里（80.35 万亩），建成万亩以上灌区 42 处，衬砌干支渠 1996.61 公里；解决了全州农村人口的饮水安全问题，自来水入户率达到 99% 以上；新建和加固防洪堤 590.08 公里；建成大、中、小型水电站 67 座，装机容量 239.26 万千瓦，年发电量 99.62 亿度。目前，临夏州南阳渠提质增效及水系连通工程、引洮济夏水源保障工程等重大工程正在陆续规划实施。

3. 新型智慧化城市建设开始起步

——临夏州"宽带中国 光网城市"开始建设。临夏州实现了所有行政村宽带网络全覆盖；全州铁塔总量达到 4238 座，4G 基站 7522 个，出口带宽达到 1800G；固定和移动电话用户达到 250 万户，有线宽带用户 43.78 万户；全州行政村 4G 网络和有线宽带网络基本实现了全覆盖，并逐步向自然村延伸。具备一定规模的商品市场 11 个、日用品配送中心 1 个、商贸中心 1 个，电子商务服务点覆盖全县所有乡（镇）和村委会，建成了电商公共服务网点。

——智慧教育、智慧交通、智慧企业、智慧医院等项目已经实施。临夏州完成 200 所中小学信息平台建设，建成营运车辆定位、临夏市公交一卡通等平台，培育上云企业近 500 家，完成了全州 1181 个村级卫生室的金保网、医卫网的建设接入工作，建成州医院医信通平台，搭建了平安城市监控平台，完成了全州平安城市全球眼监控、综治监控、全州道路交通安全信息采集等建设项目，其他智慧农村、智慧旅游等项目也处于推进之中。

4. 公共安全应急能力全面提升

——应急基础设施基本齐全。临夏州现建有省属地震台 2 个、强震台 7 个、应急避难场所 144 处，总面积 77.761 万平方米，可容纳 56.4 万人，应急救援能力得到加强。

——应急管理人员配备到位。临夏州确定"三网一员"人员 1850 人，建立动物观测点 40 个、骨干点 8 个，建立专业救援队伍 8 支 380 人。

——应急监测设备及手段基本满足需求。州内现有微观监测设施和手段 4 类 9 项，覆盖地电、地下流体和电磁学科；共建成 211 个气象监测站，实现两要素以上气象监测站点覆盖全州 124 个乡镇,在东乡县建成一部 CCJ 可移式 C 波段多普勒天气雷达。全州共有人工影响天气作业点 25 个。现有森林草原防灭火指挥部 9 个,森林草原防灭火办事机构(防火办)9 个,森林防火物资贮备库 9 座,具备一定的灾害应急处理能力。

5. 城镇公共基础设施更加完善

——推动城市道路拓通项目。临夏州实施北滨河路西段拓通项目,工业区延伸段拓宽项目,临夏路、银滩路拓宽改造项目,兴华路市政道路项目,新建康乐县迎宾路、农贸路大桥、兰郎路至南滨路、南滨河路至三合路市政道路,打通部分断头路。

——着手建设城市立体交通。临夏州建成了临夏饭店门口过街人行天桥、红园商厦路口过街人行天桥、市人民医院门口过街人行天桥。

——改造提升城镇配套设施。在广河县实施提升改造县城老广场项目,永靖县实施 11 万平方米公园绿化项目,积石山县实施南北滨河路景观提升改造项目,康乐县一中门前实施生态绿地项目(1.7 万平方米公园),康乐县实施三岔河生态绿地项目(二期)(11 万平方米公园),永靖县实施太极岛基础设施建设项目,东乡县实施 1.9 公里的文化路建设项目。

——实施棚户区改扩翻工程。配套建设道路、管网、绿化、亮化等工程。截至 2019 年底,危房改造目标任务已全面完成,实现危房清零,完成棚户区改造任务 6755 户,发放租赁补贴 8300 户;完成 34 部老旧住宅小区加装电梯任务,并投入使用。

(四)特色产业支撑带动显著

1. 特色产业优势突出

——特色现代农业初具规模。2019 年临夏州实现特色农业经济增加值 27.42 亿元,初步形成了以"牛、羊、菜、果、薯、药、油菜、百合"为主体的八大农业特色产业体系,并打造出一批知名度高、竞争力强的知名农产品,诸如"啤特果""甘味"等。特色现代设施农业规模不断扩大,品牌效应日益突出、民族地域特色鲜明,发展前景广阔。特别是,临夏国家农业科技园区、广河县国家农业绿色发展先行区、临夏县国家农村产业融合发展示范园等积极探索"企业＋合作社＋基地＋贫困户"的农业农村创新协同发展模式，成效显著。

——特色食品和民族特需用品加工业优势突出。临夏州立足资源优势积极打造特色农产品、清真食品和民族用品的加工、商贸等产业，初步形成以燎原乳业、八八果品、蒙牛壹清、八坊清河源、华安、康美等企业为支撑的特色清真食品加工业，以宏良皮业、艾曼皮革等龙头企业为核心的皮革毛纺加工业，已经初具产业优势。

——文化旅游产业已成百亿元首位产业。临夏州以创建全国全域旅游示范区为目标，对标国家全域旅游示范区创建验收标准，以"花儿临夏、在河之州"为旅游形象品牌，积极打造文旅产业，已成为百亿元产值规模的首位区域产业。

2. 产业园区集群效应逐步显现

截至2019年，临夏州产业园区有21个，布点不仅覆盖全州，而且类型多样，产业集群效应开始显现。其中，临夏市7个（临夏小麦加民族文化旅游产业园、临夏雪羚毛纺地毯物流园、临夏恒源物流园区、台湾创意农业临夏草莓示范园、临夏文化创意产业园、临夏市人力资源服务产业园、文化创意产业园）、和政县6个（临夏和政县物流产业园、和政循环经济园区、慧聚电子商务产业园、三合经济开发区、甘肃云发现现代循环农业示范园、和政县物流产业园）、永靖县3个（永靖县现代农业示范园、临夏刘家峡工业园区、临夏海河循环经济产业园）、临夏县3个（振华牡丹产业园、临夏厦门中达电商园、临夏恒源物流园区）、广河县1个（广河县三甲集经济开发区）、康乐县1个（康乐县省级农业科技园）。

3. 扶贫车间成为乡村经济和脱贫攻坚的重要抓手

临夏州抢抓国家扶持深度贫困地区脱贫攻坚、推进实施"乡村振兴"战略和大力发展特色富民产业的机遇，对接厦门帮扶和承接东部产业转移，积极打造"扶贫车间"，探索出一条"以特色产业为依托、政策扶持为牵引、企业带动为支撑、扶贫车间为抓手、群众增收为目标"的乡村经济振兴和脱贫攻坚的新路子，并形成了合作社式、厂房式、居家式以及"互联网＋"式四种扶贫车间建设模式。截至2019年，临夏州已挂牌认定的"扶贫车间"共208家，吸纳就业8371人，其中建档立卡贫困劳动力2398人（见表2-1-12）。

表2-1-12　　　　　临夏州各县市"扶贫车间"建设情况

各县市	类型	数量（个）	吸纳就业人数（人）	主要产品类型
临夏市	东西合作	37	1200	主营鞋业和香料
临夏县	东西合作	63	2800	开展百合深加工、高原夏菜
东乡县	东西合作	54	2000	伞类制品
永靖县	东西合作	23	1000	生产制鞋、衣服、农产品加工（百合、黄芪）
康乐县	东西合作	31	1371	生产雨伞和鞋业、羊肚菌种植

（五）农业人口市民化持续展开

1. 各市（县）城镇化率不断提升

临夏州经过近10年的经济发展和人口迁移，临夏州及各地县的城镇化率都有了很大的提升（见表2-1-13）。2019年，甘肃省城镇化率为48.49%，临夏州七县一市中只有临夏市和永靖县的城镇化率较高，临夏市的城镇化率最高，为88.7%，高出全省平均水平近40个百分点；其次是永靖县，永靖县的城镇化率为51.84%，高出全省平均水平3.35个百分点。从2010年第六次人口普查到2019年来看，临夏州城镇化率发展水平增长最快的是东乡县、临夏县、积石山县、康乐县和广河县，在脱贫攻坚战略中通过异地扶贫搬迁、棚户区改造和农村居民集中安置等措施，实现了城镇化水平的较大提升。

表2-1-13　　　　　2010年、2019年临夏州人口及城镇化率

序号	地区	常住人口（万人）		城镇人口（万人）		常住人口城镇化率（%）		增长率（%）
		2010年	2019年	2010年	2019年	2010年	2019年	
1	临夏市	27.45	29.56	22.09	26.22	80.48	88.70	8.22
2	临夏县	32.61	34.37	2.57	8.18	7.87	23.80	15.93
3	东乡县	43.83	30.81	1.69	7.53	3.86	24.44	20.58
4	广河县	22.75	24.60	4.33	8.00	19.04	32.52	12.48
5	康乐县	23.32	24.63	2.49	5.78	10.66	23.47	12.81

续表

序号	地区	常住人口（万人） 2010年	常住人口（万人） 2019年	城镇人口（万人） 2010年	城镇人口（万人） 2019年	常住人口城镇化率（%） 2010年	常住人口城镇化率（%） 2019年	增长率（%）
6	和政县	18.51	19.62	2.92	5.66	15.76	28.85	13.09
7	永靖县	18.02	18.79	6.97	9.74	38.69	51.84	13.15
8	积石山县	23.57	24.76	1.87	5.62	7.94	22.70	14.76

2. 市民化资金保障持续增加

2019年全州一般公共预算收入完成16.38亿元，一般公共预算支出完成275.63亿元，全州财政自给率为5.9%，受财政困难的实际制约，州县自身投入占比非常小（见表2-1-14）。2017—2019年，临夏州一般公共预算支出持续增加，年均增幅12.80%（见表2-1-15），其中，2019年，临夏州一般公共预算支出中教育支出44.58亿元，占16.17%；社会保障和就业支出35.73亿元，占12.96%；卫生健康支出25.95亿元，占9.42%；交通运输支出5.6亿元，占2.03%；住房保障支出10.76亿元，占3.91%。农业转移人口市民化是一个涉及经济、社会、空间等众多因素的一个长期过程，需要持续大量的资金投入，随着农业转移人口市民化的不断推进，在教育、公共卫生、交通、住房保障等领域的财政支出会越来越大，而要保持目前政府财政支出的结构和水平，如何拓展农业转移人口市民化的资金来源渠道多元化，让市民化资金得到保障，就成为值得关注和亟待解决的重要问题。

表2-1-14　　2017—2019年临夏州一般公共预算收入

地区	2017年（万元）	2018年（万元）	2019年（万元）	2018年比上年同比增长（%）	2019年比上年同比增长（%）
全州	168858	155271	163791	-8.08	5.5
临夏市	46772	50086	50766	7.09	1.4
临夏县	17121	12361	14250	-27.8	15.3
康乐县	11376	9226	11332	-18.9	22.8
永靖县	31327	33586	31958	7.21	-4.9
广河县	13264	9571	10131	-27.84	5.9

续表

地区	2017 年（万元）	2018 年（万元）	2019 年（万元）	2018 年比上年同比增长（%）	2019 年比上年同比增长（%）
和政县	9119	8669	8327	-4.84	-4.0
东乡县	8059	8736	9465	8.4	8.3
积石山县	15291	7210	8042	-52.85	11.5
州级	16538	15772	19520	-6.63	23.8

表 2-1-15　　2017—2019 年临夏州一般公共预算支出

地区	2017 年（万元）	2018 年（万元）	2019 年（万元）	2018 年比 2017 年同比增长（%）	2019 年比 2018 年同比增长（%）
全州	1991675	2524936	2756302	26.77	9.2
临夏市	255882	257407	2756302	0.6	12.2
临夏县	261999	342730	394439	30.81	15.1
康乐县	202770	259756	294708	28.1	13.5
永靖县	218203	257264	294118	17.91	14.3
广河县	186663	258159	278529	38.3	7.9
和政县	167752	222212	252263	32.46	13.5
东乡县	290933	460793	432969	58.38	-6.0
积石山县	236379	283917	316384	20.11	11.5
州级	171094	182678	204140	6.77	11.8

3. 城乡公共服务均等化不断推进

——医疗卫生资源配置开始加大。作为贫困地区，由于地方财力有限，长期以来在城市建设和民生方面投入有限，但在医院建设和公共卫生方面不断增加投入。随着医疗保障水平的提高和人口老龄化进程加快，大量的健康需求被释放，人们越来越关注生命健康质量和就医感受，对医疗服务也提出了标准更高的新需求。当前医疗机构更多将侧重点放在疾病治疗环节，对于快速增长的健康管理、老年康复理疗、精神疾病防治、妇儿医疗护理等方面的高品质医疗健康需求，供给质量和结构均比之前有了较大的发展。

——进城务工人员随迁子女入学接受义务教育率大大提升。临夏州在人口流动过程中，州域内学龄人口向临夏市迁移趋势十分明显，进城务工人员随迁子女入学问题得到较大的改善（见表 2-1-16）。可以看出，临夏州在新型城镇化推进过程中，有了一定的发展基础，但是市民化发展依然面临城乡待遇不一致的问题，在城镇化发展过程中"半市民化"的农业转移劳动力获得城镇基本公共服务和城乡居民公共服务均等化的任务依然很重。

表 2-1-16　　2020 年临夏州进城务工人员随迁子女入学情况　　（单位：人）

县市	进城务工人员随迁子女	入学情况			
		小学就读	初中就读	高中就读	中等职业学校就读
临夏市	10294	7754	2322	103	115
临夏县	354	250	37	67	0
康乐县	276	233	43	0	0
和政县	997	694	226	77	0
广河县	1032	570	280	182	0
东乡县	157	112	15	30	0
永靖县	2881	1535	738	513	15
积石山县	1677	1514	114	46	3
合计	17588	12662	3775	1018	133

（六）城乡融合发展基础形成

1. 城乡人口流动以乡村到城市单向流动为主

2019 年末，临夏州农村常住人口为 130.41 万人，比 2016 年减少 5.91 万人；城镇常住人口为 76.73 万人，比 2016 年增加 10.40 万人。同时，农村户籍人口与常住人口比也在这一时期不断提升，从 2016 年的 1.262 发展到了 2019 年的 1.365。这说明大量农村户籍人口离开家乡去往外地，并在包括临夏州本地市镇在内的城市聚集，城乡之间呈现农村人口向城市单向流动的情形，且单向流动的规模和速度均有加剧发展趋势。

2. 农村经济逐步提升，农村居民生活水平有效改善

2019 年临夏州农林渔牧业总产值已经达到 75.57 亿元，农业整体产值水平连续增长，带动了农村居民经济状况逐步改善（见表 2-1-17）。农业发展带动农村人均可支配收入与人均消费支出随之逐步提升,与"十三五"初期相比,农村居民收入提升32.26%,农村居民人均消费支出增加33.57%。

表 2-1-17　　2016—2019 年临夏州农林渔牧业产值　　（单位：亿元）

产值	2016 年	2017 年	2018 年	2019 年
农业产值	41.76	42.15	32.9	39.74
林业产值	1.52	1.84	1.32	2.12
牧业产值	16.23	17.14	16.34	23.87
渔业产值	0.37	0.36	0.13	0.57
农林牧渔服务业产值	2.79	3.05	8.83	9.27
农林渔牧业总产值	62.67	64.54	59.52	75.57

3. 农村基础设施与公共服务总体水平进一步提升

截至 2019 年,临夏州所有行政村均已实现通沥青(水泥)路以及动力电覆盖,农村自来水入户率达到 94%,行政村宽带覆盖率达到 94%,农村危房改造稳步推进。农村教育快速发展,义务教育巩固率达到 91.2%,医疗卫生条件显著改善,基本公共卫生服务水平提升,农村文化事业蓬勃发展。同时,在城乡差异方面,临夏州城乡公共服务差异相较其他地区较小,农村每万人拥有卫生人员数量超过全国和全省平均水平(见图 2-1-12)。

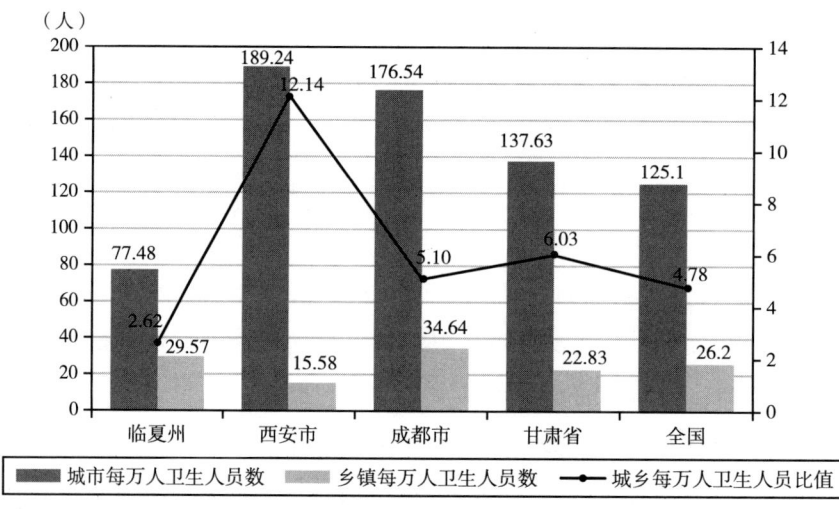

图 2-1-12　临夏州与全国、甘肃省及其他城市城乡每万人拥有卫生人员数量对比

三、城镇化发展问题诊断

（一）经济基础薄弱、瓶颈效应明显

2019年临夏州GDP占甘肃省的3.48%，人均GDP占甘肃省的44.54%，在甘肃省排位靠后，自身经济发展较滞后，致使其辐射带动能力有限。

临夏州目前财政支出的来源主要为均衡性、民族性和生态功能区转移支付、财力性补助资金，政府债券和其他各类专项资金。财政自给率较低，基本属于"吃饭财政"。随着城镇人口的增加，上学难、就医难问题比较突出，农业转移人口市民化后，政府要承担农业转移人口市民化在义务教育、劳动就业、基本养老、基本医疗卫生、保障性住房以及市政设施等方面的公共成本，投入需求大幅增加，财政支出压力增大。

（二）城市更新改造步伐仍需加快

1. 城镇更新开发建设中对文化内涵挖掘不足

在注重城市开发建设过程中，忽略了城市的文化内涵表达，诸多建设空间显得标准化和同质化。城市更新应注重营造出具有历史脉络、体现传统特质的"地方"，尽可能保护传统的地方特色。

2. 物业服务企业服务水平参差不齐

物业管理市场秩序还需规范，现存服务企业基础薄弱、缺乏专业管理人才、服务不到位的问题；同时开发遗留问题比较突出，前期物业管理环节缺失。

3. 房地产市场秩序有待进一步规范

房地产租赁市场尚未形成规模，"租售并举"住房制度的建立未形成成熟的经验；综合监管协作力度不够，部分房地产开发项目存在延期交房、入住后未办理不动产证书等现象。

4. 危房改造缺乏动态监管机制

因灾受损的房屋动态出现，各县市对新产生的危房尚未形成相应的动态监管和实施机制。自实施棚户区改造以来，具有较好收益性的棚改项目基本已实

施完毕，剩余棚户区多为人口居住密度大、拆迁成本高的区域，部分居民拆迁期望高，诉求难以实现，危房改造工作难度较大。

（三）城市综合承载能力亟须提升

1. 公共应急软硬件基础薄弱，应急能力不足

——应急硬件投入不足，基础设施相对薄弱。应急救援的基础条件薄弱，救援资金、物资和装备不足，救援过程中应急物资的使用及维护存在资金瓶颈，应急救援能力有待进一步提高，应急避难场所的配套设施也没有。临夏州现有气象监测站的站网现状和观测要素还远不能满足城乡防灾减灾和气象服务的需求，还存在乡镇气候资源摸底不清、乡镇气象监测站选址困难等问题，自然灾害实时监控、预测建设方面相对滞后。

——应急类专业人才缺乏，后备人才不足。受编制影响，临夏州疾控预防专业人才、应急管理人才等缺乏。专业应急救援队缺乏标准系统培训，义务救援队伍及志愿应急救援队伍的建设尚处于起步阶段。

——应急管理信息化程度较低，部门之间联动体系建设滞后。各地应急管理信息化手段良莠不齐，利用信息化手段提高应急工作效率有待改善，信息报送的及时性、准确性和敏感性还有待提高。部门之间、条块之间以及预防与处置之间的衔接不够紧密，没有形成快速联动应急体系。应急救援的基础条件薄弱，救援资金、物资和装备虽有提高但仍满足不了需要，应急救援能力有待进一步提高。

——紧急医疗救援基地网络和应急实验室检测网络尚未建立。尚未建立起统一规划、布局合理、功能明确、装备完善的州、县、镇三级突发公共卫生事件紧急医疗救援基地网络，尤其缺乏能够承担巨灾等大规模人员伤亡事件医疗救援任务的区域性紧急医疗救援中心，难以满足各类突发事件伤病员应急医疗救治的需要。无应急监测实验室，州内各级疾病预防控制机构实验室应急监测功能还不到位，尚不能满足早期识别和初步鉴定的需要。

2. 交通基础设施不健全，通行保障力较差

——道路交通等级低，支撑对外开放能力不足。在打造综合交通运输通道、构建综合运输枢纽方面存在不足，全州综合交通运输体系有待完善。临夏州虽然是兰西城市群的南向通道，甘肃"两横两纵"中西纵的支点，但是缺少高铁、铁路、高速等快速交通，融入周边大城市圈的能力有限，难以发挥甘肃南向战略支点作用。此外，城乡之间、区域之间、新旧业态之间、软硬实力之间和建管养运之间发展不协调，道路等级低、交通方式单一、通行效率较低，没有实现有效融合；运输枢纽站功能单一、发展层次偏低、集疏能力较弱，一定程度上影响临夏州对外开放水平。

——交通服务效率低，服务品质不高。大部分建制村开通了客车，但是存在"开得通、留不住"现象；农村邮政、电商和农产品销售融合不足；城市道路承载力较低，交通相关服务设施短缺，混合交通严重，居民出行困难；交通拥堵、公共服务水平不高、交旅融合发展落后，旅游交通支撑文旅产业发展能力不足。面对交通运输新技术、新业态、新模式的发展态势，行业信息化运用深度不够，利用交通走廊聚集产业，发展路衍经济、枢纽经济方面处于探索阶段。

——交通网络布局不完善，资源利用率较低。各种运输方式未统筹，通道资源利用率较低，现代综合立体交通网络建设还处在完善阶段。路网布局不完善，通达深度不够，国省道、干线路和农村公路之间衔接不畅，部分景区入口道路衔接不够，各种运输方式衔接不够紧密，综合运输体系建设处于起步阶段，运输服务水平相对偏低；组织结构、运力结构、经营结构、运输组织结构不尽合理，行业存在较严重的重客运轻货运、重干线轻支线问题，严重制约了物流、货运、农村运输的发展。

——道路养护资金短缺，养护手段落后。道路前期基础建设投入不足，后期养护力度不够，以县级财政投入为主要日常养护经费，无法支撑繁重的养护任务，长期失养的难题难以破解，导致公路随着交通量的增大和超载车辆的运行，使用周期缩短，道路失养现象严重。传统的农村公路养护手段和落后的养护机械无法完成油路、水泥路的养护工作，致使农村公路的使用效率加速下滑。

3. 水利基础设施落后，智能化程度不够

——水利设施老化失修，需管理养护。城镇输配水管网建设不能满足城镇化发展需求，原输配水管网供水压力大，无法承担高水压输送任务。污水管网长期老化失修，建设和管理相对滞后，造成污水排放不及时，洪涝灾害发生，成为环境主要污染源。此外，地方配套资金不到位，公益性水利维修经费短缺，导致农业灌溉工程老化失修，小型农田水利建设严重滞后，水利工程损坏率逐年增加，严重影响了水利工程的正常运行，增加了征收水费的难度，造成水利工程的运行及管理的恶性循环。

——水利工程技术手段及智能化程度不够。城市供水水质监测能力较为薄弱，水质监测手段落后。水利工程虽然设置了渠道和管道，但是缺少相应的量水设施，无法跟上水资源管理频率，智能化、数字化不够，严重阻碍了节约措施的顺利实施。灌溉制度不合理，导致作物灌溉定额比较高，在部分农业灌溉中仍采用大水漫灌的方式，导致水资源出现大量消耗、无效蒸发的现象，用水效率低下，不利于水利灌溉的有效管理。

——流域生态环境治理还处于较低水平。流域生态环境综合整治建设项目资金缺口较大，防洪治理力度不够，畜牧养殖污染增加，产生的污染物没得到有效的处理，对饮用水源地周边区域的生态安全造成一定的威胁。以临夏县为例，流域面积内的8条中小河流中除大夏河、牛津河、槐树关河、老鸦关河部分河段通过申请中小河流防洪治理专项资金进行防洪治理外，其他河流及以上部分河段均未进行防洪治理，其河道防洪标准较每年秋季下暴雨时在地表径流汇流时间短，时常引发山洪灾害，淹没农田、道路，威胁两岸群众的生命财产安全。

4. 城镇公共基础设施水平低，配套设施不齐

市政基础设施不完善，配套设施不齐。全州垃圾处理收运设施建设相对滞后，部分县第二垃圾填埋处理场、城区停车场资金短缺。供热能力差，供热管道埋设与城市规划不匹配，导致在道路建成后又破挖道路埋设供热管道，造成资源浪费。部分热源厂在新城区3.5公里外的韩集镇磨川村，一级管网线路太长，始末端高差太大（接近60米），热损耗较大。部分老旧小区已将供气管道埋设到小区门口，但是因为小区内无供气相关配套设施，无法接通使用。老城区、部分城镇道路原有路灯设计能力已达不到现有需求，影响了周边群众的出行。

5. 智慧城市建设水平较低

——智慧城市建设总体水平较低。智慧城市建设硬件设备不足，软件系统研发不够，总体水平较低。全州智慧城市建设仍处于基础网络及网站建设阶段，建设过程中存在信息化程度低、机构建设不健全、专业人员素质低、科技信息化建设投入不足、经营管理中协作不充分等问题，与工业化、城镇化、市场化和国际化的融合发展也不够深入，与先进发达地区相比差距比较大。

——智慧城市建设难度较大。智慧城市投入力度小，建设难度大。一是通信工程项目建设中，没有统一的收费标准，存在部分业主和物业提出无理或高额的赔偿、租费、电费等要求，协调沟通难度大。二是通信基站的建设长期处在审批难、选址难、设施入场难的"三难"状态，站址获取难度大。三是全州公共设施资源没有全面开放，场地租赁费用缺乏监管和指导，站址获取较为困难，导致电信企业运营成本过高。四是受基站辐射有害健康的传言影响（特别是学校），基站建设改造难度大。

——统一的大数据中心尚未建立。全州还没有建成统一的大数据中心，对数据资源没有进行有效整合和利用。数字化、智能化、信息化建设以行业和部门各自为阵，"烟囱式"现象普遍存在。市（县）域网络基础设施建设投入不足，还没有建立真正意义上满足协同管理需要的局域网，现有的硬件设备和软件系统存在版本低、利用率低等现象，技术层面也达不到信息化的要求。数据库管理的财力、人力投入有限，难以保持数据的现势性，造成了数字化成果的积累严重不足，阻碍了信息化建设成果的利用率。

——信息化专业人才缺乏。临夏州各单位的信息化管理人员专业化程度较低，多半是经过后期培训和学习才上岗的，对于信息化工作只会上网发布信息、编辑文档及图片，其他计算机及网络知识只是一知半解，无法真正地把计算机及网络技术运用到实际的信息化工作中，阻碍了信息化工作的进程和发展。受编制限制，引进和留住专业人才比较困难，现阶段急缺信息化专业人才及智慧化研发团队。

6. 城镇资源环境承载能力有限

基于适度人口容量，构建经济承载力、土地承载力、可供水资源承载力、人均建设用地承载力、生态环境承载力模型，综合测度 2019 年临夏州理论城镇化发展水平，并与实际城镇化发展水平进行对比分析，结果表明：临夏州及各县市理论综合承载力人口容量均低于实际常住人口数量，理论城镇化率均高于实际城镇化率，理论人口密度均低于实际人口密度，人口潜力指数较小。这说明，临夏州及各县市整体城镇化水平偏低，城镇化发展速度较慢，人口分布不均衡。整体来看，临夏州城镇资源环境承载能力有限（具体分析过程见附录）。

（四）城镇产业支撑带动亟须加强

1. 产业规模小，产业结构单一

全州经济总量小、人均水平低，产业结构不合理。第一、二、三产业结构由 2010 年的 22.6：29.7：47.7 调整为 2019 年的 13.4：19.3：67.3，其产业结构优化的原因是用财政支付核算的非营利性服务业快速提升而带动的第三产业比重快速提升。临夏州产业层次偏低、链条短，优势产业规模较小，核心竞争力不强；市场主体偏少，缺乏大企业、大集团引领带动；各种创新资源整合配置效率不高，高新技术和战略性新兴产业发展不够；以商贸物流和劳务经济为依托的开放型经济发展不够。第三产业发展迅速，文旅产业已经成为临夏州的发展亮点，但受整体经济发展水平较低的制约，旅游业开发和基础设施建设比较滞后，旅游产品档次低、规模小，加之适合旅游的时节较短，使临夏州旅游产业基础薄弱，处于初级发展阶段。

2. 产业体系雷同，产业集聚能力弱

临夏州"牛、羊、菜、果、薯、药、油菜、百合"八大农业特色产业体系缺少跨市县的相互合作与上下游衔接，没有做到差异化发展。园区建设缺乏指标约束和措施抓手，特色产业链、产业群、产业园还未形成，园区还未有效发挥支撑县（市）域经济发展的作用。与厦门开展东西协作的扶贫工厂主要是集美包袋、鞋业等单一的初级加工制造，吸纳就业人口的能力还十分薄弱。目前临夏州产业聚集有效吸纳劳动力就业作用弱，优势劳动力资源不能充分发挥，外出务工收入最高仍占到了 80%。

3. 城镇化水平低，产城融合度不高

低水平城镇化对工业化和农业现代化的发展形成一定的限制，并进一步抑制城镇化发展。2019 年临夏州城镇化率为 37.04%，分别比全国、全省平均水平低 22.6 个和 11.0 个百分点，城镇规模小、聚集功能弱，城镇的集聚和带动作用能力弱，城乡居民持续稳定增收基础不牢固，传统产业转型缓慢、新兴产业培育滞后，生产性投资不足、工业投资占比下降。就产城融合而言，尚未形成完善的产城融合机制，产城融合发展的制度体系不够健全，产城融合度不高。

4. 投资融资渠道较单一，产城支撑后劲不足

临夏州目前融资手段较为单一，主要依靠国家预算资金、自筹资金和银行贷款这类间接融资手段，信托等直接融资方式因为缺乏项目或经济总量问题没有得到应用，金融市场不够活跃。在固定资产投资中大部分投资项目属基础设施建设项目，缺乏财源性建设项目。2019年交通运输、邮电通信、教育事业和公用事业等基础行业的投资占全部投资的71.16%，而工业投资仅占投资总额的21.9%。特别是在新常态下，各投资主体更加注重实际效益，对外投资慎之又慎，在缺乏吸引投资相关基础的条件下，很难依靠外来资金支持县域经济的发展。

（五）农业人口市民化亟待加速

1. 户籍限制导致户籍人口城镇化滞后于常住人口城镇化

2019年临夏州城镇户籍人口63.43万人，城镇常住人口76.73万人，城镇常住人口与城镇户籍人口之间的差额为13.3万人，这表明2019年临夏州仍有13.3万人的乡村户籍人口（农民工）工作生活在城市却没有城镇户口，占城市总人口的比重高达17.33%，即每100个城镇常住人口中就有17个人为没有城镇户口的农民工。长期以来，农民进城工作却无法享受城镇居民的公共服务，因而处于"半城镇化"的状态，这部分人被戏称为"半城镇居民"或"伪城镇居民"。

2. 覆盖农业转移人口的社会保障体系还不完善

——覆盖农业转移人口的养老保险体系还没有建立。由于户籍身份限制，城乡之间养老保险衔接机制不完善，难以实现保随人行。大多数外来农民工到城镇务工，企业很少会主动为农业转移人口缴纳城镇职工养老保险。因此，建立覆盖农业转移人口的城镇养老保险体系是十分必要的。

——覆盖农业转移人口的医疗保险体系还没有建立。农民工处于医疗保障制度的边缘，城镇社区卫生服务也没有把他们的常规疾病纳入管理之中，农民工生病了也只能报销住院费用，门诊医疗费用仍然要由自己承担。医疗保险属地化管理和医疗保障覆盖面狭窄等问题是农民工难以享受到医疗保障待遇的重要障碍。

——覆盖农业转移人口的城镇住房保障体系还没有建立。目前农业转移人口的居住大体有三种形式：一是用工单位的集体宿舍或工棚；二是租住在城中村或城市小区；三是自己出资购买商品房，但这部分比例不到3%，有的甚至是拖家带口、居无定所。随着城镇化进程的推进，城市规模越来越扩大，城中村正在逐渐消失，这势必也会影响农业转移人口的住房问题的解决。随着城镇化率不断提高，相应的住房保障体系也在不断完善，但是依旧没有将农民工及时纳入住房保障体系。目前，临夏州县市公共租赁住房建设数量较小，呈现供求不足，加之目前国家停止公租房建设，加剧了房源的紧张。目前施行的配租对象主要是为数不多的城镇特困户和低保户，设置的准入门槛偏高，导致新就业大学毕业生、调动工作后的公职人员、引进的人才，尤其是进城农民工，无法通过公共租赁住房解决住房困难的问题。同时，临夏州是国家列出的少数民族贫困地区，地方财力有限，经济基础薄弱，投入保障性住房资金非常有限。农业转移人口住房问题是显而易见的，住房难已成为阻碍人口城镇化的重要障碍。

——农业转移人口就业环境差。由于农业转移人口受教育程度普遍较低，往往受到他人的歧视，而且干的工作也都是别人不愿意干的脏活、累活。企业更是抓住农业转移人口受教育程度低，不懂得保护自己合法权益的漏洞，出现了不签订用人合同及不办理相关保险等现象。这样的后果是，一旦出现纠纷，农业转移人口申辩时难以提供相应的证据。

——农业转移人口被排除在最低生活保障制度外。最低生活保障的对象是人均收入低于当地生活保障标准的持有非农户口的城市居民。由于农业转移人口的市民化进程缓慢，取得户籍十分困难，所以最低生活保障的对象这一硬性规定就将农业转移人口这一阶层排除在外，新生代农民工既享受不到最低生活救助又享受不到失业保险等社会保险，所以一旦失业，处境会更加艰难。

3. 农业转移人口的身份转化存在诸多障碍

由于城乡一体化政策和制度尚未真正落实，受户籍制度、就业政策和社会保障政策等多方面的制度排斥，外来农业转移人口及其家庭还不能与户籍居民享受同等的公共服务和社会福利，导致一些农民进了城，但身份还是农村人。

随着临夏州城镇化率的不断提高，农业转移人口的数量会越来越大，这些人在职业、居住条件等经济层面上处于明显劣势地位，直接导致了他们在社会层面与城市人接触、交往的困难，而交往、接触的困难又直接阻碍了农业转移人口的城市归属感、价值认同观念的形成，造成农业转移人口的城市归属感低。

总之，由于城乡一体化政策和制度尚未真正落实，户籍制度的限制，农民工身份转化存在诸多障碍。外来农业转移人口及其家庭还不能与户籍居民享受同等的住房、失业保险、最低生活保障等公共服务和社会福利。

（六）城乡融合发展水平有待加快

1. 基层治理模式乏力导致乡村吸引力不足

目前临夏州尚未出台城乡融合发展的专项规划，对城市和乡村的发展均局限于各自的空间、产业、服务、治理区域内，从而导致在规划设计、政策和任务部署、政务绩效考核方面，城市和乡村均呈二元割裂局面，政策配套和资源配置均以城市为重，对乡村开放、乡村资源资产化等领域均缺乏政策支持和保障。而基层治理方面，行政化的乡村治理模式，面对乡村人户分离空心化导致村民治理参与意愿和能力下降、富村外来人口和企业等进入导致利益诉求复杂化等乡村发展现状，缺乏应对的能力和机制，导致乡村基层治理乏力。最终，顶层割裂和基层乏力共同导致乡村经济发展缺乏动力、居住价值缺乏实力，无法构成对人口等要素的吸引力。

2. 城市对农村产业发展缺乏带动性和支持力

截至2019年底，临夏州几乎所有工商业都集中在城镇和工业园区中，农村产业则基本集中在农林牧渔和相关服务业上，旅游、康养等产业占比极低，其结构较为单一，城乡产业隔离明显。一方面，城市经济发展对乡村带动作用几乎局限于在城市工作的村民主动反馈乡村，以及城市居民进入乡村农家乐等进行消费这些渠道，对乡村产业的带动作用不高；另一方面，农村产业发展所需的检测、营销、会展、设计、研发等现代服务基本全部集中在城市，对农村产业提供的服务几乎不存在或效率极为低下，极大地约束了农村经营主体的业务能力和发展潜力，阻碍了农村产业生态的形成，也使得农村创业难度远比城市更大，让人才和企业更加难以留在农村。

3. 城乡协调的土地利用机制便利性、灵活性不足

临夏州尚未建成统一的城乡一体化土地交易市场服务，土地开发政策通道和土地经营权交易市场均存在缺位情况。目前对农村土地资源的集聚基本依赖企业或合作社等经营主体的主动行为，但同时经营主体在土地集聚开发利用过程中还需面对大量行政审批和许可流程，投资高、速度慢、用地风险大的状况长期存在。无法便利、灵活地利用土地使得临夏州城镇化进程和产业发展均受到严重制约的同时，也导致农民难以将手中土地转化为实际资产并借以获利，降低了农民经济改善能力。

4. 城乡公共服务一体化程度低，乡村生活吸引力有待提升

临夏州在新型城镇化推进过程中，市（县）城镇化实现程度不统一，城乡"二元"结构仍然突出，市民化主要面临城乡待遇不一致，在城镇化发展过程中"半市民化"的农业转移劳动力获得城镇基本公共服务和城乡居民公共服务均等化的任务依然很重，随着城镇化的推进，城镇人口的增加，上学难、就医难问题比较突出，政府承担农业转移人口市民化的财政负担依然严峻，财政支出压力增大。

在公共服务建设过程中，城乡一体化建设和配置尚未成为主流，如目前临夏州城市的生活垃圾处理和污水处理基本已经实现了全面覆盖，处理比例均高于90%，但农村相应的处理能力才刚刚起步建设，大部分农村的垃圾缺乏对应的清运力量，生活污水基本没有现代化的处理手段。多数乡村公共服务的建设仅能依赖乡村自身财政能力和帮扶资金，通过多种渠道灵活利用、配置公共服务资源的可能性较低，最终导致城乡公共服务长期存在较大差异，造成农村居住环境和城市有较大差距，宜居性亟待提升。

第二章
政策背景和发展机遇

一、政策背景

(一) 国家层面的相关政策

1.《中共中央关于制定国民经济和社会发展第十四个五年规划和二〇三五年远景目标的建议》

2020年10月29日党的第十九届中央委员会第五次全体会议通过《中共中央关于制定国民经济和社会发展第十四个五年规划和二〇三五年远景目标的建议》(以下简称《建议》),锚定2035年远景目标,提出今后五年经济社会发展要努力实现经济发展取得新成效、改革开放迈出新步伐、社会文明程度得到新提高、生态文明建设实现新进步、民生福祉达到新水平、国家治理效能得到新提升的主要目标。《建议》明确提出推进以人为核心的新型城镇化,通过实施城市更新行动,强化历史文化保护、提高城市治理水平、有效增加保障性住房供给、深化户籍制度改革、优化行政区划设置、推进以县城为重要载体的城镇化建设,进一步优化国土空间布局,推进区域协调发展和新型城镇化。

以《建议》为行动指南,临夏州面临的机遇是把短期、中长期新型城镇化与国家第十四个五年规划和2035年远景目标相结合,在实施城市更新,促进临夏市县一体化,州、县域中心城市和小城镇协调发展,加强城镇老旧小区改造和社区建设,塑造具有临夏特色的城市风貌,完善土地出让收入分配机制,完善财政转移支付和城镇新增建设用地规模与农业转移人口市民化挂钩政策，发挥中心城市和城市群带动作用及推进以县城为重要载体的城镇化建设等方面发力，明确前进方向、凝聚社会共识，推进区域协调发展和新型城镇化。

2. 国家新型城镇化战略

2014年国务院制定了《国家新型城镇化规划（2014—2020年）》，明确了未来城镇化的发展路径、主要目标和战略任务，是指导全国城镇化健康发展的宏观性、战略性、基础性规划。2013年12月，习近平总书记在中央城镇化工作会议上指出"推进城镇化的首要任务是促进有能力在城镇稳定就业和生活的常住人口有序实现市民化"，即以人的城镇化为核心。

2020年4月，《国家发展改革委关于印发〈2020年新型城镇化建设和城乡融合发展重点任务〉的通知》，再次阐述了人的城镇化为核心的总体战略，强调以质量为导向，推进以县城为重要载体的新型城镇化建设，提升城市治理水平，推进城乡融合发展。

临夏州必须主动融入国家新型城镇化战略发展大局，统筹推进脱贫攻坚任务完成后的城镇化与乡村振兴衔接工作，加大项目谋划，加快重点项目建设，着力产业培育，加快城市发展，促进城乡融合，促进城乡资源共享、互促共进，逐步缩小城乡发展差距，让人民群众更多更公平地享受发展成果。

3.《全国主体功能区规划》

2011年国务院颁布的《全国主体功能区规划》明确提出要推进形成主体功能区，就是要根据不同区域的资源环境承载能力、现有开发强度和发展潜力，统筹谋划人口分布、经济布局、国土利用和城镇化格局，确定不同区域的主体功能，并据此明确开发方向，完善开发政策，控制开发强度，规范开发秩序，逐步形成人口、经济、资源环境相协调的国土空间开发格局。

对应此规划，临夏州有多处区域分别进入重点开发区域、限制开发区域以及禁止开发区域。其中，临夏州处于重点开发区域"兰州—西宁地区"中的开发范围；临夏州的临夏县、和政县、康乐县、积石山县4个县被列入属于国家重点生态功能区的南黄河重要水源补给生态功能区；康乐县所在的甘肃莲花山国家级自然保护区、甘肃莲花山国家森林公园及永靖县所在的甘肃刘家峡恐龙国家地质公园都属于禁止开发区域。

国家主体功能区规划从宏观上规定了临夏州新型城镇化不同地区不同的开发方式，综合来看，临夏县、和政县、康乐县、积石山县4个县应以保护和修复生态环境、提供生态产品为首要任务，因地制宜地发展不影响主体功能定位的适宜产业，引导超载人口逐步有序转移；自然保护区、森林公园、地质公园周边地区禁止开发；其他县市地区可定位发展循环经济、加强生态环境保护、发展特色农产品、构建农产品加工业产业集群、建设运营商贸物流中心及生物医药产业基地。

4. 内循环为主的"双循环"发展新格局

2020年5月23日，习近平在看望参加政协会议的经济界委员时曾经强调，"逐步形成以国内大循环为主体、国内国际双循环相互促进的新发展格局，培育新形势下我国参与国际合作和竞争新优势"。在7月22日召开的企业家座谈会上，习近平再一次提出"新发展格局"的同时，还强调"要提升产业链供应链现代化水平，大力推动科技创新，加快关键核心技术攻关，打造未来发展新优势"。

形成以国内大循环为主的"双循环"新发展格局，需要从供给端发力，深化供给侧结构性改革，通过技术创新和制度创新，解决经济循环中的技术"卡脖子"问题和体制机制障碍，提高经济供给质量，同时要扩大有效投资和促进消费，重点是加快新基建、新型城镇化和重大工程建设的投资，并积极出台一系列针对居民的消费激励方案。

在"双循环"新发展格局背景下加快临夏州新型城镇化，有利于全面促进消费、拓展投资空间、提升科技创新能力、助力经济高质量发展，为构建新发展格局积蓄动能。加快临夏州新型城镇化，一方面，临夏州应聚焦关键领域和薄弱环节，争取中央及省上更大力度的投资和帮扶，加大补短板、强弱项投资力度，着力完善传统基础网络，加快建设新型基础设施，补齐社会民生等领域短板，发挥投资对促进城乡区域协调发展、改善民生等方面的支撑作用；另一方面，临夏州要提高对外开放水平，推动新型城镇化高质量发展，对接"一带一路"市场需求，需要在特色产业上下功夫，推动传统产业智能化、绿色化、服务化、高端化，激发市场投资先进制造业的积极性，瞄准产业链长、带动性强的新材料、智能制造等领域，加大投资力度，增强新产业、新业态顺应新需求的能力。

5. 黄河流域生态保护和高质量发展

习近平总书记于 2019 年 8 月考察甘肃期间，对如何推动黄河流域高质量发展，保护、传承和弘扬黄河文化发表重要讲话。2019 年 9 月，习近平在黄河流域生态保护和高质量发展座谈会中提出"黄河流域生态保护和高质量发展"国家战略。黄河流域是我国重要的生态屏障和重要的经济地带，是打赢脱贫攻坚战的重要区域，在我国经济社会发展和生态安全方面具有十分重要的地位。保护黄河是事关中华民族伟大复兴和永续发展的千秋大计。2020 年 1 月 3 日，习近平总书记在中央财经委员会第六次会议上再次强调："黄河流域必须下大气力进行大保护、大治理，走生态保护和高质量发展的路子。"2020 年 8 月，中共中央政治局审议《黄河流域生态保护和高质量发展规划纲要》，要把黄河流域生态保护和高质量发展作为事关中华民族伟大复兴的千秋大计，贯彻新发展理念，遵循自然规律和客观规律，统筹推进山水林田湖草沙综合治理、系统治理、源头治理，改善黄河流域生态环境，优化水资源配置，促进全流域高质量发展，改善人民群众生活，保护传承弘扬黄河文化，让黄河成为造福人民的幸福河。

临夏州位于国家战略要津，在黄河上游地区具有较强的中心带动作用，临夏州新型城镇化建设规划要以产业结构调整优化和现代产业体系建设、黄河文化宣传和弘扬、国家黄河文化公园临夏段项目对接、生态环境保护修复等为重点，不断加快绿色发展、高质量发展，加速推进融入黄河国家战略，努力打造黄河上游生态保护和高质量发展的引领示范区。

6.《乡村振兴战略规划（2018—2022 年)》

党的十八大以来，农业农村发展取得了历史性成就，发生了历史性变革。但农业农村基础差、底子薄、发展滞后的状况尚未根本改变，经济社会发展中最明显的短板仍然在"三农"，现代化建设中最薄弱的环节仍然是农业农村。对此，中央编制了《乡村振兴战略规划（2018—2022 年)》，该规划以习近平总书记关于"三农"工作的重要论述为指导，按照产业兴旺、生态宜居、乡风文明、治理有效、生活富裕的总要求，对实施乡村振兴战略作出了阶段性谋划。乡村振兴战略规划明确了工作重点和政策措施，具体包括构建乡村振兴新格局、加快农业现代化步伐、发展壮大乡村产业、建设生态宜居的美丽乡村、繁荣发展乡村文化、健全现代乡村治理体系、保障和改善农村民生、完善城乡融合发展政策体系等方面。

据此，临夏州新型城镇化推进的进程中，在扩大城市规模、健全城市功能、增强城市能力的同时，坚定不移地有序推动乡村产业、人才、文化、生态和组织振兴，以实现城乡基础实施和基本公共服务均等化，促进城乡融合，推进新型城镇化更加行稳致远。

7. 新时代推进西部大开发形成新格局指导意见

党的十八大以来，西部地区经济社会发展取得重大历史性成就，为决胜全面建成小康社会奠定了比较坚实的基础，也扩展了国家发展的战略回旋空间。但同时，西部地区发展不平衡不充分问题依然突出，巩固脱贫攻坚任务依然艰巨，与东部地区发展差距依然较大，维护民族团结、社会稳定、国家安全等任务依然繁重，仍然是全面建成小康社会、实现社会主义现代化的短板和薄弱环节。针对这些问题，2020年5月17日中央发布《关于新时代推进西部大开发形成新格局的指导意见》，该意见总体要求是强化举措抓重点、补短板、强弱项，形成大保护、大开放、高质量发展的新格局，推动经济发展质量变革、效率变革、动力变革，促进西部地区经济发展与人口、资源、环境相协调，实现更高质量、更有效率、更加公平、更可持续发展。

要有效利用这一利好政策，临夏州新型城镇化建设必须贯彻新发展理念，提高基础设施通达度、通畅性和均等化水平，推动绿色集约发展、高质量发展；充分发挥临夏州比较优势，推动具备条件的文化旅游业、食用菌中药材蔬菜等特色种植业、畜牧产业、沿黄沿洮工业产业、美食产业集群化发展，全力打造"五个百亿级产业"；深入实施乡村振兴战略，做好新时代"三农"工作；积极参与和融入"一带一路"建设，强化面向甘南藏区的开放大通道建设；加大"美丽临夏"建设力度，筑牢国家生态安全屏障；深化重点领域改革，坚定不移推动重大改革举措落实；坚持以人民为中心，把增强人民群众获得感、幸福感、安全感放到突出位置。

8. "三区三州"政策

"三区三州"地域范围内自然条件恶劣、基础设施和公共服务不足，不少贫困群众的脱贫能力弱，基层自组织能力较差，贫困发生率高、贫困程度深，是国家层面上的深度贫困地区，是全面建成小康社会最难啃的"硬骨头"。但是，"三区三州"又是我国自然人文景观和旅游资源的相对富集区。为此，国家各部委推出了相较其他地区更大力度、更广来源、更趋协同的创新发展政策和财政投入，通过旅游扶贫、教育扶贫、产业扶贫、易地搬迁、银行保险业扶贫等多种途径推进当地产业转型升级，使居民收入增加、生活水平改善和受教育程度提升。

所以，临夏州新型城镇化建设应有开放共享共荣的战略格局，以区域协同实现脱贫攻坚的使命为驱动，积极融入"三区三州"旅游大环线的建设，利用好国家"三区三州"在旅游、产业、教育等领域的政策红利和资源投入，在推进新型城镇化建设的同时，为"三区三州"脱贫攻坚战略的实现起到引领示范作用。

（二）省级层面的相关规划及政策

1.《中共甘肃省委关于制定甘肃省国民经济和社会发展第十四个五年规划和二〇三五年远景目标的建议》

2020年12月，中国共产党甘肃省第十三届委员会第十三次全体会议通过《中共甘肃省委关于制定甘肃省国民经济和社会发展第十四个五年规划和二〇三五年远景目标的建议》（以下简称《甘肃建议》），提出"十四五"期间甘肃省经济发展取得重要成效、改革开放迈出重大步伐、社会文明程度进一步提高、生态文明建设达到新水平、人民生活品质普遍改善、治理效能显著提升的主要目标，并提出了至2035年甘肃省进入创新型省份行列、人均国内生产总值不断接近全国平均水平等的现代化建设远景目标。《甘肃建议》从优化国土空间开发保护格局、壮大区域经济增长极、推进以人为核心的新型城镇化、增强县域经济实力方面，进一步统筹城乡区域发展，构建高质量发展的国土空间布局和支撑体系。

全面建成小康社会后，临夏州将步入全面推进社会主义现代化建设新阶段，其面临的主要任务是"补短板、锻长板、固底板、夯基础、育产业、扩增量"。《甘肃建议》中的重大举措，为临夏州在"十四五"及中长期加快培育推动临夏特色优势产业和战略性新兴产业、增强县域经济实力、实施乡村振兴、改善城乡公共服务设施及加快推进新型城镇化等提供行动指南。

2.《甘肃主体功能区规划》

《甘肃省主体功能区规划》是国家主体功能区规划在甘肃省域的具体化。规划以县级行政区为基本单元，将省域国土空间划分为重点开发、限制开发、禁止开发三类区域，提出构建"一横两纵六区"城市化发展、"一带三区"农业发展和"三屏四区"生态保护三大国土空间开发战略格局①。

规划中临夏州广河县、东乡县被列入中部重点旱作农业区，定位为农产品主产区类型的限制开发区域；临夏县、和政县、康乐县、积石山县被列入甘南黄河重要水源补给生态功能区，和国家主体功能区的规划要求一致。

甘肃主体功能区规划进一步明确了临夏州各县新型城镇化过程中的开发模式和开发类型。广河县、东乡县应优先重视发展农产品及相关产业，临夏县、和政县、康乐县、积石山县应以保护和修复生态环境、提供生态产品为首要任务，因地制宜地发展不影响主体功能定位的适宜产业。

因此，如何提升农产品及相关产业竞争力、从价值链的低端向中端乃至中高端攀升，根据资源禀赋选择什么样的产业及如何发展产业是该规划指导下临夏州新型城镇化亟待解决的问题。

3.《甘肃省新型城镇化规划（2014—2020年）》

《甘肃省新型城镇化规划（2014—2020年）》中明确提出：加快推进形成以"丝绸之路经济带"甘肃段为轴线、以区域性中心城市和城镇带发展为支撑的"一群两带多组团"城镇化布局。

临夏州处于"丝绸之路经济带"甘肃段的中部城市群，根据这一规划，临

---

① "一横两纵六区"是指以西陇海兰新经济带为横贯全省的横轴，以呼包银—兰西拉经济带、庆（阳）—平（凉）—天（水）—成（县）徽（县）—武都经济带为两条纵轴，加速推进形成兰白（兰州—白银）、酒嘉（酒泉—嘉峪关）、张掖（甘州—临泽）、金武（金昌—武威）、天成（天水—陇南成县、徽县）、平庆（平凉—庆阳）六大组团式城市化发展格局。"一带三区"是指推进沿黄农业产业带发展的新跨越，实现河西和陇东现代农业发展的新突破，促进中部地区重点旱作农业特色农业新发展。"三屏四区"是指以甘南黄河重要水源补给生态功能区为重点，构建黄河上游生态屏障；以"两江一水"流域水土保持与生物多样性生态功能区为重点，构建长江上游生态屏障；以祁连山冰川与水源涵养生态功能区为重点，构建河西内陆河流域生态屏障。以敦煌生态环境和文化遗产保护区、石羊河下游生态保护治理区、陇东黄土高原丘陵沟壑水土保持生态功能区、肃北部荒漠生态保护区为重点，加大生态建设和环境保护。

夏州要依托兰（州）白（银）和兰州新区为核心的兰白都市圈，建设中部城市群，着力构建我国向西开放的重要门户和次区域合作战略基地。由此，临夏州新型城镇化需进一步凝练一批加强历史、民族、文化等人文资源保护的工程和项目，争取国家有关部委、甘肃省有关部门立项支持；通过基础设施改善融入兰州城市圈，推动商贸物流行业发展；发展民族特需用品加工产业体系；深入思考在甘肃、青海、宁夏旅游业比较同质化的背景下如何更好做大做强生态旅游；逐步解决临夏市和临夏县、和政县和广河县一体化发展的体制机制障碍；破解交通商贸型、资源开发型、加工制造型、文化旅游生态型等各具特色的小城镇如何选址、如何建设、如何运营等问题；打造既有地域特色，又有文化底蕴，既有产业特色，又有旅游资源，以产业为筋骨，以文化为纽带的城镇格局重要载体。

4.《甘肃省乡村振兴战略实施规划（2018—2022年）》

《甘肃省乡村振兴战略实施规划（2018—2022年）》结合甘肃省实际，对全省实施乡村振兴战略作出了阶段性谋划。规划内容包括有序推进乡村振兴、构建城乡融合发展新格局、深入实施精准扶贫精准脱贫、建立健全脱贫攻坚体制机制、加快农业转型升级、推动农村产业深度融合、加快建立现代农业经营体系、加快完善农业支持保护制度、推进绿色农业发展、持续改善农村人居环境、加大生态保护与修复力度、提升农村农民社会责任感、传承弘扬乡村优秀传统文化、丰富乡村文化生活、加强农村基层党组织建设、促进自治法治德治有机结合、夯实基层政权、加强农村基础设施建设、提升农民就业质量、加强和改善农村公共服务。

《甘肃省乡村振兴战略实施规划（2018—2022年）》对临夏州新型城镇化进程中的农业农村农民问题提出了中观指导。因此，在涉及临夏州城乡基本公共服务均等化、城乡融合、乡村产业体系、乡村居民素质教育提升、特色小镇、特色产业等领域进行谋划时要注意思想上一致、内核上衔接、行动上具体。

5. 巩固拓展脱贫攻坚成果与乡村振兴有效衔接政策

为贯彻落实甘肃省推进新型城镇化和乡村振兴会议精神，积极推进新型城镇化和乡村振兴涉及住建行业重点任务，根据甘肃省政府办公厅《关于印发全省推进新型城镇化和乡村振兴会议重点任务分工方案的通知》（甘政办发〔2020〕50号），省住房和城乡建设厅下发《关于积极推进全省新型城镇化和乡村振兴工作涉及住建行业重点任务的通知》，制定出城市建成区违法建设专项治理工作五年行动方案、解决城市环境治理问题专项方案、农村居民市民化住房保障措施，提出了具体的目标任务和实施步骤，明确重点工作部署，强化保障措施。

该文件是指导临夏州新型城镇化和乡村振兴重点任务的具体专项实施方案，有利于巩固拓展脱贫攻坚成果同乡村振兴有效衔接，有利于进一步加强临夏州违法建设治理工作，完善城市治理机制，推动城镇基本公共服务覆盖未落户常住人口，保障农村转移人口与当地市民享受同等的住房保障待遇，全面改善城市人居环境，促进城市经济社会高质量发展，打造宜居、宜业、宜学、宜游城市新环境。

（三）州级层面的相关规划

1. 临夏州基本公共服务均等化规划

总体目标是，到2020年实现城乡、区域和不同社会群体间基本公共服务制度的均衡，全州居民平等享有公共教育、公共卫生、公共文化体育、公共交通、生活保障、住房保障、就业保障、医疗保障等基本公共服务。

2. 关于提升临夏州城市工作水平的意见

中共临夏州委、临夏州人民政府下发《关于提升城市工作水平的意见》，该意见紧紧围绕让城市更安全有序、更洁净靓丽的总体目标，聚焦短板弱项，通过提高城市规划水平、提升城市建设水平、创新城市治理方式、完善城市公共服务、营造城市宜居环境、大力发展城市经济等举措，解决城市突出问题，完善治理体系，提高治理能力，提升城市形象，促进人口聚集，扩大城市规模，不断增强城市辐射带动能力。

3. 临夏州乡村振兴战略实施方案

总体目标是，到2022年，脱贫攻坚成果进一步巩固，各项支持政策、资金投入、改革措施全面向乡村振兴倾斜。

此外，临夏州还有文化旅游规划等多个专项规划。这些规划都很好地领会贯通了中央及省上对应规划、意见的精神实质，结合临夏州实际和总体战略，对于实现城乡、区域和不同社会群体间基本公共服务制度的均衡、提升临夏州城市工作水平、实施乡村振兴等重点工作作出了详细具体务实的谋划，既做到了一脉相承，又具有很强的可操作性。

因此，临夏州新型城镇化建设路径，也要与临夏州其他总体各类规划实现"互联互通"和兼容，最大限度地发挥多方协同效应。

二、发展机遇

（一）发挥区位优势，创造新机遇

1. "一带一路"的重要节点城市

2015 年《政府工作报告》中，李克强总理提出把"一带一路"建设与区域开发开放结合起来。我国目前正处于城镇化加速发展阶段，且发展潜力巨大，借力"一带一路"倡议将极大优化发展空间，催生区域经济发展新格局。由此，"一带一路"倡议与新型城镇化建设是促进我国今后经济发展的两大重要措施，需要相互交叉、彼此融合、高度一致。新型城镇化是"一带一路"倡议深耕的重要空间平台，而"一带一路"倡议则将为新型城镇化建设带来新机遇、注入新动力。首先，"一带一路"将加快新型城镇化的建设步伐。其次，"一带一路"将促进重要节点城市及周边地区的社会发展和经济格局。最后，"一带一路"将促进节点城市同沿线国家在资源、技术等方面的交流与对接，优化和完善城镇的产业结构。

临夏州古为丝绸之路南要冲、"西部旱码头"，是面向中亚、南亚、西亚国家的通道、商贸物流枢纽、重要产业和人文交流基地，是丝绸之路经济带黄金段上的重要节点、内地连接藏区的重要经济通道及甘青川要道。在"一带一路"倡议深入推进的背景下，临夏州已步入向西开放的前沿阵地，其新机遇在于挖掘和发挥新丝绸之路人文历史、自然资源的特色和优势，积极推进与中亚、南亚、西亚国家和地区城市间的经济合作和交流，推动临夏州新型城镇化高质量发展。

2. 兰西城市群

兰西城市群是指以兰州、西宁为中心，主要包括甘肃省定西市和青海省海东市、海北藏族自治州等 22 地州市的经济地带，是中国西部重要的跨省区城市群。临夏州处于兰州—西宁的中间地带，距离兰州约 117 公里，属兰州一小时经济圈范畴，临夏市、东乡县、永靖县、积石山县已经纳入兰西城市群，因此临夏州有着十分重要明显的区位优势。兰西城市群建设上升为国家战略，为临夏州区域经济协调发展和新型城镇化建设提供了新的战略机遇和政策支持。该举措有利于借助比较优势，以积石山县、永靖县为重要突破口和着力点，积极融入和引领兰西城市群建设；有利于更好地落实黄河流域生态保护和高质量发展、新时代西部大开发、十大生态产业布局等国家和省上若干重大战略所带来的政策叠加红利。借助兰西城市群通道、信息和开放优势，以完善路网结构为重点，加强与青海省省际出口通道连接和省内区际联通，加快改善基础条件，强化城镇公共服务设施配套，加快推动城乡基本公共服务均等化，完善城市功能，增强人口集聚能力。通过大力发展商贸物流、民族食品用品、文化旅游等产业，提升州（县）域经济发展水平，努力打造临夏州为兰西城市群先行示范区。

3. 兰白国家自主创新示范区的支撑基地

兰白国家自主创新示范区是西北首个获批建设的国家自主创新示范区。国务院在批复中明确要求，兰州白银国家自主创新示范区要积极探索欠发达地区通过科技创新实现跨越发展的新路径，努力把兰州、白银高新区建设成为科技体制改革试验区、产业品质跃升支撑区、人才资源集聚区、东西合作发展先行区、生态文明建设引领区。就临夏与兰州的区域协作而言，临夏州应紧紧抓住甘肃省委省政府建设兰白国家自主创新示范区的战略机遇，主动融入兰白国家自主创新示范区，建设兰临白经济协作区，发挥临夏对兰州的生态屏障、水源保障、水安全保障、三次产业发展空间的拓展支撑作用。有效利用区位上近水楼台的优势，把临夏州建设成依托兰州面向藏区的物流集散基地、清真食品及牛羊肉的生产供应基地、兰州都市圈休闲度假的旅游基地、重要的高原夏菜和无公害蔬菜生产供应基地、承接兰州产业转移的主要基地。

(二)利用政策红利,抢抓新机遇

1. 国家层面的政策机遇

临夏州是一个多民族聚居的西部民族地区,同时又是全国贫困发生率较高的深度贫困地区,国家新型城镇化战略、黄河流域生态保护和高质量发展、推进西部大开发形成新格局等国家层面的政策机遇,将进一步拓宽临夏州发展空间;国家"三区三州"政策及脱贫攻坚目标任务完成后,对摆脱贫困的县,从脱贫之日起设立5年过渡期,在帮扶政策保持总体稳定的基础上,有利于临夏州从脱贫攻坚到全面推进乡村振兴的历史性转移;国家推动构建新发展格局、实施乡村振兴和"双循环"扩大内需战略、推进"两新一重"建设等重大举措,有利于临夏州对接国家相关资金项目,扩大有效投资、改善发展条件;国家把创新摆在现代化建设全局的核心地位,加快建设科技强国,推动经济体系优化升级,有利于临夏州优化经济结构、建设现代产业体系。综上,临夏州将迎来多重政策利好叠加、抢抓城镇化发展的历史机遇。

2. 省级层面的政策机遇

《甘肃省国民经济和社会发展第十四个五年规划和二〇三五年远景目标的建议》甘肃主体功能区规划、甘肃省新型城镇化规划、甘肃省乡村振兴战略实施规划等为临夏州抢抓机遇,把政策优势转化为发展优势提供契机。尤其是提出要加强对包含临夏州在内的深度贫困地区的倾斜力度,对于临夏州而言,要抢抓这些机遇,并及时落实为行动方案。如在甘肃省乡村振兴战略实施规划中提出加大资金倾斜支持力度,对"两州一县"和18个省定深度贫困县的均衡性转移支付补助系数高于全省市县平均水平3个百分点。新增建设用地指标优先保障深度贫困地区发展用地需要,加快推进"两州一县"增减挂钩节余指标在国家统筹调剂下开展跨省域交易,收益主要用于"两州一县"脱贫攻坚等。

第三章
临夏州新型城镇化总体要求

党的十九届五中全会通过的《中共中央关于制定国民经济和社会发展第十四个五年规划和二〇三五年远景目标的建议》，明确提出基本实现新型城镇化目标和完善新型城镇化战略任务。"十三五"时期以来，临夏州城镇化取得重大进展，城镇化水平和质量大幅提升。"十四五"及中远期，努力把握临夏新型城镇化的态势和基础条件，科学分析临夏州情和存在的问题，积极应对城镇化过程中面临的问题和风险挑战，编制和实施《临夏州新型城镇化规划（2021—2035年）》（以下简称"规划"），以新发展格局为背景，以推动城镇化高质量发展为主题，以转变城市发展方式为主线，以体制机制改革创新为根本动力，以城镇基础设施和载体建设为抓手，以共同富裕为方向，以满足人民日益增长的美好生活需要为根本目的，明确未来15年全州新型城镇化的指导思想、发展路径、主要目标、发展重点及主要任务。

一、指导思想

高举中国特色社会主义伟大旗帜，深入贯彻党的十九大和十九届二中、三中、四中、五中全会精神，甘肃省第十三次党代会和州委十二届九次、十次、十一次、十二次全会精神，坚持以马克思列宁主义、毛泽东思想、邓小平理论、"三个代表"重要思想、科学发展观、习近平新时代中国特色社会主义思想为指导，全面贯彻党的基本理论、基本路线、基本方略，深入落实习近平总书记对甘肃工作系列重要指示精神，统筹推进"五位一体"总体布局，协调推进"四个全面"战略布局，坚定不移贯彻新发展理念，坚持稳中求进工作总基调，

新发展格局背景下新型城镇化理论及其实践创新
—— 以甘肃省临夏回族自治州为例

以推动高质量发展为主题,以深化供给侧结构性改革为主线,以改革创新为根本动力,以满足人民日益增长的美好生活需要为根本目的,统筹新冠肺炎疫情常态化防控和经济社会发展工作,把握扩大内需这个战略基点,深化供给侧结构性改革,主动融入以国内大循环为主体、国内国际双循环相互促进的新发展格局,扎实做好"六稳"工作,全面落实"六保"任务;坚持以人民为中心的发展思想和"创新、协调、绿色、开放、共享"的发展理念,以城镇化高质量发展为导向,以生产、生活、生态"三生融合"为抓手,抢抓国家建设丝绸之路经济带、黄河流域生态保护和高质量发展战略、新西部大开发战略、乡村振兴战略、国家倾力支持兰西城市群发展的重大机遇,有效衔接脱贫攻坚任务完成后的乡村振兴工作,着力在引强入临、资源开发、产业壮大、基础设施改善、实体经济培育、城乡融合、金融助力、技能培训、生态文明、精神文明等方面取得新的更大成效。以实现更高发展质量为中心,以资源环境承载能力为前提,绿色发展为导向,大力发展文化旅游、现代农业、通道物流、中医中药等绿色生态产业,着力打造临夏州"十大产业"。依据全州主体功能区规划,进一步优化临夏州城镇空间布局,深入实施"一心四带多节点"城镇空间战略布局,逐步形成城市化地区、农产品主产区、生态功能区三大空间格局;坚持四向拓展、全域开放,突出临夏市、临夏县在西部大开发和丝绸之路经济带中的重要支撑作用,以做好临夏市县一体化、做强县城、做大乡镇、做优社区、做美农村为着力点,推动城市和小城镇协调发展,加快推进城乡融合发展。推进以人为核心的新型城镇化,实施城市更新行动,推动城镇基础设施提升;坚持城乡政策一致、规划建设一体、公共服务均等、收入水平相当,有序推进农业转移人口市民化。坚持共建共治共享的社会治理制度,统筹发展和安全,不断完善社会治理体系,推进治理体系和治理能力现代化,以体制机制创新为保障,提高城市创新能力,不断释放城镇化发展潜力,全面提高城镇化质量,为建设富裕临夏、和谐临夏、美丽临夏,开创一条具有临夏特色的新型城镇化道路。

二、基本要求

实现"十四五"新型城镇化发展,要牢牢把握党中央"五个坚持"原则,落实以下基本要求。

——必须把牢正确政治方向,坚决做到"两个维护"。提高政治站位,站稳政治立场,服从服务大局,深入学习贯彻习近平新时代中国特色社会主义思想,坚持把习近平总书记对甘肃重要讲话和指示精神作为全部工作的统揽和主线,时刻"对标对表",自觉"入脑入行",不折不扣落到实处,始终沿着习近平总书记和党中央指引的方向前进。

——必须加强党的领导,切实强化根本保证。发挥党把方向、谋大局、定政策、促改革作用,坚持和完善党领导经济社会发展的体制机制,锻造适应社会主义现代化建设新要求的过硬本领,不断提高贯彻新发展理念、构建新发展格局、推动高质量发展能力和水平,在新征程中焕发新气象、展示新作为。

——必须做到稳中求进,努力跟上全国现代化进程。充分考虑发展基础和现实条件,坚持谋事、干事、成事相统一,把必须干、应该干、能干成的事情干好,紧盯亟待破解的瓶颈制约,谋划实施一批重大政策、重大举措、重大工程、重大行动,着力打基础、补短板、强动能、增后劲,在新起点上扎实推进现代化建设,不断缩小与全国的发展差距。

——必须坚持人民至上,持续提升人民生活品质。贯彻以人民为中心的发展思想,顺应人民对美好生活的向往,尽力而为,量力而行,办好各项民生事业,兜牢基本民生底线,多谋民生之利,多解民生之忧,增进民生福祉,扎实推动共同富裕,做到发展为了人民、发展依靠人民、发展成果由人民共享。

——必须大力解放思想,善于用改革创新办法破解难题。坚持把解放思想作为发展的先导,树牢崇尚创新、注重协调、倡导绿色、厚植开放、推进共享导向,鼓励敢闯敢试,勇于自我革新,向改革要活力,向创新要动力,全面推动体制、机制、政策、工作和科技、产业、业态、模式创新,以思想大解放推动经济社会大发展。

——必须贯彻系统观念,全面协调推动各领域工作。把系统观念作为基础性思想和工作方法,加强前瞻性思考、全局性谋划、战略性布局、整体性推进,注重各项工作、各个环节、各种要素的关联性,增强政策配套和制度衔接,在统筹兼顾中促进协同发展,在扬长避短中提升整体效能,在应对风险挑战中守牢发展底线,实现发展质量、结构、规模、速度、效益、安全相统一。

三、规划目的、性质和意义

（一）规划目的

城镇化是伴随工业化发展，非农产业在城镇集聚、农村人口向城镇集中的自然历史过程，是人类社会发展的客观趋势，是国家现代化的重要标志。新型城镇化是以城乡统筹、城乡一体、产业互动、节约集约、生态宜居、和谐发展为基本特征的城镇化，是大中小城市、小城镇、新型农村社区协调发展、互促共进的城镇化。新型城镇化的"新"是指观念更新、体制革新、技术创新和文化复新，是新型工业化、区域城镇化、社会信息化和农业现代化的生态发育过程；"型"指转型，包括产业经济、城市交通、建设用地等方面的转型，环境保护也要从末端治理向"污染防治—清洁生产—生态产业—生态基础设施—生态政区"五同步的生态文明建设转型。新型城镇化与传统城镇化的最大不同，在于新型城镇化是以人民为核心的城镇化，是高质量的城镇化，是注重保护农民利益、与农业现代化相辅相成的城镇化。新型城镇化不是简单的城市人口比例增加和规模扩张，而是强调在产业支撑、人居环境、社会保障、生活方式等方面实现由"乡"到"城"的转变，实现城乡统筹和可持续发展，最终实现"人的无差别发展"和生产、生活、生态"三生融合"。推进新型城镇化建设，是党中央、国务院作出的重大战略部署，是促进经济社会持续健康发展的重大举措，是满足人民对美好未来生活向往的内在要求，是实施扩大内需战略的重要支撑，也是补齐各级各类城市和城镇软硬件短板弱项的重要抓手。

2019年，临夏州按常住人口计算的城镇化率为37.04%，低于甘肃省平均水平11.45个百分点，占全省城镇化率的76.39%，临夏州城镇化率还有很大发展空间。抢抓国家新型城镇化重大政策叠加战略机遇，努力走出一条以人民为中心、"四化"同步、具有临夏特色的新型城镇化发展道路，有利于加快推进城乡发展一体化，加快推进产业转型升级，加快推进扶贫开发，加快黄河流域生态安全屏障建设，对推动全州经济社会转型跨越发展、脱贫攻坚任务完成后在第二个一百年建成富强、民主、文明、和谐之州具有重要的意义。

规划通过顶层设计形成临夏州"十四五"和2035年新型城镇化远景，明确未来城镇化的发展路径、目标和战略任务，统筹相关领域制度和政策创新，是指导全州新型城镇化发展的基础性、宏观性、战略性规划。

（二）规划性质

临夏回族自治州"十四五"及中长期新型城镇化总体规划。

（三）规划意义

1. 城镇化是临夏州构建新发展格局的新动能

面对当前世界经济社会的新变局，习总书记强调，"要坚持用全面、辩证、长远的眼光分析当前经济形势，努力在危机中育新机、于变局中开新局""逐步形成以国内大循环为主体、国内国际双循环相互促进的新发展格局"。新型城镇化是推动临夏州"大基建、大康养、大文旅、大生态"建设框架完善和深化的新动能，只要紧紧牵住打造未来城乡格局的新型城镇化这个"牛鼻子"，就能够以科技创新催生新发展动能，以深化改革激发新发展活力，以高水平对外开放打造国际合作和竞争新优势，以共建共治共享拓展社会发展新局面。

2. 城镇化是临夏州推进现代化的必由之路

城镇化与工业化、信息化和农业现代化同步发展，是现代化建设的核心内容，彼此相辅相成。工业化处于主导地位，是发展的动力；农业现代化是重要基础，是发展的根基；信息化具有后发优势，为发展注入新的活力；城镇化是载体和平台，承载工业化和信息化发展空间，带动农业现代化加快发展，发挥着不可替代的融合作用。

3. 城镇化是促进社会全面进步的必然要求

城镇化作为人类文明进步的产物，既能提高生产活动效率，又能富裕农民、造福人民，全面提升生活质量。随着城镇经济的繁荣、功能的完善、公共服务水平和生态环境质量的提升，人们的物质生活会更加殷实充裕，精神生活会更加丰富多彩；随着城乡二元体制逐步破除，城市内部二元结构矛盾逐步化解，全体人民将共享现代文明成果。这既有利于维护社会公平正义、消除社会风险隐患，也有利于促进人的全面发展和社会和谐进步。

4. 城镇化是保持经济持续健康发展的强大引擎

2019年，临夏州常住人口城镇化率为37.04%，不仅远低于东、中、西部城镇化率（2019年，东部地区常住人口城镇化率达到70.68%，中部为56.85%，西部为51.07%）和全国常住人口城镇化率60.60%的平均水平，也低于甘肃省48.49%的平均水平。与全国相比，临夏州发展相对滞后的一个重要原因就是城镇化发展水平很不平衡，城市发育明显不足。东部沿海地区加快在西部资源环境承载能力较强地区的产业转移，必将推动西部地区城镇化进程，培育形成新的增长极，有利于促进我国经济增长和市场空间由东向西、由南向北梯次拓展，推动临夏州人口经济布局更加合理、区域协调联动发展的成效更加凸显。同时，城镇化水平持续提高，会使更多农民通过转移就业提高收入，通过转为市民享受更好的公共服务，从而使城镇消费群体不断扩大、消费结构不断升级、消费潜力不断释放，也会带来城市基础设施、公共服务设施和住宅建设等巨大的投资需求，这将为临夏州经济发展提供持续的驱动力。

5. 城镇化是加快产业结构转型升级的重要抓手

产业结构转型升级是转变经济发展方式的战略任务，而加快发展现代服务业是产业结构优化升级的主攻方向。2019年，临夏州服务业增加值占地区生产总值的比重为67.3%，虽然高于全国的53.9%和甘肃省的55.12%，但与发达国家74%的平均水平尚有差距，且服务业现代化还任重道远。城镇化与服务业发展密切相关，城镇化进程中的人口集聚、生活方式变革、生活水平提高，都将扩大生活性服务需求；生产要素的优化配置、三次产业的联动、社会分工的细化，也会扩大生产性服务需求。因此，城镇化带来的创新要素集聚、知识传播扩散、需求结构升级，将有效驱动传统产业升级和新兴产业发展。

6. 城镇化是解决"三农"问题的重要途径

临夏州农村人口过多、农业水土资源紧缺，在城乡二元体制下，土地规模经营难以推行，传统生产方式难以改变，这是"三农"问题的根源。随着农村人口逐步向城镇转移，城镇化将为发展现代农业腾出宝贵空间。农民人均资源占有量相应增加，可以促进农业生产规模化和机械化，提高农业现代化水平和农民生活水平。此外，城镇经济实力提升，会进一步增强以工促农、以城带乡能力，加快农村经济社会发展。

四、规划依据、范围及期限

（一）上位规划

《临夏州国土空间总体规划（2019—2035 年）》；

《临夏州国民经济和社会发展第十四个五年规划和二〇三五年远景目标纲要》；

《甘肃省新型城镇化规划（2021—2035 年）》；

《甘肃省黄河流域生态保护和高质量发展水利规划》。

（二）相关规划依据

《中共中央关于制定国民经济和社会发展第十四个五年规划和二〇三五年远景目标的建议》（2020 年）；

中共中央、国务院印发《乡村振兴战略规划（2018—2022 年）》（2018 年）；

《中共甘肃省委关于制定甘肃省国民经济和社会发展第十四个五年规划和二〇三五年远景目标的建议》（2020 年）；

《甘肃省人民政府办公厅关于推进特色小镇建设的指导意见》（甘政办发〔2016〕114 号）；

《甘肃丝绸之路经济带建设大景区总体规划纲要》（2014 年）；

《中共甘肃省委 甘肃省人民政府印发〈关于推进华夏文明传承创新区建设的实施意见〉的通知》（甘发〔2013〕3 号）；

《甘肃省关于加快推进新型城镇化和城乡融合发展的政策措施》（甘政发〔2020〕31 号）；

《中共临夏州委 临夏州人民政府关于提升城市工作水平的意见》（2020 年 8 月）；

《临夏回族自治州全域旅游总体规划（2020—2030）》（2020 年）；

《临夏州"十四五"文化和旅游业发展规划》（2020 年）。

(三) 规划空间范围及期限

1. 规划空间范围

本规划空间范围为临夏州全境，总面积 8169 平方千米，涵盖 1 个县级市、5 个县、2 个自治县的空间地理范围。

2. 规划期限

本次规划期限确定为 2021—2035 年，规划基准年为 2020 年，规划期限 15 年，分为两个规划阶段：

近期：2021—2025 年；

中远期：2026—2035 年。

五、战略定位

依托临夏州产业经济、交通网络、城镇布局、建设用地、户籍制度、社会保障、基础服务设施等现状条件，以生态优先、绿色发展为导向，以高质量发展的生产、生活、生态"三生融合"为抓手，坚持以人民为核心，把"蓝色"作为高质量发展的"顶色"，把"绿色"作为高质量发展的"底色"，确立临夏州在黄河流域上游段生态系统中的"蓄水池"和"水源补给区"核心地位，进一步明晰城镇空间结构功能，提升生态环境颜值、确定资源环境的阈值、界定人口承载的限值、提升经济发展的绿值、提升文化传承的品质、提升要素流动的比值、提升社会和谐的价值，努力在黄河流域生态保护和高质量发展中以生态网络城市打造新型城镇化样板、有效衔接脱贫攻坚与乡村振兴的样板区、高质量发展的奋进区、黄河上游生态保护的先行区，逐步形成民族地区新型城镇化特色，促进经济发展、人的发展、自然的均衡发展。按照"全域统筹、市县联动、生态间隔、带状发展"的空间发展战略，构建多元、开放、高效、优质的"一心四带多节点"山水田园生态型的空间结构和"城（中心城市、次中心城市、县域中心城市）—镇（重点镇、一般乡镇）—村"三级城镇等级结构体系；以深化临夏市县一体化为引领、以做强临夏市极核为带动、以扩大改革开放为动力、以促进全域发展为取向，通过打造沿洮河城镇带、沿黄河城镇带、沿太子山城镇带和沿兰郎公路城镇带，加快构建全州高质量发展动力系统；坚持点面支撑、多点发力，以重点镇、特色小城镇、农村新型社区的协同发展带动城乡融合发展，营造绿色生态、智慧宜居的城市公园，促进城乡功能一体化发展和民族团结。聚力发展文化旅游首位产业，全力建设面向中西亚、中南亚、中东欧的食品和民族用品生产供应基地，面向西南部的重要物流集散基地，促文化旅游业、现代农业、食品与民族用品加工业、美食服务业、先进制造业、通道物流业、清洁能源产业、中医中药产业、现代会展业、数字创意产业等潜力产业向主导产业、品牌产业转变。实施城市更新行动，推进城市生态修复、功能完善工程，强化历史文化保护、塑造城市风貌，建设海绵城市、韧性城市。深入推进城镇化体制机制，提升社会治理水平；构建区域协作和全域开放的高水平发展平台，创新资源集聚转化功能，改革集成和开放门户功能、人口吸纳和综合服务功能，实现城市聚集要素、承载产业、吸纳就业、提供服务、保障生活的功能，不断增强城镇的韧性和辐射功能，形成城市承载力不断提升、中心城市作用更加突出、县域城市和小城镇协调发展格局，努力把临夏州建设成为：

——民族地区新型城镇化和高质量发展先行区；

——全国生态文明建设示范州；

——丝绸之路南向通道面向藏区的重要商贸物流节点。

六、发展目标

（一）总体目标

全州经济实力、科技实力大幅跃升；现代化建设全面推进，基本实现新型工业化、信息化、城镇化、农业现代化，民营经济和新型产业占比大幅提升，建成临夏特色现代化经济体系；文化建设取得重大成就，文化立州、旅游富州目标基本实现；各方面制度更加完善，基本实现治理体系和治理能力现代化，建成法治临夏、平安临夏；中华民族共同体意识更加巩固，社会事业全面进步，人才与发展需求更加适应，公民素质和社会文明程度大幅提高；生态文明建设取得重大成就，生态安全屏障更加稳固，广泛形成绿色生产生活方式，建成天蓝地绿水秀的美丽临夏；深度融入"一带一路"和兰西城市群，形成全方位对外开放新格局；人均国内生产总值接近全省平均水平，基本公共服务实现优质均等，城乡居民生活品质显著提高。

紧紧围绕让城市更安全有序、更洁净靓丽的总体目标，聚焦短板弱项，解决突出问题，完善治理体系，提高治理能力，提升城市形象，促进人口聚集，扩大城市规模，不断增强城市辐射带动能力。

——城镇化水平和质量稳步提高。城镇化率保持高于全省平均水平的增长速度，农业转移人口市民化进程加快。划定城镇开发边界，到2035年，城镇建设用地规模控制在131平方公里以内，累计从农村转移44万城镇户籍人口，新增城镇人口人均建设用地面积控制在120平方米以内，全州常住人口城镇化水平达到80%，形成产业优势明显、生态环境优良、基础设施完善、城镇各具特色、城乡统筹发展，并与资源承载力、发展潜力相适应的高质量城镇化发展水平。

——城镇产业支撑能力增强。打造"十大"产业，形成文化旅游业、食用菌中药材蔬菜等特色种植业、畜牧产业、沿黄沿洮工业产业、临夏美食产业"五个百亿级产业"，建设一批百亿、十亿级产业园（带、区）。至2035年，全社会劳动生产率和数字经济核心产业增加值占GDP比重不断提高，生态产业增加值占地区生产总值的比重达到50%以上。城镇特色优势产业培育壮大，产城融合程度明显提高，全州地区生产总值年均增长7%以上，一般公共预算收入年增长10%以上。至2035年，非农产业增加值比重达到90%以上，累计新增就业27万人；人均国内生产总值接近全省平均水平，人均地区生产总值突破2万元；城镇和农村常住居民人均可支配收入年均分别增长7%和9%，城乡收入差距的绝对数逐步缩小；城镇调查失业率控制在3%以内。

——城市更新提升城市品质。以城市再开发、整治改善及保护三种方式，实施城镇老旧小区改造工程，加强城镇居住社区建设，强化生活空间打造，完善城镇生态空间结构。整合生态基础设施，开展生态修复与城市修补。协调水与城市关系，实施耕地"三位一体"保护。分层次保护历史文化遗产，构建城市文化空间格局，塑造城市时代特色风貌。以人为本，共建共享，以问题导向推动城市治理精细化，以科技创新推进城市治理体系和治理能力现代化，以制度创新推动城市治理长效化。至2035年，城市品质稳步提升，宜居、宜业、宜学、宜游的城市环境逐渐形成，韧性城市、智慧城市、绿色城市、人文城市、宜居城市的建设目标全部实现。

——城镇基础设施更加完善。城镇交通、水利、信息等基础设施的支撑保障作用明显增强。至2035年，城市基础设施趋于完善，构建多元立体交通网络，各类公共交通实现无缝衔接；兰合铁路、临夏民用机场、兰州至汉中铁路临夏段、定西至临夏铁路全部运营，打通高速公路网"断头路""出口路"和"瓶颈路"，实现县县通高速、乡乡通二级公路；建成环刘家峡库区有轨电车项目临夏市至临夏县段、5G网络全覆盖等新型基础设施建设。建成跨县（市）区域调水和水资源调蓄工程，构建合理布局、保障供给的水资源配置网络。市县城市公共供水普及率达到100%，燃气普及率达到100%，污水处理率和生活垃圾无害化处理率分别达到100%，家庭宽带接入能力达到2Gbps，社区综合服务设施覆盖率达100%，消防公共基础设施达到国家标准。小城镇基础设施进一步完善，自然景观和文化特色得到有效保护，城镇发展更加人性化、特色化、智能化。

——城镇公共服务水平显著提升。至2035年，农民工随迁子女平等接受义务教育比例100%，城镇失业人员、农民工、新增劳动力有培训意愿的全部纳入职业培训计划。基本医疗保险、基本养老保险实现全覆盖，城镇困难群众住房得到应保尽保。

——城乡公共服务实现均等化。至2035年，城乡一体的就业和社会保障体系基本建成。以住房保障、基本养老、基本医疗和最低生活保障制度为重点，扩大覆盖范围，提高保障标准，建立覆盖城乡的社会保障体系。城乡一体的科教文卫事业稳步推进。城乡劳动年龄人口受教育年限提高到10年以上，九年义务教育巩固率达到98%以上。逐步推进农民工职业免费教育全覆盖，努力实现城乡义务教育均等化，加快城乡社区服务体系建设。巩固和完善包括县级医院、乡镇卫生院、村卫生室和社区卫生服务中心在内的基层医疗卫生服务体系，基本医疗保障依法覆盖全民，城乡居民基本养老保险参保率达到98%，每千人执业医生人数5人，每千名老年人拥有养老床数达到50张，每千人拥有三岁以下婴儿托位数逐年提高。建成标准统一的城乡文化公共服务体系，为广大居民提供公共基本社会保障服务和文化产品服务。

——城市生态环境更宜居。通过生态扶贫、易地扶贫搬迁、退耕还林等，贫困地区生态环境明显改善，实现了生态保护和扶贫脱贫"一个战场、两场战役"的双赢。单位生产总值能耗、主要污染物排放、碳排放强度、单位工业增加值用水量、能源生产总量等约束性指标控制在国家和省上下达的指标内。大气污染治理取得明显进展，城市空气质量逐步好转，饮水安全得到保障。城镇可再生能源利用率达到15%，城镇绿色建筑占新建建筑比例达到50%，城镇建成区绿地率达到38%。自然景观和文化特色得到有效保护，城市建设集约化、城市发展个性化、城市管理人性化，居民生活环境更加宜居舒适。

——治理效能显著提升。构建职责明确、依法行政的政府治理体系，完善经济调节、市场监管、社会管理、公共服务和生态环境保护基本政府职能。在行政决策方面，逐步推进公众参与、专家论证、合法性审查、风险评估、集体讨论决定等制度、机制；在行政执行方面，逐步推进互联网、大数据、人工智能、区块链等高科技的应用和"最多跑一次"等便民制度、机制；在行政组织方面，逐步推进以机构职能优化协同高效为目标的各项制度、机制的运行；在行政监督方面，逐步推进层级监督、职能监督、督察监督以及自查自纠相结合的各项监督制度、机制的实施和运行。民族团结进步事业纵深推进。至2035年，依法治州迈出坚实步伐，社会公平正义更加彰显，共建共治共享的社会治理体系更加健全，基层基础更加稳固，突发事件应急处置能力明显增强，防范化解重大风险和安全发展体制机制不断完善，发展安全保障更加有力。

（二）阶段目标

1. 近期目标（2021—2025年）

以"补短板、锻长板、固底板，夯基础、育产业、扩增量"为导向，聚焦县（市）城和重点城镇，固定资产投资年均增长12%以上，通过重点工程助推城镇基础设施建设强基补短、环境卫生设施提级扩能、市政公用设施提档升级、公共服务设施提标扩面、产业配套设施提质增效、绿色生态友好环境取得显著成效，城市综合承载能力不断增强。以改革创新为动力，率先在临夏市县一体化体制机制、人才质量、科技创新、就业吸纳、信息化、贸易开放、金融等重点领域深化改革、创新发展。至2025年，六类人才中专业技术人才占比达50.67%，每万人专利数量达0.35件，新增就业人数"三产"占比达50%，5G

覆盖面积占比达50%，对外贸易占GDP比重为0.67%，存款余额达1268.8亿元，改革创新效果逐步显现。以加强城市规划建设管理为抓手，实施城市更新行动，加快推进城市道路、管网配套、棚户区改造、老旧小区改造等基础设施建设，完善公共服务和便民设施，建设公园城市，打造城市主要道路生态景观长廊，构建绿道体系；延续历史文脉，加强风貌管控，突出地域特色，推进城市生态修复、功能完善工程和地下空间开发利用，调整城市建设的增量结构，补充城市各类"短板"，初步建立起现代城镇体系。至2025年，城镇人均建设用地50.67平方米（0.076亩），城市建成区绿地率达40.5%，文化支出占财政支出比例为6.5%。以产业发展为城镇化的支撑，以生态产业发展为重点，发力文化旅游业首位产业，协调发展现代农业、食品与民族用品加工业、美食服务业、先进制造业、通道物流业、清洁能源产业、中医中药产业、现代会展业、数字创意产业。至2025年，实现"三产"产值占GDP比重为70%，绿色生态产业增加值占GDP比重为25%；推动主导产业园区集聚和质量提升；至2025年，非公经济占比为40%；加快县城（市区）及重点城镇产业转型升级，延伸产业和服务链、价值链，产业集群发展格局基本形成。以深化户籍制度改革为突破口，全面实行居住证制度，进一步放宽城镇落户条件，有序推进农业转移人口市民化。至2025年，全州中心城区常住人口为126万人，常住人口城镇化率达到45%，解决9万多农村新转移人口的住房保障问题，农业转移人口城市就业率达70%。以统筹城乡协调发展为方向，着力解决城乡要素流通不顺畅、城乡产业发展不均衡、公共资源配置不合理等问题，城乡融合发展水平显著提升，至2025年，城乡教师数量比为6∶1，城乡医护数量比为1.99∶1。通过聚力发展，初步形成以点带线、以线促面的网络化、开放式新型城镇化空间发展新局面，公园城市格局初步形成，城市化水平在全省处于中游水平。

2. 中远期目标（2026—2035年）

以"提质增效"为导向，以区域中心城市（县城、重点镇）为引擎，辐射带动一般乡镇、村发展，建立级配合理、优势互补、功能完善、特色鲜明、空间优化的新型城镇体系，形成城市带承载力不断提升、中心城市作用更加突出、大中小城市、小城镇协调发展的格局；加强构建多元地域文化，文化建设取得重大成就，文化立州、旅游富州目标基本实现；各方面制度更加完善，基本实现治理体系和治理能力现代化，建成法治临夏、平安临夏；中华民族共同体意识更加巩固，社会事业全面进步，人才与发展需求更加适应，公民素质和社会文明程度大幅提高；坚定不移实施城市更新行动，推动城市高质量发展，努力把城市建设成为人与人、人与自然和谐共处的美丽家园；进一步加强城镇基础设施和公共服务能力建设，基本公共服务实现优质均等，城乡居民生活品质显著提高；大力推进县域特色产业高质量发展，不断提升产业集聚水平，促进产业融合发展，延伸产业链，区域经济结构更加合理，产业支撑全州新型城镇化建设目标基本实现；以"以人为本，公平共享"为导向，更加注重环境宜居、历史文脉传承和城镇特色；生态文明建设取得重大成就，生态安全屏障更加稳固，广泛形成绿色生产生活方式，建成天蓝地绿水秀的美丽临夏；居民收入水平不断增加，人均国内生产总值接近全省平均水平，共建共享取得显著成效，人民群众获得感和幸福感不断增强，新型城镇化水平和质量在全省处于中上游水平；城乡统筹、城乡一体、产业互动、节约集约、生态宜居、和谐发展的新型城镇化格局基本形成，努力把临夏州建设成为在全国具有较强竞争力和影响力的重要区域，在引领和支撑"三区三州"新型城镇化高质量发展中发挥更大示范作用，实现建成经济繁荣、生态为本、民生优先、文化引领、宜居宜业的幸福美好新临夏。

临夏州新型城镇化高质量发展目标体系见表2-3-1。

表2-3-1　　　临夏州新型城镇化高质量发展目标体系

一级指标	二级指标	三级指标	阶段目标	
			近期 （2021—2025年）	中远期 （2026—2035年）
一、绿色生态友好	环境保护	城市空气质量优良天数比率（%）	85	92
		地表水达标率（%）	90	100
		城市细颗粒物（PM2.5）浓度（μg/m³）	40	25
	污染处理	城镇污染处理率（%）	90	95
		农村垃圾集中处理率（%）	90	100
		城镇生活垃圾无害化处理率（%）	100	100
		农村污水处理率（%）	95	100

续表

一级指标	二级指标	三级指标	阶段目标	
			近期 （2021—2025 年）	中远期 （2026—2035 年）
一、绿色 生态友好	资源低耗	每万元 GDP 的污染排放量（CO_2）（吨）	0.5	0.3
		每万元 GDP 的水耗（m^3）	125	60
		城镇绿色建筑占新建建筑比重（%）	55	80
二、创新 高效发展	产业质量	三产产值占比（%）	70	75
		绿色生态产业增加值占 GDP 比重（%）	25	35
		非公经济占比（%）	40	32
	人才质量	人才数量（万人）	8.87	11.59
		六类人才中专业技术人才占比（%）	50.67	66.26
		六类人才中研究生占比（%）	1.37	1.79
	科技创新	研究与试验发展（R&D）（%）	0.5	1.03
		研发人员数量（人）	184	380
		每万人口拥有高价值发明专利数（件）	0.35	0.36
	就业吸纳	三产从业人数占比（%）	47.4	71.2
		新增就业人数三产占比（%）	50	70
	信息化	城乡宽带接入端口占比（%）	90	100
		5G 覆盖面积占比（%）	95	100
		电子政务业务覆盖率（%）	85	100
	贸易开放	对外贸易占比（%）	0.67	3.08
	金融	存款余额（亿元）	1268.8	3877.7
		贷款余额（亿元）	618.6	1039.7
三、社会 和谐包容	人口吸纳	城镇化率（%）	45	55
		中心城区常住人口（万人）	126	188
	农业转移 人口市民化	留守儿童比例（%）	30	10
		农业转移人口城市就业率（%）	70	95
		农业转移人口社保覆盖率（%）	60	95
		城镇最低年人均生活保障［元/（人·年）］	7507.19	15472.56

续表

一级指标	二级指标	三级指标	阶段目标 近期（2021—2025年）	阶段目标 中远期（2026—2035年）
三、社会和谐包容	社会治理	治安案件发生率（‰）	0.5	0.2
		人均预期受教育年限（年）	8.45	9.62
		每十万人社会组织数量（个）	8	12
四、服务保障全面	公共服务水平	每万人教师数量（个）	139.68	151.26
		每万人医护数量（个）	56.01	60.66
		每万人警力数量（个）	120	156
	城乡差异	城乡教师数量比	6:01	4.34:1
		城乡医护数量比	1.99:1	1.52:1
		城乡警力数量比	7.81:1	5.04:1
五、城乡空间优化	城乡结构	城镇人均建设用地（平方米）	50.67	44
		农村抛荒耕地、闲置宅基地和闲置住宅面积占比（%）	10.7	3
	交通出行	人均道路里程（米）	6.78	16.35
		高等级（二级及以上）公路里程数占比（%）	15.5	37.37
	宜居美化	城市建成区绿地率（%）	40.5	47.2
		城市绿化面积占比（%）	20.5	42.2
		乡村每万人拥有文体场所数量（个）	8	24
六、多元文化完善	文化投入	文化支出占财政支出比例（%）	6.5	10.2
	文化遗产资源	非物质文化遗产传承人（人）	210	290
		文化遗产经费投入占文化领域支出比例（%）	5.02	11.02
	文化产出与带动	文化领域从业人员占比（%）	8.48	15.72
		人均文旅消费支出（元）	718	1430

说明：1. 人才统计标准：根据《国家中长期人才发展规划纲要（2010—2020年）》，人才被划分为六大类：党政人才、企业经营管理人才、专业技术人才、高技能人才、农村实用人才以及社会工作人才。

2. 非物质文化遗产传承人的统计口径为州级以上（国际级、省级、州级）的非物质文化遗产传承人。

第四章
优化城镇总体布局和形态

一、总体空间布局

（一）布局原则

1. 控制性原则

完善州域国土空间治理，细化落实主体功能区战略，强化三类空间（城镇空间、农业空间、生态空间）、三条控制线（生态保护红线、永久基本农田保护红线、城镇开发边界）管控（以下简称"三区三线"），推进"多规合一"，以"三区三线"统筹"现状一张图"、基础数据库，实现城市空间发展总体布局与土地利用总体规划协调一致，逐步形成城市化地区、农产品主产区、生态功能区三大空间格局。

2. 适应性原则

坚持以人为本，推进以人民为核心的城镇化。立足临夏州经济社会发展现状，以县市级城镇为基础，结合资源环境承载能力，聚焦临夏市县一体化发展，以全州重点发展的经济带，调整优化城镇总体空间布局，形成适应城镇总体空间的生产、生活、生态"三生融合"的功能布局，构建市县城市和小城镇合理分工、功能互补、协同发展，构建产业集聚、城镇错落、田园相间、生态宜居的城镇空间发展格局。

3. 统筹性原则

坚持全州"一盘棋"理念，通过点面支撑、多点发力，促进"全域协同"。

发挥中心城市龙头带动作用，积极探索重点脱贫任务完成后的新型城镇化和城乡融合发展新路子。统筹推动城乡经济、社会、文化、生态、治理各领域的制度并轨、体制统一，推进城市基础设施和公共服务设施向农村延伸，逐步形成工农互促、城乡互补、区域协同、全面融合、共同繁荣的新型城乡一体化发展格局。

（二）布局思路

以实施黄河流域生态保护和高质量发展为统领，根据人口、土地、资源条件和生态环境承载能力，与全国"两横三纵"以及全省的"一廊四轴多中心"的城镇化战略相协调，按照控制性、适应性、统筹性的原则，全面落实《临夏回族自治州主体功能区规划》，坚持点、带、面相结合的开发方式，推动"点带式"向"扇面式"发展，构建国土空间开发保护新格局，逐步形成城市化地区、农产品主产区、生态功能区三大空间格局。大力提升临夏市县一体化、同城化水平，探索和政县、广河县一体化体制机制，强化同城化产业聚集，发挥核心引擎作用。统筹推进沿洮河城镇带、沿兰郎公路城镇带、沿黄河城镇带、沿太子山城镇带协同发展，完善基础设施，强化区域经济发展增长极作用；发挥区域中心城镇带动作用，发展产业集聚区、易地搬迁集中安置区、风景旅游区、交通枢纽等资源优势，培育多个重要节点小城镇建设，完善城镇功能，扩大基本公共服务覆盖范围；推进以县城为重要载体的城镇化建设，促进其他各类城镇协调发展，明确城镇等级规模结构，强化综合交通运输网络支撑，促进城镇协调发展，构建城镇空间格局，推动区域协调发展，形成分布有序、层次分明、彼此联系、相互协调的城乡空间网络体系。

（三）城镇总体空间布局

坚持区域协调发展，促进大中心城镇、次中心城镇、县城、小城镇、农村社区协同发展，提高城镇的要素聚集能力和综合竞争能力，优化城镇化空间结构，提高县（市）域城镇吸引力，最终构建临夏州城镇总体空间布局为"一心四带多节点"。

"一心"：临夏市、县一体化核心城镇群；

"四带"：沿洮河城镇带、沿兰郎公路城镇带、沿太子山城镇带、沿黄河城镇带；

"多节点"：包括重点镇、特色乡镇。

二、城镇总体布局职能及形态

（一）"一心"

1. 空间范围

以临夏市和临夏县一体化中心城区为核心，包括贯穿大夏河流域临夏市四镇（城郊区镇、折桥镇、南龙镇、枹罕镇）、临夏县城镇（北塬镇、新集镇、尹集镇、韩集镇、刁祁镇、马集镇）。

2. 职能定位

以大夏河流域的临夏市为中心，以临夏县六镇发展空间为载体，形成"一河两城、塬上塬下"的发展态势和"一带、一心、两片、多组团"（其中："一带"即沿大夏河集中发展带；"一心"即市县双城之间的绿心；"两片"即临夏市片区和临夏县片区；"多组团"即老城综合服务组团、东部教育综合组团、南部商贸物流组团、西部文化综合组团、县城综合服务组团、新集综合组团和经济园区组团）的空间结构，强化中心城区在临夏市乃至周边县市中的核心地位和多元功能，推动中心城镇高质量发展，进一步调整优化发展空间，打造现代化开放创新之区、高品质生活的示范区。充分发挥兰州辐射带动作用，依托临河高速、310省道、环城北路（在建）等区域交通走廊及城市快速路系统，通过基础设施互联互通、生产要素统筹配置、产业发展协作互补、公共服务共建共享，加强两地功能协调、交通联系、生态建设合作，进一步调整优化发展空间，引导企业出城入园和承接产业转移，重点发展文化旅游业、食品与民族用品业、现代服务业和美食产业，推动商贸、金融、现代会展、数字智能、时尚创意信息、科技等产业协同发展；促进产城融合发展，增强中心城镇主体功能，发挥同城效应、整体优势，促进经济互动，增强市县一体化的城市承载力和竞争力，使之成为全州政治、经济、文化和商旅中心，全州城镇和产业支撑的核心和辐射带动全州发展的重要引擎和核心增长极,最终打造成为甘肃省现代服务业基地、丝绸之路经济带重要节点城市、兰西城市群高质量发展示范区、中国历史文化名城,构建经济繁荣、和谐宜居、生态良好、富有活力、特色鲜明的现代化城市。

(二)"四带"

1. 空间范围

——沿洮河城镇带,包括康乐县(莲麓镇、虎关乡)、广河县(齐家镇、三甲集镇)、东乡县(达板镇、唐汪镇)。

——沿兰郎公路城镇带,包括广河县(三甲集镇、祁家集镇、城关镇、阿力马土东乡族乡、买家巷镇)、和政县(三合镇、三十里铺镇)、临夏县(黄泥湾镇)。

——沿太子山城镇带,包括康乐县(莲麓镇、景古镇、五户乡、草滩乡、上湾乡、八丹乡、鸣鹿乡、八松乡)、和政县(松鸣镇、新庄乡、新营乡、买家集镇、罗家集镇)、临夏县(漫路乡、麻尼寺沟乡)、积石山县(吹藏镇、中咀岭乡、居集镇、寨子沟乡、石塬镇、刘集乡、大河家镇)。

——沿黄河城镇带,包括永靖县(盐锅峡镇、刘家峡镇、太极镇)、东乡县(河滩镇)、临夏县(莲花镇)、积石山县(大河家镇)。

2. 职能定位

——沿洮河城镇带。以洮河为中轴线,以东乡达板镇、唐汪镇,广河齐家镇、三甲集镇和康乐莲麓镇、虎关乡为节点,依托工业园区(甘肃省广河经济开发区、甘肃省东乡县经济开发区、东乡县易地扶贫搬迁后续产业园),立足沿洮河经济带特色农产品、优势畜牧业和易地扶贫搬迁劳动力等资源禀赋,重点发展现代工业(食品加工和民族用品、新材料、皮革毛纺加工业)、现代服务业,打造中国西北皮都、鞋都、箱包城;推进节能环保、中医中药、现代农业(苗木花卉繁育、肉牛肉羊奶牛养殖、食用菌等特色农业)、健康养生、乡村旅游等生态产业发展,培育新的产业优势,加快形成以研发集聚产业要素的态势;推进沿洮河经济带上的城镇带成为工业生产基地科技创新高质量发展区,将其最终打造为兰州1小时都市经济圈内的绿色产业节点,面向中西亚、中南亚、中东欧的食品和民族用品生产供应基地，沿黄河—洮河民族团结进步提升带上的模范区，易地扶贫搬迁后新型城镇和后续产业发展示范区，甘肃省乡村振兴示范区。

——沿兰郎公路城镇带。以广河县、和政县为重点，立足广通河流域人口集聚趋势、特色高效农业比较优势，依托沿兰郎公路交通节点城镇廊道，按照生产空间集约高效、生活空间宜居适度、生态空间山清水秀的总体要求，建设农产品产业带；挖掘沿廊道历史文化，坚持产城融合发展，强化基础设施支撑和现代信息化公共服务功能；促进城镇空间东西延伸，构建"三区"城镇圈（"三区"为广河县城镇圈、和政县城镇圈、临夏县城镇圈）的新型城镇化圈状空间发展形态；推动广河县、和政县一体化发展，重点发展电子商务业、通道物流业；推动文化旅游（齐家文化、松鸣岩风景区、和政古生物化石等）、信息服务等现代服务业、现代农业（以啤特果、食用菌种植为主）、食品与民族用品等协同发展，促进现代服务业与高效农业融合、与先进制造业融合以及服务业内部各行业各领域融合发展，着力形成文旅农商融合发展走廊；最终将兰郎公路城镇带打造为国家电子商务产业基地和示范基地、国际物流产业布局重要节点，使其成为兰西城市群、丝绸之路南向通道上的高质量发展生产区。

——沿太子山城镇带。以康乐县、和政县、临夏县、积石山县为重点，依托沿太子山东北山麓自然生态系统、森林生态系统的多样性，加大沿太子山旅游经济带草原、森林、湿地等生态系统的保护和修复力度，增强水源涵养及生物多样性保护能力，深入挖掘太子山旅游扶贫大通道沿线城镇旅游资源优势，强化旅游基础设施支撑功能；以康乐县乡镇（莲麓镇、景古镇、五户乡、草滩乡、上湾乡、八丹乡、鸣鹿乡、八松乡）、和政县乡镇（松鸣镇、新庄乡、新营乡、买家集镇、罗家集镇）、临夏县（漫路乡、麻尼寺沟乡）、积石山县乡镇（乩藏镇、中咀岭乡、居集镇、寨子沟乡、石塬镇、刘集乡）为重点乡镇，重点发展集生态观光、康养运动、自驾游、冰雪旅游、温泉养生、乡村旅游于一体的现代旅游业、食用菌、中药材蔬菜等特色种植业、养殖业，打造以赤松茸、羊肚菌为主的食用菌产业带，建设高原夏菜绿色有机现代农业基地和优质中药材、特色林果标准化种植示范基地，并以农、林、牧等广泛的农业资源为基础开发旅游产品，推动旅游与时尚创意产业深度融合，增加旅游产品类型和供给，形成沿太子山、莲花山旅游扶贫大通道的旅游发展走廊;最终将沿太子山旅游城镇带打造为集"山、水、树、镇、村、景"为一体的生态康养区、全省"旅游+"产业融合示范基地。

——沿黄河城镇带。以刘家峡库区为中心,以临夏县、积石山县、永靖县、东乡县为重点,以四县县城、大河家镇、莲花镇、河滩镇、太极镇及四县沿黄观光旅游基地为节点,立足黄河文化和黄河三峡大景区,以黄河上游流域生态保护和高质量发展、提升水源涵养和生态保护能为导向,以环刘家峡生态廊道建设为底蕴,依据生态环境承载力和产业基础,推动新一代信息技术与经济社会深度融合,重点发展循环经济、绿色现代工业(以化工、建材、新材料为主)、数字创意产业;以炳灵寺世界遗产文化旅游区5A级景区为核心,推进黄河三湾旅游度假、中旅航岛综合体、康养小镇建设;推动特色现代农业(以花椒、核桃、啤特果、百合、蔬菜等为主)和水产养殖业高质量发展;积极延伸产业链,提升农产品加工水平,着力发展商贸物流业,打造面向兰州、青海西藏地区和东南沿海的冷链物流基地和优质农产品生产加工基地;最终将沿黄河城镇带打造为兰西城市群新型城镇化先行区、甘肃省数字创意产业示范基地及文化旅游休闲示范区。

(三)"多节点"

"多节点"即依托产业集聚区、易地搬迁集中安置区、风景旅游区、交通枢纽等资源优势培育新型城镇化特色小镇、重点乡镇节点。坚持因地制宜、突出特色、创新机制、集约发展、保护生态的原则,立足现有乡镇发展基础、交通和资源优势,大力完善村镇水、电、路、气、暖及公共服务等设施,加强城乡基础设施建设,补齐小城镇建设短板,加快城镇基础设施和公共服务建设提档升级,全面改善小城镇基础条件。立足乡镇人口布局,充分发挥市场主体作用,把特色产业作为推动小城镇健康发展的主要抓手,坚持"一镇一品、一镇一业、以产建镇、产镇融合",吸引各类生产要素向小城镇汇集,强化产业集聚效应,打造村镇升级引擎,重点聚焦乡村旅游、加工制造、工贸服务、商贸物流、休闲旅居、养老等特色产业,推动小城镇发展与疏解县市中心城区功能相结合、与特色产业发展相结合、与服务"三农"相结合,分类分期打造一批功能完备、产业突出、特色明显、辐射力强的特色产业型重镇、生态旅游型名镇、历史文化型小镇、资源禀赋型小镇（见表2-4-1）。

表2-4-1　　　　临夏州新型城镇化特色小镇布局表

功能分类	主要城镇	功能导向
特色产业型小镇	临夏县：北塬镇 临夏县：尹集镇 永靖县：关山乡 广河县：三甲集镇 东乡县：达板镇 积石山县：大河家镇 积石山县：银川镇、石塬乡	特色农业与花卉小镇 砖雕小镇 百合小镇 电商小镇、皮革小镇 工贸小镇 商贸小镇 花椒小镇
生态旅游型小镇	临夏县：麻尼寺沟乡（关滩沟） 永靖县：太极镇、三塬镇 广河县：庄禾集镇 和政县：松鸣镇 东乡县：唐江镇 康乐县：莲麓镇、八松乡	生态农业田园综合体、全龄康养、旅游服务、特色农贸
历史文化型小镇	临夏市：枹罕镇、城郊镇（八坊、红园） 临夏县：莲花镇 广河县：齐家镇 广河县：阿力麻土乡（古城村大夏古城） 和政县：三合镇 康乐县：景古镇 积石山县：安集乡（三坪村）	历史文化小镇 红色文化小镇 齐家文化小镇 历史文化小镇 历史文化小镇 红色文化小镇 彩陶文化小镇
资源禀赋型小镇	永靖县：刘家峡镇 永靖县：盐锅峡镇 和政县：城关镇（梁家庄和政羊） 积石山县：吹麻滩镇 东乡县：河滩镇	水电小镇 恐龙小镇 化石小镇 古冰川小镇 丹霞地貌小镇

三、州域城镇等级及职能结构

（一）州域城镇等级结构规划

规划形成"城（中心城市、次中心城市、县域中心城市）—镇（重点镇、一般乡镇)—村（社区）"三级城镇等级结构体系。

中心城镇：临夏市、临夏县一体化发展区。

次中心城镇：永靖县次中心城市和和政县次中心城市。

县域中心城镇：东乡县县城、积石山县县城、广河县县城、和政县县城、康乐县县城。

重点镇：枹罕镇、大河家镇、三甲集镇、盐锅峡镇、松鸣镇、河滩镇、达板镇、唐汪镇、莲麓镇、土桥镇。

一般乡镇：其余乡镇。

（二）县域（县城）城镇职能规划

县城是推进工业化城镇化的重要空间、城镇体系的重要一环、城乡融合发展的关键纽带。按照交通区位优势、产业基础和资源禀赋，按照现代城市规划建设标准，优先临夏市县一体化发展，提升城市综合承载能力，把临夏市县城市群建设成为全州中心城市、经济增长核心极、向南开放的现代化开放创新之区；重点发展永靖县、和政县，强化分工协作、错位发展，构建"南北两翼"区域组织核心，使其成为全州城镇发展次中心和重要经济增长极；支持广河县、康乐县、东乡县、积石山县域城镇发展，进一步合理配置城镇资源，有序引导人口、产业及各类要素合理集聚，构建与中心城镇、重点城镇多方向、多领域、多层次互相影响、互相支撑的空间互动效应形态。积极探索广河县、和政县一体化、同城化水平和发展层次。推动纳入"一心四带多节点"的县城加快发展，形成与中心城镇优势互补的功能区。立足县域经济发展较快、区位优势明显、基础条件较好、人口规模较大的优势，统筹规划和高标准建设和政县、康乐县、积石山县省级工业园区，最终实现"一县一园区、一县一特色、一园一支柱"，加快推进产业向工业园区集中集聚，培育壮大一批起点高、规模大、带动能力强的龙头企业，把产业作为新型城镇化高质量发展的基础支撑，聚焦发展主导产业，持之以恒壮大特色优势产业，培育发展潜力产业，形成独具特色、品牌鲜明、链条完整、绿色主导、要素配套的现代产业体系（见表2-4-2）。

表 2-4-2 临夏州县（市）域城镇人口及职能规划

城镇登记	县市	近期（2020—2025年）（万人）	中远期（2026—2035年）（万人）	主要职能和发展导向
中心城镇	临夏市	31.01	33.58	兰西城市群重要的商贸、旅游城市和综合交通枢纽，丝绸之路经济带重要节点城市，临夏市县一体化核心区，全州政治、经济、文化中心，打造现代服务业基地、区域物流商贸基地和物流管理中心、丝绸之路经济带上的民族文化交流展示基地、中国历史文化名城、全域旅游核心区、示范区和集散服务中心、甘肃省重要的特色食品和民族用品生产加工基地，全州职业教育、特色医疗服务基地，重点发展文化旅游业、食品与民族用品业、现代服务业和美食产业
中心城镇	临夏县	36.05	39.04	临夏市县一体化重要极，面向西南部的重要物流商贸集散基地、特色食品生产基地、现代服务业生产基地、国家级农业科技园区、砖雕研发生产基地，重点发展物流商贸业、畜牧业、林果业、特色优势产业（砖雕、木雕、刺绣、藏式烤箱等）
次中心城镇	永靖县	19.71	21.34	沿黄河城镇带重要城镇，打造以循环经济工业、数字创业产业为核心的战略性新兴产业示范基地、以炳灵寺世界遗产文化旅游区5A级景区为核心的文化产业发展与生态旅游服务基地，重点发展数字创意产业、以特色农业（花椒、核桃、啤特果、百合、蔬菜等）及工业为主的循环经济产业
次中心城镇	和政县	20.58	22.29	沿兰郎公路重要的城镇带，打造以赤松茸、羊肚菌、高原夏菜、中药材、特色林果等为主的特色产业示范基地，以信息化为核心的电子商务基地，以"史前文化"为核心的化石王国文化探源体验区，重点发展电子商务、文化旅游、清真食品、特色农业、畜牧业
县域城镇	广河县	25.8	27.94	沿兰郎公路城镇带重要的城镇，打造以皮革毛纺及产业链延伸为主的西北皮都、鞋都、箱包城，以信息化为核心的电子商务基地，以"齐家文化"为核心的全链商贸文化体验长廊，以电商促进传统产业的转型升级，重点发展电子商务、皮革毛纺、通道商贸物流、文化旅游、畜牧业及特色农业
县域城镇	康乐县	25.84	27.98	沿洮河城镇带重要的城镇，打造中国西部现代畜牧业示范县，现代绿色农业发展为主的绿色生态产业示范区，西北苗木供应基地，以当归、柴胡、党参等为主的全省特色中药材种植基地，全省绿色生态旅游、智慧旅游示范基地，以品牌化和产业链延伸为方向，重点发展肉牛、育苗、中医中药、健康养生等生态旅游产业

续表

城镇登记	县市	近期（2020—2025年）（万人）	中远期（2026—2035年）（万人）	主要职能和发展导向
县域城镇	东乡县	32.32	35	沿洮河城镇带重要的城镇组，打造甘肃省食品加工和民俗用品基地、以新型材料为主的绿色生态产业示范区、以东乡贡羊和东乡洋芋为主的特色品牌产业基地，重点发展食品加工和民俗用品制造业、畜牧业、餐饮业、新型建材业
	积石山县	25.97	28.13	沿太子山城镇带及沿黄城镇带重要的城镇，打造特色产业基地、面向青海藏区的区域商贸物流中心、高原生态民俗风情体验区、黄河上游生态保护和高质量发展示范区，重点发展核桃、花椒、草畜三大特色产业、民俗文化旅游业

注：规划期人口自然增长率为8‰。

四、乡镇职能结构

州域乡镇职能划分为综合型、工贸型、农贸型、旅游型、商贸型五类（见表2-4-3）。

表2-4-3　　　　　　　　临夏州乡镇职能结构规划

职能类型		数量	城镇名称
中心城区	综合型	1	中心城区（含临夏市枹罕镇、城郊镇、折桥镇、南龙镇、临夏县北塬镇、新集镇、尹集镇、韩集镇、刁祁镇、马集镇、黄泥湾镇）
次中心城市	综合型	2	永靖县城（刘家峡镇、太极镇）、和政县城（城关镇、三合镇）
县域中心	综合型	4	广河县（城关镇）、康乐县城（附城镇）、积石山县城（吹麻滩镇）、东乡县城（锁南镇）
重点镇	工贸型	2	盐锅峡镇、达板镇
	旅游型	4	松鸣岩、莲麓镇、河滩镇、唐汪镇
	农贸型	2	枹罕镇、土桥镇
	商贸型	2	大河家镇、三甲集镇

续表

职能类型		数量	城镇名称
一般乡镇	工贸型	2	祁家集镇、买家集镇
	旅游型	5	莲花镇、岘塬镇、齐家镇、庄禾集镇、三塬镇
	农贸型	14	西河镇、苏集镇、胭脂镇、景古镇、陈井镇、川城镇、王台镇、红泉镇、三十里铺镇、马家堡镇、那勒寺镇、买家巷镇、居集镇、乩藏镇
	其他	77	其他乡镇

五、优化区划设置

（一）临夏市县一体化

1. 范围界定

临夏市，临夏县北塬镇、新集镇、尹集镇、韩集镇、刁祁镇、马集镇、黄泥湾镇。

2. 县市一体化依据

甘肃省人民政府关于《临夏市临夏县城市总体规划（2016—2030年)》的批复（甘政函〔2017〕100号）中同意《临夏市临夏县城市总体规划（2016—2030年）》（临州府发〔2017〕55号）（以下简称《总体规划》）。

3. 发展思路

按照《总体规划》，认真落实创新、协调、绿色、开放、共享的发展理念，认识、尊重和顺应城市发展规律，坚持经济、社会、人口、环境和资源相协调的可持续发展战略，提高新型城镇化质量和水平，统筹做好城乡规划、建设和管理各项工作。在《总体规划》确定的1415平方公里的城市规划区范围内，实行城乡统一的规划管理；合理控制城市规模。到2035年，规划区常住人口控制在90万人以内，中心城区常住人口控制在53万人以内，建设用地规模控制在58.3平方公里；完善临夏市、临夏县包括公共交通、城市供水水源和给排水、垃圾处理、地下综合管廊等城市基础设施体系；建立健全包括消防、人防、防洪、防涝、防风、防震和防地质灾害等在内的城市综合防灾体系；按照促进生产空间集约高效、生活空间宜居适度、生态空间山清水秀的总体要求，形成合理的城市空间结构，促进经济建设、城乡建设与环境建设同步发展，做好历史文化和风貌特色保护，创造优良的人居环境；结合国民经济和社会发展规划，明确实施《总体规划》的重点和建设时序，逐步将临夏市、临夏县建设成为经济繁荣、和谐宜居、生态良好、富有活力、特色鲜明的现代化城市。

（二）临夏市、临夏县更名

1. 更名缘由

为充分体现临夏市历史文化、人文地理和多民族融合发展的历史传统，彻底解决同一行政区域内临夏州、临夏市与临夏县同名造成的公共行政管理、对外开放和群众生产生活诸多不便等现实问题，根据《行政区划管理条例》（国务院令第704号）、《行政区划管理条例实施办法》（民政部令第65号）、《地名管理条例实施细则》（民行发〔1996〕17号）和《中华人民共和国地方各级人民代表大会和地方各级人民政府组织法》等法律法规，依法依规进行行政区划名称变更工作，建议将"临夏市"更名为"河州市"，建议将"临夏县"更名为"凤林县"。

2. 更名依据

——临夏市更名为"河州市"的依据。临夏市，古称枹罕、河州，因地处黄河支流大夏河畔而得名，是丝绸之路南道之要冲、唐蕃古道之重镇、茶马互市之中心、明代四大茶马司之一——河州茶马司，在历史上就是西北的军事重镇和商贸中心，有"河湟雄镇"之称。秦置枹罕县，属陇西郡；晋代属河州，始有河州之名；此后至唐代，或称枹罕郡，或称河州郡；宋沿袭为枹罕县，属陕西路河州郡；元为河州路，属吐蕃宣慰司；明初相继为河州府、河州卫，后为河州，属河州府；清初沿袭明制，后属狄道州；民国初年，沿用清制。1913年，甘肃改道、县行政制。河州改为导河县，属兰山道。1929年，同政部决定改导河县为临夏县。1956年11月成立临夏回族自治州，设立县级临夏市，为州府所在地。

——临夏县更名为"凤林县"的依据。西魏置凤林县，今县境北部多属凤林县辖地。隋以后或属枹罕郡、属河州、属安乡郡。唐仪凤元年改凤林县置安乡县。天宝元年复称凤林县（资料来源：《中华人民共和国地名大词典》《临夏县志》，作者：临夏县志编委会，1995 年 11 月兰州大学出版社出版）。

临夏县拟更名为凤林县，其名含义为凤凰所居之处，借指仙境，更有树林的美称。习近平总书记指出："生态兴则文明兴，生态衰则文明衰。"从历史渊源来看，西魏置凤林县距今 1475 年，更名凤林县既传承历史，又承载当代使命。

（三）撤县改市

1. 行政区划

永靖县改为永靖市，市域行政区域包括原刘家峡镇，其管辖行政区域以及人民政府驻地维持不变。

2. 改市缘由

历史上的永靖县地域在秦时为陇西郡之地。西汉中期置允吾县，治今县西北湟水南岸，属金城郡。三国魏废县，此后或属金城郡、兰州，或属枹罕郡、河州。1929 年置永靖县，驻莲花城，属第五行政督察区。1949 年属临夏专区。1956 年属临夏回族自治州。1958 年撤销永靖县，并入临夏市。1961 年恢复永靖县。1962 年县人民政府迁驻刘家峡镇。永靖县因希望"永远安靖"而得名（1984 年 9 月甘肃省永靖县地名资料汇编，永靖县概况第 1 页）。

立足永靖县现状，为提升地名品牌影响力、对外招商引资吸引力和加速城市化进程，扩大县级市政府在城市基础设施建设、土地报批、项目立项、上级资金争取等方面享有更多的审批权和自主权，永靖县拟改为永靖市。

（四）乡改镇及镇改街道

1. 乡改镇依据及意义

——乡改镇依据。依据国务院《行政区划管理条例》（国令第 704 号，2018 年）、民政部 2000 年设镇标准及《甘肃省设立镇标准》（甘政发〔2021〕1 号）文件精神，要求辖区常住人口不低于 5000 人，拟设镇政府驻地常住人口不低于 2000 人。非农人口占比在全县处领先位次。辖区全年农村居民人均可支配收入超出全省县（市、区）上一年度平均水平10%以上。乡改镇符合公共服务指标、基础设施指标的具体标准。

——乡改镇意义。乡改镇要衔接州、县国土空间规划，改镇后有利于优化城镇空间布局和规模结构，促进小城镇发展和乡村振兴。依据临夏州城镇化发展阶段特点，乡改镇要与基层政府行政管理和公共服务能力相匹配。其改镇意义在于：一是撤乡改镇有利于政府集中财力、物力在更大的区域内协调各种资源和力量，推进重点项目建设，带动区域经济社会快速发展；二是有利于人口、自然等资源的整合和互补，有利于转移剩余劳动力，合理配置资源，吸引农村能人志士、八方客商到城镇来投资兴业；三是有利于加速城镇化建设进程，充分发挥镇区的综合服务功能，方便人民群众生产、生活。

2. 乡改镇及职能规划

规划期末，推动六县（临夏县、和政县、广河县、康乐县、东乡县、积石山县）共37个乡改镇，其职能定位、产业定位及乡改镇规划期限见表2-4-4。

表2-4-4　　　　　　　　　　临夏州乡改镇职能规划

序号	县市	乡改镇	人口（万人）	面积（平方公里）	功能定位	产业定位	乡改镇期限
1	临夏县	营滩乡	1.1	40.8			初期
2		麻尼寺沟乡	1.8	158.4	一般乡镇、其他	以旅游服务、特色农贸为主的生态休闲旅游型小城镇；生态农业田园综合体	初期
3		漠泥沟乡	1.1	76.86	一般乡镇、其他		中远期
4		漫路乡	1.7	56.54	一般乡镇、其他	以旅游服务、特色农贸为主的生态休闲旅游型小城镇；生态农业田园综合体	初期
5		榆林乡	1.4	38.58	一般乡镇、其他		中远期
6		井沟东乡族乡	1.8	62.94	一般乡镇、其他		中远期
7		桥寺乡	1.4	24.75	一般乡镇、其他		中远期
8		先锋乡	1.7	20.51	一般乡镇、其他		初期
9		安家坡东乡族乡	1	16.71	一般乡镇、其他		中远期
10		南塬乡	1.1	45.96	一般乡镇、其他		中远期
11		红台乡	1.6	49.46	一般乡镇、其他		初期

续表

序号	县市	乡改镇	人口（万人）	面积（平方公里）	功能定位	产业定位	乡改镇期限
12	和政县	梁家寺东乡族乡	1.4	37.35	一般乡镇、其他		中远期
13		卜家庄乡	1	23.07	一般乡镇、其他		中远期
14		新庄乡	1.2	92.99	一般乡镇、其他		中远期
15		达浪乡	1.2	26.39	一般乡镇、其他		中远期
16	广河县	水泉乡	1.5	57.5	一般乡镇、其他	近郊型田园综合体	初期
17		阿力麻土东乡族乡	1.1	37.73	一般乡镇、其他		中远期
18	康乐县	康丰乡	1.4	35.2	一般乡镇、其他	资源型特色小城镇	中远期
19		虎关乡	2.2	66.31	一般乡镇、其他	乡村旅游示范区	初期
20		流川乡	1.3	42.92	一般乡镇、其他		中远期
21		白王乡		47.73	一般乡镇、其他		中远期
22		八松乡	1.2	71.19	一般乡镇、其他		中远期
23		鸣鹿乡	1.2	51.04	一般乡镇、其他	现代循环农业、养殖业、农旅融合示范区	中远期
24		上湾乡	1.9	62.38	一般乡镇、其他		初期
25		草滩乡	1.6	52.96	一般乡镇、其他	以旅游服务、特色农贸为主的生态休闲旅游型小城镇；生态农业田园综合体	初期
26		五户乡	1.1	34.48	一般乡镇、其他		中远期
27	东乡县	东塬乡	1.1	60.66	一般乡镇、其他	沿库旅游重点开发区	中远期
28		百和乡	1.1	48.5	一般乡镇、其他	乡村旅游示范区	中远期
29	积石山县	刘集乡	1.64	54.62	一般乡镇、其他		初期
30		柳沟乡	1.16	50.39	一般乡镇、其他		中远期
31		关家川乡	1.29	70.49	一般乡镇、其他		中远期
32		胡林家乡	1.24	50.82	一般乡镇、其他		中远期
33		寨子沟乡	1.35	33.27	一般乡镇、其他		中远期
34		郭干乡	2.11	25.66	一般乡镇、其他		初期
35		中咀岭乡	1.13	30.57	一般乡镇、其他		中远期
36		小关乡	1.01	27.16	一般乡镇、其他		中远期
37		铺川乡	1.13	29.62	一般乡镇、其他		中远期

说明：人口数据来源于各县（市）统计局，数据截至 2019 年 6 月 30 日；面积数据来源：网站查询；产业定位数据来源：临夏州各类相关规划。

3. 镇改街道

——镇改街道依据。《中华人民共和国地方各级人民代表大会和地方各级人民政府组织法》（修订版）第六十八条规定：市辖区、不设区的市人民政府，经上一级人民政府批准，可以设立若干街道办事处，作为它的派出机关。《甘肃省设立街道标准》（甘政发〔2021〕1号）标准为：辖区常住人口原则不低于4万人，常住人口城镇化率在本市（区）处领先位次。地区生产总值和人均地区生产总值在本市（区）领先，生产总值辖区第二、第三产业增加值占生产总值比重超过全省平均水平，全年城镇居民人均可支配收入超出全省市（区）上一年度平均水平10%以上。符合公共服务指标和基础设施指标的具体标准。

——镇改街道意义。综合考虑国土空间规划、城市功能分区、面积人口规模、历史文化传承等因素，符合新型城镇化发展规律，推动镇改街道工作，确保布局合理、规模适度。镇改街道后，第一，基层建设将得到加强。有利于理顺城市基层行政管理体制，有利于加强基层社会治理，有利于提高公共服务水平和增强行政服务效能。街道管理制度实施后，社区作为城市的重要组成部分，将受到临夏市级人民政府的更多关注，重点关注政策支持和投资资金，基础设施建设社区建设将进一步加快。第二，城市发展将显著加快。街道建成后，街道的政治、经济、文化中心将更加突出，科研、文化教育、卫生、商业、金融、交通等城市功能定位将更加突出明确；未来的城镇化建设和发展将加快进程。第三，行政效率将明显提高。街道办公室作为市人民政府的派遣机构，实行街道管理制度后，管理减少镇的中间环节，提高和改善行政效率。

——镇改街道。规划期内，推动临夏市城郊镇、折桥镇改街道。

第五章
系统推进城镇更新

一、思路与目标

（一）总体思路

深入推进以人为核心的新型城镇化，完善城市空间结构，统筹城市布局的生产需要、生活需要、生态需要、安全需要，打造建设宜居城市、绿色城市、韧性城市、智慧城市、人文城市。积极推进小规模、渐进式的城市修补，不断提升城市人居环境质量、人民生活质量、城市竞争力，走出一条临夏特色的城市发展道路。坚持房子是用来住的、不是用来炒的定位，建立多主体供给、多渠道保障、租购并举的住房制度，促进房地产市场平稳健康发展。推动城市更新，优化提升城市新区，加强城镇老旧小区改造，实施城市生态修复和功能完善工程，增强城市防洪排涝能力。加强居住社区和公园城市建设。强化历史文化保护，塑造城市风貌，推进历史文化名城、名镇及历史街区保护和建设。提高城市治理水平，推动城市转型升级，建设创新引领的活力城市、协同共荣的和谐城市、生态宜居的美丽城市、内外联动的包容城市、共建共享的幸福城市。

（二）规划目标

2021—2025 年：以完善城市空间结构为核心，调整城市建设的增量结构，补充城市各类"短板"，健全现代城镇体系。初步构建以临夏市县一体化核心城镇群为主体，沿洮河城镇带、沿兰郎公路城镇带、沿太子山城镇带、沿黄河城镇带城镇为引领的城市、镇（重点镇、特色乡镇）协调发展的城镇格局。实施城镇老旧小区改造工程，力争完成2000年前建成的城镇老旧小区改造任务；实施一批城市生态修复和功能完善工程，将山水林田湖草生态保护修复和城市开发建设有机结合，争取城市内涝治理取得明显成效；完善水安全保障体系，地表水达到或好于Ⅲ类水体比例达到100%；安全饮水保障率和自来水普及率分别达到95%、99%以上。强化历史文化保护，塑造城市风貌，建立城市历史文化保护与传承体系，加大历史文化名胜名城名镇名村保护力度，修复山水城传统格局，争取实现临夏市历史文化名城的成功创建；全面提高城市治理水平。

2026—2035年：以提升城市品质为主的存量提质改造为目的，使城市的整体性、系统性、宜居性、包容性和生长性更趋和谐，城市管理服务水平更加科学，宜居城市、绿色城市、韧性城市、智慧城市、人文城市初步建成，城市人居环境质量、人民生活质量、城市竞争力大幅度提升，具有临夏特色的城市发展道路基本形成。

二、发展举措

（一）实施城市更新行动，构建宜居生活空间

1. 实施城镇老旧小区改造工程

全面推进城镇老旧小区改造工作，各县（市）要对老旧小区全面调查摸底，建立老旧小区数据库。坚持居民自愿、自下而上的原则，确定拟改造项目及时序，逐级制定县（市）老旧小区改造总体计划（2021—2025年）和分年度计划。以"危旧房改善工程、背街小巷改善工程、庭院改善工程、物业管理改善工程"四大改善工程为重点，切实推进城镇老旧小区改造，以临夏市县一体化核心城镇群、沿洮河城镇带、沿兰郎公路城镇带、沿太子山城镇带、沿黄河城镇带为先，进而辐射带动其他区域；有序组织实施，改造一批棚户区、老旧小区、城市危房，完善基础设施和公共服务配套。修缮改造八坊古玩城、东公馆、茶马古市等一批旅游景点设施，重点解决设施老化、环境脏乱、配套短缺、

安全隐患、管理混乱等问题，提升民生福祉和居住质量。力争到"十四五"期末基本完成2000年前建成的需改造城镇老旧小区任务。

【专栏 5–1】

城镇老旧小区改造工程

加快推进项目：临夏州老旧小区数据库建设，基础类、完善类、提升类三大类功能2000年前建成的需改造城镇老旧小区改造。

重点推进项目：八坊古玩城、东公馆、茶马古市等一批旅游景点设施修缮工程。

创新规划项目：实施"一心四带多节点"四大改善工程——城镇危旧房改善工程、背街小巷改善工程、庭院改善工程、物业管理改善工程。

2. 加强城镇居住社区建设

以安全健康、设施完善、管理有序为目标，开展完整居住社区设施补短板行动，因地制宜对居住社区市政配套基础设施、公共服务设施等进行改造和建设。以"邻里场景、教育场景、健康场景、创业场景、建筑场景、交通场景、低碳场景、服务场景、治理场景"九大场景进行居住社区建设。建立党委领导、政府组织、业主参与、企业服务的居住社区治理机制，推动城市管理进社区，提高物业管理覆盖率。推动物业服务企业、发展线上线下社区服务业，满足居民多样化需求。选择临夏市八坊街道、临夏市西关街道西郊社区、积石山县大河家镇大河社区、临夏县韩集镇韩集社区、广河县城关镇河北社区等进行首批试点，形成成片更新的示范效应。强调未来社区蓝图构织，注重宜居宜游宜业，提升市民凝聚力与幸福感。开展美好环境与幸福生活共同缔造活动，发挥居民群众主体作用，共建共治共享美好家园。

【专栏 5–2】

城镇居住社区建设重点

加快推进项目：开展居住社区设施补短板行动，因地制宜对居住社区市政配套基础设施、公共服务设施等进行改造和建设，线上线下社区服务业建设。

重点推进项目："九大场景"居住社区建设工程——邻里场景、教育场景、健康场景、创业场景、建筑场景、交通场景、低碳场景、服务场景、治理场景工程。

创新规划项目：临夏市八坊街道、临夏市西关街道西郊、积石山县大河家镇大河、临夏县韩集镇韩集、广河县城关镇河北九大场景居住社区示范试点。

3. 强化居住及生活空间的打造

坚持房子是用来住的、不是用来炒的定位，着力解决住房结构性供给不足的矛盾，完善住房市场体系和住房保障体系，基本建立"多主体供给、多渠道保障、租购并举"的住房制度，推动实现全体人民住有所居。深化土地供给侧结构性改革，建立以需求定供给、以效益定供给的城市建设用地供应机制。推进住房建设标准化、信息化、智能化，加强工程质量安全管理。大力发展节约型居住区、绿色宜居型居住区和节能省地土地利用效益。推广住宅产业化，提高装配式建筑在新建住房中的比重。积极推行全装修住宅建设，鼓励大开间的灵活性住宅设计理念。推广百年住宅标准，提高达到绿色建筑评价标识一星级的住房比例。严格落实绿色建筑相关要求，加快推行绿色建筑工程专项验收和备案工作。实施强弱电杆线"上改下"，提升"亮灯"品位，规范户外广告管理，完善城市标志标识，治理"五乱"现象，遏止违法搭建、倚门设摊、占道经营，营造无视觉污染的生活环境。

【专栏5-3】

强化生活空间打造建设重点

加快推进项目：实施强弱电杆线"上改下"，提升"亮灯"品位工程，户外广告规范管理，城市标志标识完善。

重点推进项目：实施文化、教育、卫生、体育等公共建筑装配式建筑优化工程，临夏市新建小区地热能供热制冷建设，东乡县达坂镇、永靖县王家山装配式建筑基地建设。

创新规划项目：住房市场体系和住房保障体系构建，多主体供给、多渠道保障、租购并举的住房制度的设立，城市建设用地供应机制建设。

4. 完善城镇空间结构

以兰合铁路，兰郎、康临、临合高速等，568、106 等国（省）道为主要轴线，以轴线上的北塬镇、盐锅峡镇、刘家峡镇、莲麓镇、虎关乡齐家镇、三甲集镇、达板镇、大河家镇等城镇为依托，形成相应的"交通圈""旅游圈""经济圈""生活圈""文化圈"。逐步形成以临夏市、县一体化核心城镇群为主体，沿洮河城镇带、沿兰郎公路城镇带、沿太子山城镇带、沿黄河城镇带城镇为引领的城镇发展格局，并通过高效便捷的交通走廊连接城市群。遵循城镇化发展规律，明确中心城市、县城和城镇的功能定位和发展方向，打造以临夏市—临夏县为中心，兰合铁路途经的主要城镇为主轴，沿河沿库沿山沿路经济带城镇为节点的现代城市发展体系。随着城市集群化的发展，位于城市群空间网络体系中的县城不仅可以充分发挥其区位优势，将自身的特色产业或者特色功能积极嵌入城市群功能体系中去，同时还可以借助区域一体化的契机，进一步加强基础设施建设，完善公共服务水平，提升在生产、消费、流通以及纽带作用等方面的功能。

（二）推进城镇生态修复，优化城镇生态空间

1. 优化国土空间总体布局

科学有序统筹布局生态、农业、城镇等功能空间，划定生态保护红线、永久基本农田、城镇开发边界等空间管控边界。合理划定城市化地区、农产品主产区、生态功能区三类空间。保护基本农田和生态空间，加强康乐县、和政县、积石山县、临夏县生态功能区生态环境保护，有序转移生态功能区人口，争取实施生态宜居搬迁工程，推进全州栖息地恢复和废弃地修复。

【专栏 5-4】

优化国土空间总体布局重点

重点推进项目：全州栖息地生态恢复治理和和废弃地修复。

2. 打造城镇生态空间结构

统筹考虑山水林田湖草系统治理的完整性、地理单元的连续性和经济社会发展的可持续性，严守生态功能保障基线，建设多层次、多功能、网络化的绿

地系统，打造"两山三水、四带多点"的区域绿色生态空间结构，实现城镇与生态空间有机融合。其中，"两山"为太子山、莲花山两条主要山脉，是生态保育、生态屏障的关键区域；"四水"为大夏河、广通河、牛津河、洮河四条主要水系，是生态涵养、水文调蓄的关键区域；"四带"为沿洮河、沿黄河、沿太子山和沿兰郎公路文化绿带，是串联多个城镇生态系统、防止建设用地蔓延的重要生态廊道；"多点"为自然保护区、森林公园、风景名胜区、地质公园等自然保护管理体系和公园体系，是改善环境品质的重要空间。

依托太子山、莲花山等生态安全屏障，强化临夏城镇内外生态联动，共同维护区域生态安全。加快构建黄河上游生态保护高质量发展带，构建以大夏河、大通河、洮河、湟水河和和广通河等生态廊道构成的生态安全格局。提升黄河流域临夏州水源涵养补给和水土保持治理能力。

【专栏 5-5】

打造城镇生态空间结构完善重点

加快推进项目：太子山、莲花山等黄河上游生态保护高质量发展带生态安全屏障建设，大夏河、大通河、洮河、湟水河和和广通河等生态廊道建设。

重点推进项目：黄河流域（临夏段）水系连通系统整治工程，黄河干流及支流历史遗留矿山生态修复。

创新规划项目：临夏州黄河文化国家公园。

3. 完善生态基础设施

构建以"三生"空间优化为导向的城市公园环、郊野公园环、国家公园环，协同共建绿色生态空间，共同构建生态廊道骨架。建设沿大夏河、洮河、刘家峡、广通河、红水河等城市湿地公园，建设南龙山森林公园、临夏北山生态廊道等在内的生态类基础设施。开展七县一市的森林城市建设，构建公园城市和绿色廊道相互交织的游憩绿地体系。提升城市园林绿化水平，实施一批湿地公园、休闲小公园、街头游园等项目，构建美观、整洁、有序的空间景观绿化格局。实施主要城镇百座公园计划，大力推进"口袋公园"建设，持续完善城乡公园布局，整合特色自然文化资源，引导城市公园和绿地景观高品质发展，实现绿色生态空间数量和质量的双提升。

【专栏5-6】

完善生态基础设施建设重点

加快推进项目：沿大夏河、洮河、刘家峡、广通河、红水河等城市湿地公园、南龙山森林公园、临夏北山生态廊道建设。

重点推进项目：湿地公园、休闲小公园、街头游园等城市园林项目建设，沿洮经济带—唐汪镇"生态农文旅"综合体建设，临夏州地质遗产廊道数字化保护协同平台建设，永靖县"水美经济"示范区建设。

创新规划项目：临夏市（大夏河流经区）海绵城市"水生态、水安全、水环境、水文化、水资源"五位一体城市生态系统和生态价值实现平台建设。

4. 开展生态系统修复

在临夏县市一体化核心城市群中的城郊镇、韩集镇优先推动城市环境健康研究、加强城市环境生态全体系保护，加快推进各县和小城镇面山绿化美化。在新型城镇化用地计划中要引入土壤健康风险评估体系，权衡土壤污染现状和当前社会经济发展水平及其趋势，在保证经济持续发展的基础上，确保生态环境和人体的健康安全。推动环境污染防治，全面改善环境质量。

实施以土地综合整治、矿山生态修复、地质灾害防治、搬迁避让为主要内容的黄河流域临夏段生态修复工程。以国家开展"重要生态系统保护和修复重大工程规划"为契机，开展水土流失综合治理，入库系列项目，争取国家专项生态修复资金。以甘南黄河上游水源涵养区涉及的康乐县、和政县、临夏县和积石山县为重点，统筹山水林田湖草沙综合治理，实施太子山沿线及洮河、广通河、大夏河等重要支流生态保护修复工程。开展黄河干流及支流废弃矿山生态修复，采取"地形地貌整治＋植被恢复"模式，科学开展矿区生态修复。

着力做好陇中黄土高原水土保持工作。以东乡县、永靖县、广河县和临夏市为核心，以西南部沿太子山麓区域为重点，加大草原、森林、湿地等生态系统的保护和修复力度，增强水源涵养及生物多样性保护能力。以东北部沿库沿河高原区为重点，推进坡耕地水土流失综合治理、淤地坝建设、小流域治理、山洪沟道治理，减少水土流失。争取国家将临夏州25°以上坡耕地、重要水源地15°~25°坡耕地、严重污染耕地纳入退耕还林还草范围给予重点支持。加大天然林保护、三北防护林、野生动植物保护、湿地保护修复等重点生态工程实施力度，大力开展国土绿化行动，扎实推进城镇面山、公路沿线、河流两岸、景区周边的生态综合治理。

系统整治黄河流域，连通江河湖库水系。积极争取进入黄河干流上下游横向生态补偿试点范围，协同推进黄河干流生态保护。坚持"治污、造绿、节水、宜居"原则，实施生态移民，积极推进封山禁牧和育林育草，实现生态环境保护与人居环境改善同步推进。严格保护大夏河、大通河、洮河、湟水河和和广通河等河湖水域、岸线水生态空间。强化与周边青海湖、甘南高原等重要生态区保护建设的联动。

【专栏5-7】

生态修复与城市修补建设重点

加快推进项目：沿兰郎公路城镇带沿线面山绿化工程，百座公园计划，推进"口袋公园"建设。太子山沿线及洮河、广通河、大夏河等重要支流山水林田湖草沙综合治理生态保护修复工程。

重点推进项目：实施以土地综合整治、矿山生态修复、地质灾害防治、搬迁避让为主要内容的黄河流域临夏段生态修复工程，临夏州新型城镇化建设自然修养与人工修复区划，典型地区修复示范建设。

创新规划项目：环刘家峡生态隔离带开发建设，土壤健康风险评估体系引入新型城镇化用地计划。

5. 推进流域综合防控治理

以刘盐八库区综合治理为抓手，统筹黄河干流和各大支流，全面落实流域综合治理措施，深入开展临夏段水沙关系演变对生态环境影响的研究，优化刘家峡等水库的运用方式和拦沙能力，有效拦截河流泥沙，加快洮河、大夏河、广通河等主要支流的保护与治理，加快实施主要支流、中小河流综合治理，确保黄河径流稳定和河流健康。积极推进刘盐八等黄河干流水库清淤，打破行政区划，整流域、整片区谋划实施综合治理项目，实施刘盐八段流域综合治理工程，统筹推进两岸堤防建设、河道控导、滩区治理、产业发展和城镇化建设。建设流域防洪安全体系和以黄河干支流为骨架，人工沟渠、水库、湖泊和湿地为补充的生态安全屏障。加快推进黄流干流和重点支流防洪治理，实施黄河干流堤防二期治理、主要支流防洪治理及其大中型水库库区综合治理和灾害防治工程。在临夏市和各县城等城区，结合河道生态水系统治理和景观工程布局，建设雨水收集、储蓄、利用、排泄等系统工程，完善城市防洪体系。

【专栏5-8】

推进流域综合防控治理

加快推进项目：推进实施黄河干流刘盐八段流域综合治理、黄河主要支流水生态综合治理、中小河流综合治理等工程。

重点推进项目：实施黄河干流流域防洪治理工程、黄河支流流域防洪治理工程、重点县城防洪治理工程、重点山洪沟道和农村河道治理工程。推进全州防止水旱灾害、雨情水情检测工程。

6. 实现生态模式创新和价值创造

因地制宜发展生态产业、提供生态产品。打造沿洮河经济带—唐汪镇"生态农文旅"模式，实现生态产业化经营和市场化价值。摸清资源家底，绘制水生态产品"基础地图"、涵养优质水源、提高水生态产品供给能力、组建"水生态银行"、引入社会资本，全力打造水生态全产业链和"水美经济"产业体系。推进临夏市（大夏河流经区）海绵城市"水生态、水安全、水环境、水文化、水资源"五位一体建设。全面提升大夏河的综合功能，使其成为集"文化河""商业河"和"旅游河"于一体的城市生态系统和生态价值实现平台。

7. 协调水与城市关系

以新型城镇化建设水资源配置平衡为准则，结合临夏州各县（市）水资源承载能力和全区经济社会发展总目标，合理控制用水总量。以临夏州新型城镇化建设用水需求为导向，落实以水定城、以水定地、以水定人、以水定产，实行最严格的水资源管理制度。优先保障生活用水安全，坚持农业用水负增长、工业用新水零增长、生态用水适度增长,优化用水结构,构建多水源的水资源保障体系,保障水安全,保护水生态,构建节水型社会,统筹山水林田湖草系统治理,实现水资源配置高效利用同新型城镇化建设、国家现代化进程同步。

全面完成临夏州南阳渠提质增效及水系连通,临夏县石门滩水库、东乡县布楞沟山旱林果产业示范园供水工程等重点工程的建设任务。实施临夏州供水保障生态保护水源置换工程、积石山水系连通工程、临夏县卧龙沟水库、康乐县农村饮用水水源保障工程等一批水资源调蓄和区域供水工程。建设"引洮济临""引黄济临"、积石山县引水、和广两县小峡小牛圈城乡水源保障工程等供水工程,实施农村"安全人饮"工程建设,普及农村自来水。加快中型灌区节水改造和末级渠系配套建设。实施临夏州水生态环境综合治理工程、临夏州黄河干流临夏段生态廊道工程,严格控制地下水开采,增强地表水调蓄能力,加强各县(市)1—2个应急水源储备,提高区域供水安全保障能力。安全饮水保障率和自来水普及率分别达到95%、99%以上。实施广河县、东乡县、积石山县抗旱应急水源保障工程、临夏州"引洮济夏"水源保障工程、康乐县农村饮水水源保障工程,实施大夏河、牛津河等水系连通工程,实施用水计划的"飞水模式"。实施临夏市槐树关水库、临夏市"引黄济临"、临夏县城区关滩、临夏县卧龙沟等各县市水源地保护工程,开展集中式饮用水水源地环境状况评估,加强水质监测和水源环境风险排查整治,保障全区饮用水水质持续稳定达标。推进农村饮水提档升级工程。实施八县市农村安全饮水提档升级,对现有老旧管网进行更新改造,连通城区与农村供水工程管网,推进城乡一体化进程。

改善水环境。统筹刘盐八库区、黄河干流及主要支流,实施流域水环境综合治理工程,推进生态环境保护、饮用水水源地保护、流域污染源治理等项目建设。

【专栏5-9】

协调水与城市关系建设重点

加快推进项目:刘盐八库区、黄河干流及主要支流,流域水环境综合治理工程、临夏州南阳渠提质增效及水系连通工程、临夏县石门滩水源保障工程,建设临夏州供水保障生态保护水源置换工程、临夏州抗旱应急水源工程、临夏州康乐县麻山峡水源保障工程;"引洮济临""引黄济临"、积石山县引水、和广两县小峡小牛圈城乡水源保障工程等供水工程建设,大夏河、牛津河等水系连通工程。

重点推进项目:临夏州中型灌区续建配套及节水改造工程、临夏州灌区泵站改造、南阳渠总干渠至北部山区生态灌溉工程、中型灌区标准现代化建设、临夏县北塬灌区节水改造及自动化管理、临夏州水生态环境综合治理工程,临夏州黄河干流临夏段生态廊道工程,各县(市)1—2个应急水源地选址调查,集中式饮用水水源地环境状况评估。

创新规划项目:大夏河、广通河、洮河等流域地下水与地表水、上游中游与下游、干流与支流等水资源评价和优化配置,临夏市槐树关水库、临夏市"引黄济临"、临夏县城区关滩、临夏县卧龙沟等各县市水源地保护工程。

8. 实施耕地"三位一体"保护

在占补平衡的基础上对各县市耕地及基本农田的分布进行适当调整。将基本农田分布集中度相对较高、南部靠太子山一带和临夏市周围北塬等区域、永靖县盐锅峡镇一带、积石山自治县至康乐县胭脂镇沿线优质农用地(一等和二等)分布地域划入基本农田集中区。北部干旱、半干旱地区发展马铃薯、玉米花椒旱作生态农业,西南部阴湿地区发展玉米、蚕豆、油菜等耐阴作物种植业。在以永靖县川塬、临夏县北塬灌区为主,广河县、临夏市、和政县、康乐县、东乡县、积石山县的川塬区这些水肥条件较好的区域,依据优质无公害蔬菜、反季节蔬菜和水果等农业产业布局,调整耕地及基本农田。

统筹计划"城"与"地"的关系。坚决落实最严格的耕地保护制度,推动"藏粮于地、藏粮于技"战略落地见效。严格划定和永久保护基本农田,实施好临夏州高标准农田建设项目,高质量编制《临夏州高标准农田建设规划(2020—2035年)》,保障临夏县国家现代农业产业园、永靖县三塬镇、岘塬镇、刘家峡镇和太极镇休闲农业产业园、积石山县现代生态农业示范园区、康乐县规划建设的休闲农业示范园等现代农业园区的耕地数量,确保守住粮食生产能力、粮食生产总量。

【专栏 5-10】

实施耕地"三位一体"保护重点项目

创新规划项目：临夏州各县市永久基本农田划定区 1∶5 万土地质量地球化学调查。

（三）强化历史文化保护，塑造临夏城市风貌

1. 分层次保护历史文化遗产

按照"点、线、面"三个层次进行历史文化遗产的保护传承。一是"点"的保护。按照真实性、完整性、延续性、可识别性原则，推进七县一市各级文保单位保护、市区老房子保护、农村历史建筑保护、工业遗产保护、校园遗产保护等各项工作。在法规上明确已建成 70 年以上的有价值的老房子一律不准拆。强调传承弘扬中华优秀传统文化，强化重要文化和自然遗产、非物质文化遗产系统性保护，建设一批重点研究机构和传习基地。二是"线"的保护，即以历史街区、历史文化带为重点保护线。精心打造临夏市八坊十三巷、东乡达板、广河三甲集、积石山大河家、和政松鸣、康乐莲麓、永靖盐锅峡、临夏县土桥等一批具有文化底蕴、时代特征、地域特色的街区和小城镇。推进沿黄沿洮遗址、二十四关、古长城以及连片古建遗址等重点区域保护建设。构建黄河文化、彩陶文化、砖雕文化、物种演进文化、史前文化、民俗文化、红色文化、文化遗产等资源八大历史文化带。三是"面"的保护，要在"点"和"线"保护的基础上，实现以一座城市为单位的"面"的保护，创建临夏市历史文化名城、松鸣岩花儿小镇、临夏县砖雕小镇等，实现历史文化"面"的保护。

【专栏 5-11】

分层次保护历史文化遗产建设重点

加快推进项目：临夏市八坊十三巷、东乡达板、广河三甲集、积石山大河家、和政松鸣、康乐莲麓、永靖盐锅峡、临夏县土桥特色街区和小城镇建设，临夏市历史文化名城创建。

重点推进项目：沿黄沿洮遗址、二十四关、古长城以及连片古建遗址等重点区域保护建设，刘家峡综合保护、临夏境内遗址保护工程，临夏州历史文化风貌区、优秀历史建筑、历史文化名镇名村保护利用。

创新规划项目："临夏七大历史文化带工程"——化石文化、彩陶文化、大禹文化、黄河文化、红色文化、民俗文化、饮食文化。

2. 构建城市文化空间格局

建设文化名镇名村名街区，围绕居民消费升级，提升新华、双城、古城新区春明路等商业步行街、茶马古市文化一条街、民族风情步行街、八坊十三巷等文化街服务能力，发展临夏市酒店群、博物馆群，永靖、和政、康乐县酒店群等新型文旅商业消费聚集区。在七县一市国土空间规划中布局城市文化空间，使之与城市整体发展框架耦合，将彩陶、花儿、砖雕之乡，河州北乡，齐家文化，古动物化石，东乡族文化、大禹治水的源头等体现传统特质的"地方"概念引入其中；注重历史脉络营造，实施甘肃文化创意产业中心建设，建设一批各级各类文化服务设施空间，打造文化遗产资源、教育文化机构、文化产业空间、公共文化活动场所等，用空间承载文化，让文化落地生根，讲好临夏故事，用好临夏故事。实施"临夏旅游"高峰建设工程，推动更多城市公共空间建设融入文化元素、增添体育功能，打造更多群众家门口的"文化客厅""健康驿站"，让市民拥有更多文化体育休闲的好去处。加强文物古籍保护、研究、利用和考古工作，实施革命文物保护利用工程和古籍整理工程，加强重大文化、重点文物和自然遗产地保护利用设施建设力度。完善历史文化风貌区、优秀历史建筑、历史文化名镇保护利用机制，延续城市文脉。

加强黄河文化研究传承。建设和政国家古动物化石研究和展示中心、和政县化石文化创意中心、广河县齐家文化国家遗址公园、积石山大禹文化历史博物馆、东乡县非物质文化博览园、永靖县刘家峡黄河文化传承创新园、临夏花儿展演及非遗民俗展览中心等项目，实施和政县桦林古动物化石埋藏原址馆提升改造工程。

3. 塑造城市时代特色风貌

高品质建设城市标志地段、生态景观和人文景观。以临夏州资源禀赋特点，赋予各县城定位，按照统一规划打造连通的原则进行宏观定位。结合七县一市历史遗迹、文化古迹、人文底蕴，瞄准城市生命力，赋予城市生命力。充分利用山原交错、地形丰富的特征，强化"两山三水、四带多点"并行、林田交织的自然山水格局，塑造具有传统山水意境的自然景观。

确立山水溢彩、朴雅相融的城乡色彩意象。充分展现临夏自然山水生态本底特色，延续本土建筑色彩特征，协调传统城区的色彩基调，形成和谐统一的城乡色彩。全面开展城市设计工作，塑造整洁有序、错落有致的城乡第五立面。统筹考虑生态环境、建筑高度与建筑轮廓，对屋顶材质、色彩等进行精细管控，营造与山水空间和谐相融、与传统文化交相辉映的城乡第五立面。

（四）统筹城市综合管理，推进民生临夏建设

1. 推进城市治理体系和治理能力现代化

按照重心下移、属地管理的原则，完善"统一领导、分级负责、条块结合、以块为主"的"两级政府［州、县（市）］、三级管理［县（区）、街道（乡镇）、社区（村）］、四级服务［州、县（区）、街道（乡镇）、社区（村）］"管理机制，突出城区、街道（乡镇）、社区（村）在新型城镇化工作中的主体地位，建立健全责权明确、务实高效、运行有序的组织体系和运行机制。

建立健全党委政府统筹协调、各部门协同合作、指挥顺畅、运行高效的城市管理体系；坚持依法治理，注重运用法治思维和法治方式解决城市治理突出问题，加强城市管理执法队伍建设，推进严格规范公正文明执法。

着力加强全周期管理，以基层社会治理为支撑，以市域社会治理现代化试点为抓手，提升全覆盖、全过程、全天候城市治理能力，做好城市设计，持续开展架空线入地和合杆整治等工程，把"城市家具"打造得更加安全整洁、便利舒适。坚持综合施策，加强系统治理、依法治理、综合治理、源头治理，努力使违法建筑、中小河道污染、高空坠物等难题顽症得到根本治理。

深入开展文明城市、卫生城市创建活动，永靖县、临夏市争取创建全国文明城市，康乐县创建省级文明城市。

2. 以科技创新推动城市治理智能化

基于临夏州政务云大数据中心、信息交换与共享平台，建设城市综合运行

管理服务平台，实现数据实时共享。推动建立 BIM 与 GIS 信息系统的集成应用研究中心，打造临夏州智慧化城市综合管理系统、临夏州大数据云计算中心、临夏州工业互联网与中小企业孵化大数据应用平台、临夏州"智慧临夏"一体化大数据应用平台等项目的实施，实现不同平台数据的共享交换。利用新一代信息技术手段，集成八县（市）智慧县城数据，构筑大数据运营服务中心、全景指挥调度中心、智慧城市展示中心和"城市大脑"，实现数据实时共享、资源有效调动。推行城市治理"一网统管"，对城市管理工作进行统筹协调、指挥监督、综合评价。

3. 以制度创新推动城市治理长效化

按照"依法治市"的理念和要求，实现法治临夏建设取得新进展，地方法规制度更加完善，执法司法公信力和社会法治意识不断增强，广泛、多层、制度化的协商民主深入推进。提升以党建为引领的城市基层社会治理水平，激发基层和社区活力。综合运用行政、经济、法制的管理手段，提高城市管理和行政执法的效率。严格依法处罚影响城市市容和管理秩序的行为，用法律法规约束和规范市民行为。

4. 以人为本，共建共享，以问题导向推动城市治理精细化

坚持共建中共享、共享中共建，着力解决人民群众最关心、最直接的问题，扩大市民的参与面，显著提升人民群众的环境生活品质。

解决"有钱办事"问题，设置城市管理专项资金，确保州、县（市）两级财政建立城市管理专项经费预算。解决"有人办事"问题，成立城管等相应管理机构部门，确保州、县（市）、街道、社区四级管理执法队伍的人员编制，推动市、区两级城管执法队伍从事业编制向参公编制转变。解决"有房办事"问题，进行"四个一批"工程建设，即新建一批、置换一批、改造一批、租赁一批各级城管工作用房，提升城管执法效率和服务能力。解决"有章办事"问题，补充完善临夏州城市市容和环境卫生管理条例、市政设施管理条例等地方性法规，城市节约用水管理办法、城市河道管理办法等政府规章，实施"亮灯工程"、打造"数字城管"等一系列政策文件，为城市依法管理提供法规政策保障。

【专栏 5-12】

城市综合治理理建设重点

加快推进项目：实施六城联创——双拥模范城、优秀旅游城、生态示范城、园林城、卫生城和文明城建设。

重点推进项目：永靖县、临夏市全国文明城市创建，康乐县省级文明城市创建，城市综合运行管理服务平台、临夏州大数据云计算中心、临夏州工业互联网与中小企业孵化大数据应用平台、临夏州智慧临夏一体化大数据应用平台建设。

创新规划项目：BIM 与 GIS 信息系统的集成应用研究中心建设。

第六章
增强城镇基础设施水平和公共服务能力

一、思路与目标

（一）总体思路

依托临夏州中心城市及重点镇，以补短板、强基础、挖内涵、塑特色为导向，围绕公共卫生防控体系、城镇交通基础设施、公共基础设施、公共服务能力等的提升计划，重点打造新型智慧化城镇，构建布局合理、设施配套、功能完备、安全高效的现代城镇功能配套体系，建设"三环、四廊、四向"交通体系，改善城镇的"三生"环境，降低城镇能耗，增强城镇综合承载力，提高城镇社会公共服务水平。

（二）规划目标

2021—2025年：以基础设施建设为中心，补短板、强基础。聚焦城镇基础设施建设，着力补齐公共卫生短板，提高城镇综合承载力，通过建设"三环、四廊、四向"交通体系，强化内部联动，推动外向联系，至2025年，实现城镇道路网络水平较高，基础设施基本完善，配套设施基本齐全，节能产品和节能建筑广泛应用，生态环境明显改善，城镇公共服务功能明显提升，城市管理更加人性化、智能化，城市发展集约高效的目标，为临夏州城镇可持续发展提供基础。

2026—2035年：以提质增效为核心，找特色、长优势。加强城镇公用设施建设，发挥城镇特色，提高城镇建设水平，至2035年，实现交通运输网络深度融入国家"八横八纵",高品质城乡水网全域覆盖,资源环境低碳绿色环保,公共卫生防控体系快速、有效,公共服务城乡均等化,人居环境健康、安全的目标,为临夏州高质量发展提供开放、共享、综合承载力较高的新型城镇化支撑体系。以高质量发展为导向,抓智能、促融合。深化数字应用,打造融合平台,推动智慧城市建设,到2035年,实现大中小城镇基础设施均衡分布,绿色创新成为发展主题,循环经济成为城镇标配,城镇综合管理精准化、智能化、现代化,城镇综合承载力位居国内中上水平的目标,为临夏州高质量发展提供支撑。

二、发展举措

(一)推动城镇内部基础设施建设,增强城镇综合承载能力

以现代城镇体系为载体,现代基础设施体系为支撑,建设内部高效运行的交通网络体系,深入推进协同应急防控能力建设,加快推进海绵城市、数字新基建、智慧分享平台建设,完善基础教育医疗设施,提升地区吸引力,形成区域具有一定核心竞争力的新型城镇系统。

通过区域内部交通基础建设,显著改善全州道路水平状况,提升高等级道路占比(见图2-6-1),提高道路交通水平(在兰西城市群达到较高水平[①]),为形成地区性具有明显竞争力的城市群提供交通支撑。

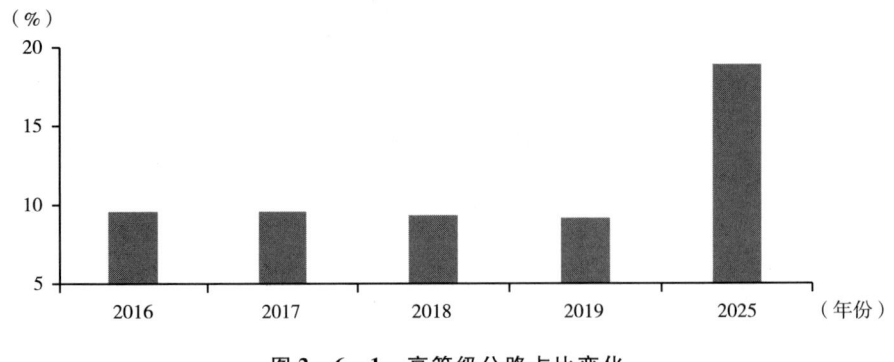

图2-6-1 高等级公路占比变化

---

① 依据临夏州"十四五"道路规划,预测2025年可达到的道路密度水平。

1. 加强城镇内交通基础设施建设

——以立体化为引领,推动立体交通系统建设。优化城镇路网结构,加快推进临夏市周边交通干道建设,形成与原有道路配置合理、通行高效的城市道路网络体系。强化城镇内部立体交通网络体系建设,完善公交专用道、非机动车和行人交通系统,行人过街设施;推动过街天桥、十字路口上传下行,断头路拓通、主体路拓宽等项目建设,推进断头路拓通工程,打通城镇内部交通系统的微循环,提高城镇道路交通承载力;加强自行车绿色通道、无障碍通道和健康步道建设;推动停机坪、通用机场等其他类型运输站场建设;建设多元化、立体化、无障碍的城镇内部交通体系,解决交通拥堵问题。

——以智慧化为导向,强化智慧交通体系建设。运用现代信息技术和大数据,细化道路交通线路规划,深化交通秩序智能化管理,完善智慧交通管理体系;在有条件的城镇,提前布局无人驾驶公交专用道,探索建设临夏市内环线试验道;在线路交合重点区域布局5G通信设施,形成便捷高效的无人驾驶公交系统,提高智能交通管理水平。

——以集约化为重点,推进地上地下空间利用。以资源梳理为基础,合理布局资源开发,敦促各城镇由粗放型建设转为集约化运营,限制城镇无节制扩张,维护城镇生态平衡;以创新运营提升城镇综合实力,在景区、特色街、商业街、步行街等人流较大区域,实行人车分流,在车流量大、停车压力大的重点路段规划停车线,建设智能立体停车场;在新建小区和有条件的小区建设智能化的地下停车场或立体停车库,提高城镇土地空间综合利用能力,解决停车难、乱停放等城市"顽疾"。

【专栏6-1】

城镇内交通建设项目

加快推进项目:城镇路网优化项目(临夏市环城北路、积石山南滨河路、永靖太极北路至中环路、广河临园至沙坡大桥等交通干道建设,临夏市三十一路、三十二路等断头路拓通工程,无障碍通道和健康步道建设)。

重点推进项目:空间集约利用项目(八坊十三巷4A级景区、华寺西街广场、临夏市新华街广场等人车分流工程项目，临夏民用机场建设项目）。

创新规划项目：临夏市智慧交通体系建设、数字轨道项目建设、临夏市内环线试验道建设，争取积石山县、永靖县、康乐县通用机场项目。

2. 强化城镇间交通网络体系构建

——以"三生"空间优化为导向，推动城市公园环建设。以临夏市县为核心区，在周边5公里处建城市公园环，15公里处建郊野公园环，沿洮河、黄河、太子山通道建设国家公园环。

5公里环作为生活环，有效服务区域居民生活，推动外部要素的内向高效耦合和内部要素的有效交流；15公里环作为生产环，有效串联临夏市周边县城，如和政县、东乡县、临夏县、积石山县等县域的经济要素；最外部的生态环将黄河国家公园、洮河国家公园、太子山国家公园等景点串联一起，形成串联临县全域的自然风景游览廊道，并向外部辐射扩散。通过"三环"建设，将群众生产、生活、生态联系起来，形成内外双嵌、双向交流的环路系统。

——以"三生"空间融合为形态，强化城镇周边快慢通道建设。加强沿山顺水通道建设，按照慢行交通高品质标杆城市的标准，沿湟水河、洮河、大夏河，打造"快进慢游"旅游交通系统，建设安全、舒适、便捷、清洁的自行车道和健康步道，显现绿色人文新区品质；沿太子山建设扶贫通道，沿黄河建设生态保护通道，形成贯通海东和定西的扶贫通道、连接黄河上游的生态保护通道；建设沿洮河流域交通系统，形成连通临洮和永靖、北望兰州的经济发展通道。通过沿山顺水通道建设，推动沿黄经济体协同发展，打造黄河上游生态保护和高质量发展先行示范区。

——以通行高效为重点，优化城镇周边交通体系。以县城为节点，推动县城之间的快速通道建设，提升临夏州高等级公路占比，增强区域内部道路通行能力和效率；以临夏县市为试点，推动智能化的城市公交系统的建设，并以之为核心，衔接周边县城公交系统，打造临夏州全域高效通行的内部立体循环交通系统；以县城为中心，以周边乡镇为节点，加强城、镇、村综合交通体系建设，加快农村出行公交化步伐，实施危桥、涵洞、安全防护等路网结构改造工程，不断提高公路的抗灾能力和安全水平，打造城—镇快捷交通体系，统筹州城镇村一体化发展，实现基础设施的联通、公共服务的共享、要素的流通，有效破解城乡二元结构的羁绊；以智能化为导向，建设全域智能公共交通网络，以临夏县市为核心，周边县区为次中心，园区、乡镇为节点，融合全域公交设施，建立全域智能交通系统，通过智能交通系统终端，分享数据信息，实现车次查询、公交定位、车票预定等功能，提高居民出行便利度。

【专栏 6-2】

城镇间交通建设项目

加快推进项目：5 公里城市公园环建设（折桥—双城、四家嘴—三岔沟、临夏—鹦鹉嘴、临夏—东乡等部分路段）；15 公里郊野公园环建设（莲麓—大河家、银川—小关、S309 安临、和政—合作等公路部分路段）；国家公园环建设 [S34 双达线、莲麓—大河家、永靖—广河、永靖—和政、刘家峡—达坂、太阳岛—炳灵寺、临大公路等路段，力争建设永靖至大河家、永靖至广河、永靖至民和高速公路，广河至康乐至卓尼、康乐至和政的高等级公路项目，加速推动临洮（安家咀）至临夏一级公路、S36 临洮至康乐至广河、兰州至永靖至临夏高速公路，G248 巴下至虎关、G568 永靖至临夏等普通国省道项目]。

重点推进项目：广河—和政一体化数字轨道项目；S36 康乐至广河高速公路、永靖至大河家高速公路、永靖至临夏高速公路、永靖至民和高速公路（永靖段）、永靖至广河高速公路、康乐至和政高速公路等道路建设项目；东乡县 S230 达坂至三甲集段、唐汪至达坂等公路建设项目；临夏市环城北路、机场快速通道等建设项目。建好"四好农村路"，畅通农村"微循环"，加快推动兰合铁路、积极筹划临定铁路等项目建设，推进大河家至炳灵电站航运工程建设、黄河干流临夏州流域航道综合整治项目。

创新规划项目：沿太子山建设扶贫通道（包括莲麓—大河家扶贫道路、和政—合作、S34 双达、S322 吊滩—漫路等部分路段）；沿黄河建设生态保护通道（包括积石山银川—小关、S105 永大、太阳岛—炳灵寺等部分路段）；沿洮河流域交通系统（包括永靖—和政扶贫公路、刘家峡—达坂、S230 达坂—三甲集等主体路段）；全域智能公共交通网络，推动黄河三峡（兰州市陈官营至永靖）轨道交通建设项目。

——以便捷化为重心，强化区域流通体系建设。以临夏县市为核心、县区为次中心、乡镇为节点，打造核心—次中心—多点的全域物流系统，打造高效化、智能化、便捷化、高质化的物流输送系统；强化区域客货运交通枢纽建设，按照"零换乘"要求，将区域内航空、铁路、公交、长途客运、旅游小火车等交通优势资源整合，提高区域输送能力；实施客货联运工程，在核心城镇、产业园区和旅游景点新建客运枢纽，推动公铁联运枢纽建设，提升区域交通服务能力，对原有货运站进行改造，实施智能化运营提升工程，敦促不同货运站发挥比较优势、优化资源配置，实现错位互补式发展，依托临夏州各工业园区，建设综合性的货运枢纽站，实现设施设备、运输组织、公共信息等有效衔接。建好"四好农村路"，畅通农村"微循环"，完善公交车、出租车、定线客运等相互补充的城乡公共交通体系。

【专栏 6-3】

区域流通体系建设项目

加快推进项目：临夏市枹罕客运枢纽、临夏市折桥客运枢纽、临夏县土桥汽车站、东乡县达板镇客运站、东乡县河滩镇客运站、东乡县那勒寺镇客运站、康乐县客运西站、永靖县客运站、积石山县大河家客运服务中心、广河县三甲集镇三级汽车站等交通枢纽建设项目；临夏市公铁联运客运枢纽，对原汽车客运站实施提升改造工程，推动各县城及重点集镇客运站建设。

重点推进项目：临夏市铁路物流园区、临夏县黄泥湾镇货运站、临夏县双城货运站、大河家客运服务中心、广河县物流配送中心、广河县三甲集物流园区、广河县物流配送中心、康乐县城西物流园区等货运站建设项目。

创新规划项目：核心城镇的客货联运工程。

3. 推动城镇配套基础设施建设

——完善教育医疗设施建设。以全域城镇为建设重点，统筹州、县、镇三级医疗、教育体系，加强公共卫生防控体系建设，提升疾病预防控制能力；强化教育现代化建设，提高地区教育服务水平。以标准化为重点，推动全域医疗基础设施建设。健全城镇医疗设施，完善医疗配置，不断提高医疗基础设施水平，提高区域医疗保障水平。以协同化为导向，提高全域医疗协同能力。整合全域线上线下医疗资源，突出各自比较优势，建立合作伙伴关系，协同提高全域医治能力。以临夏州为核心，建设全域医疗信息管理系统，同步分享各县医疗资源，通过各县的"体检中心、医院扩容、能力提升、防控信息化、康养治疗中心、一站式医疗服务"等工程项目，增强临夏州医疗预警协防能力。以智慧化为导向，提升全域教育、医疗现代化水平。依托全域医疗信息管理系统，实时分享区域内医疗数据，有效衔接省内和省外的专业医院，在线引入高级医疗资源，提高区域医疗水平。以县级重点学校为中心，各镇级学校为节点，打造全域智慧教育系统，将区域内优质教育资源实时推送到系统中，免费向全域进行教育结构分享，提升地区教育水平。

——加快数字新基建建设。以全域城镇的数字新基建建设为重点，统筹全域力量，推动临夏州"数字城市"建设，并以之为契机，组织实施"宽带乡村"和中小城市基础网络完善工程。以智慧化为导向，强化数字新基建建设，实施临夏州5G基站建设项目、智慧社区项目、智慧教育项目、智慧医疗项目、智慧交通项目、数字农业平台项目、信用信息共享平台建设项目、"智慧停车场"项目、供排水"智慧水务"系统工程项目等。以数字化为重点，提高传统服务设施的智慧化水平，部署集热成像人脸识别视频监控（无感知测量体温）、报警柱、智慧井盖、智慧路灯、智慧停车场、智慧充电桩、智慧垃圾桶等物联网应用，开发社区住户水表、电表、暖表、气表，警务前端感知设备等的智能化系统，提高城镇服务水平。以绿色新基建为引领，加快推进绿色数字基础建设，以临夏州为试点，在公共基础设施中推广装配式建筑，通过示范效应，推动装配式绿色建筑的发展，探索农光互补等新能源发展模式，强化光伏电站运营维护与监管，稳步发展太阳能、生物质能等新能源和可再生能源，渐进式构建水、光、生等多能互补的绿色能源体系，打造社区智能微电网，最大限度地减少能源的消耗以及对环境的污染，为人们提供健康、舒适和高效的使用空间，与自然和谐共生的建筑物。

——推进全域电商平台建设。以全州的绿色电商建设为重点，统筹全域资源，突出比较优势，搭建资源智慧分享平台，推动临夏州"电商生态圈"建设，形成全域覆盖，城、镇、村、产业园有效衔接的电商产业链。以特色产业电商为核心，建设全域电子商务集聚中心。根据临夏州特色产业和企业资源基础，围绕临夏州电子商务发展总体目标，发动全域电商资源，形成以"电子商务服务业集聚"为支撑，以"特色产业电商转型"为核心，以"农产旅游O2O产业"为特色的三大智慧分享平台。以产业链延伸为重点，建立快捷高效电子商务综合服务系统。探索建立农村淘宝服务中心，鼓励传统农特产品依托各大电商平台开设网络旗舰店，形成全域产业链延伸的有效推动力；同时，依托物流中心园区物流仓储运输等设施，与各大生鲜农产品电商合作，打造临夏州生鲜农产品公共冷链仓配体系，依托区内高效物流系统，快捷串联全国市场。以特色馆为集聚核心，引进外部优质电商服务资源。以淘宝网"特色甘肃·临夏馆"为集聚核心，积极引进国内外优质电子商务企业，大力鼓励电商创业，打造电商服务业集聚区，加大阿里巴巴物流服务与电子商务创业基地、物流基地等一批电商园区建设，形成大电商服务集聚区，打造功能齐全、业态丰富、产业链完整的电商生态圈。

——强化协同应急防控能力建设。加快推动防洪治理项目，统筹疾控、医疗、医保、气象、应急等部门，建立以临夏州为主体、以七县一市为责任单位的临夏州公共卫生应急防控协同系统，强化部门联防联动机制建设，建立高效开放的协同应急体系，增强本地应急防控能力。以监测预警为导向，以临夏州为中心，建设全域覆盖的灾害监测预警体系，新建集应急救援中心、应急物资储备中心、公共卫生应急管理指挥中心为一体，全域覆盖的灾害感知数据采集平台，实现各信息共享和应急联动，打造全域覆盖的自然灾害监测预警体系，实现灾害自动判别、精准预警发布。在临夏州建设应急物资储备库、安全防灾教育培训基地，在广河县、东乡县、积石山县、康乐县、和政县、永靖县、临夏县建设综合应急智能指挥中心、应急避难场、物资储备体系、救援基地等工程项目，形成覆盖全域的综合监测预警系统平台。

——加快现代化海绵城市建设。以七县一市城镇的海绵城市建设和地下综合管廊建设为重点，统筹布局供水、供电、供气、信息、物流、防洪和垃圾污水处理等设施，着力提升城市资源环境承载能力。以现代化为导向，提高供水设施的智能化水平。加快城镇供水设施改造和应急供水、水质检测设施建设，切实提高城镇供水能力，保障居民生活用水安全。以县城为中心，实施城镇供水管网改造工程，强化智能自动检测和应急救援能力建设，降低漏损率，提高供水能力和节约用水管理水平。以无害化为重点，推进海绵城镇建设。加快实施污水处理厂污泥无害化处置设施项目，提高再生水利用率和污泥无害化处置率，以临夏县市城区为中心，各县县城为重点，实施排涝工程，建设城市地下综合管廊，有序推进海绵城市建设。以低能耗为引领，提高地区资源承载能力。加快推进城镇清洁能源建设，在有条件的城镇铺设供气管道，推广清洁能源，降低城镇能耗水平和废气、废物排放总量，提升地区资源承载力。

【专栏6-4】

城镇配套设施建设项目

加快推进项目：临夏州公共卫生应急防控协同系统建设项目；东乡苏会沟山洪沟道治理工程、巴谢河防洪治理工程、上沟村泥石流治理项目、达板镇关卜沟泥石流治理项目；实施林草病虫害防治与防火监测预警工程，生态环境及自然灾害综合监测预警信息化工程，自然灾害智能化实时监测工程，城镇地下管廊改造、排涝工程。

重点推进项目：应急物资储备库、安全防灾教育培训基地建设项目；广河县、东乡县、积石山县、康乐县、和政县、永靖县、临夏县综合应急智能指挥中心、应急避难场、物资储备体系、救援基地建设等工程项目；永靖县、和政县、东乡县、广河县中医医院建设项目；临夏州传染病区、标准化检验室、感染性疾病隔离点等及配套工程。

创新规划项目：全域医疗信息管理系统建设项目；临夏州"数字城市"建设项目；绿色数字基础建设项目；临夏州"电商生态圈"项目。

（二）强化城镇外向发展设施建设，提升对外协同发展能力

融入兰西城市群、关中城市群和成渝城市群经济圈，探索融会贯通新发展

格局的有效途径及方法。通过建设"四向四廊"战略性运输通道，打造区域性的综合交通枢纽，形成甘肃省新时代西部大开发战略南向发展的有效支点，推动形成区域优势互补、高质量发展的区域空间布局。

1. 构建经济圈交通体系

推动一小时经济圈体系建设。在临夏市和临夏县间，规划实施轨道交通工程，加快临夏市环北路建设，推动临夏市、县同城化发展，形成全州发展的核心区，将东源、北源等周边城镇纳入核心发展区。规划以临夏县市为核心的城镇直达交通体系，提升通行效率，形成以临夏县市为辐射核心的一小时经济圈。强化临夏州同周边的临洮、定西、夏河、同仁等县之间的道路建设，提高道路运输能力，形成以临夏州为核心的两小时经济圈。推动沿太子山旅游经济带、洮河经济带、兰郎公路经济带、刘家峡库区经济带"四廊"交通体系建设，形成连通经济带的快速交通体系，通过"双圈"和"四廊"建设，在甘肃南部形成一个具有明显聚集效应、具备一定竞争优势的地区性城市群。

2. 打造外向协同交通体系

——推动兰西城市群交通互联互通建设。依托甘肃省"两纵两横一枢纽"区域交通项目实施机遇，加快建设"兰临合"轨道交通，积极融入兰西城市群，加强与兰州国际陆港、国际空港对接，打造"一带一路"南向通道。开展临夏至定西铁路前期工作，借助兰州—白银都市圈通道、信息和开放优势，以打造兰西城市群重要节点城市为目标，加快改善基础设施条件，稳步提高城际互联水平，建立完善城市群协同发展的交通设施条件。

——融入国家"八横八纵"交通大通道。积极向国家部委争取，规划建设兰州—临夏—合作—九寨沟—成都高铁，积极融入国家"八横八纵"大通道建设。推动建设"四向"发展战略交通体系，北向对接兰西城市群、兰白经济圈、银川经济圈，东向通过临洮、天水、宝鸡等地对接关中城市群，南向通过对接成渝城市群积极开展与《区域全面经济伙伴关系协定》（RCEP）缔约方的合作，西向深化与青海省的经济合作，加强区域产业链供应链合作、共创后疫情时代"一带一路"发展新局面。着力打造"三纵四横一环"公路网、铁路轨道交通网、民用航空网，形成内通外联、城乡一体、安全便捷的综合交通网络体系。将临夏打造成甘肃省双循环新发展格局的重要节点，发挥区域比较优势，融入全球发展格局。

【专栏 6-5】

城镇外向发展项目

加快推进项目：沿太子山旅游经济带、洮河经济带、兰郎公路经济带、刘家峡库区经济带等"四廊"的交通体系建设项目；兰临合轨道交通建设项目。

重点推进项目：临夏市县轨道交通项目、兰临合轨道交通项目。

创新规划项目：一小时、二小时经济圈建设项目（临夏市县一体化轨道交通项目，临夏州至周边临洮、定西、夏河、同仁道路建设项目）；兰州—成都高铁项目；"四向"发展战略交通体系建设项目。

（三）加强城镇公共服务体系建设，提高城镇公共服务能力

以基层社区建设为重点，完善公共服务设施，下沉配套资源，推动全州社区综合服务建设，推进城乡公共服务均等化；以智能化为导向，推动智能化设施配套，加大育幼、养老服务供给，提升城市治理水平，推动城市政府向服务型转变、治理方式向精细化转型、配套资源向街道社区下沉，建设集基本和非基本公共服务等功能于一体的美好生活服务站，增强社区综合服务功能。

1. 健全城镇公共服务体系

——优化城镇服务设施配置。以全域城镇为建设重点，统筹街道、社区、乡镇、村等基层机构，加强配套便民设施建设，全力提高基层民众生活便利水平和智能化程度。整合小区资源配置，配给智能快件箱，优化现有的社区菜市场等便民设施的空间布局，加强城乡农贸市场一体化改造，推动基层社区（乡镇、村）配套设施建设。以便利化为重点，增大基层社区（乡镇、村）养老服务供给。以全域城镇为建设重点，扩大普惠性养老供给，协同区域医疗资源，探索社区养老、智能养护、智慧养老等新业态，实施全民健康保障工程。以贴心化为目标，增大社区幼儿园和托育服务供给。以地方政府机构为主导，建设城乡教育联合体，构建托儿托育服务体系，加强社会性托育机构管理。统一出台行业标准和规范，积极探索新型多元化托育服务新模式，提升区域托育服务保障水平。

——加强全民健身工程建设。推动强体健身圈建设。以各县市为中心,推动临夏州健康步道建设,在城市社区建设10—15分钟健身圈。推进建设县、乡、村三级公共体育设施网络,提高乡村体育设施覆盖率。一是建设城乡县域医共体。加快"互联网+医疗健康"发展,建立健全健康服务体系,保障未成年人、老年人、残疾人和流动人口等特殊人群的健康服务需求。提高精神卫生和心理健康服务保障能力。持续强化严重威胁群众健康的职业病、高原病、结核病、慢性病、地方病综合防控。完善青少年体质健康监测体系。二是发展传统、竞赛类体育活动或赛事。提高竞技体育水平,争取建设高水平体育训练基地。发展少数民族传统体育。三是促进健康循环步道系统建设。以临夏市县为示范点,在城区内,沿公园、景点、口袋公园、高密度居住区及商业区建设市内健康步道;城区外,沿太子山、黄河、洮河和大夏河建设沿山、顺水健康步道,同市内健康步道串联;将自然风景和城市景观有机衔接,形成贯穿东西、连通南北的步行通廊。沿线设置接驳出入口、上下健康步道,在不同节点设置健康打卡点、手机加油站,调动市民或游客参与积极性。

——鼓励民营力量参与公共服务供给。充分信任、依靠和保障多元社会主体力量全面参与公共服务的供给,取消在水、电、暖供给以及污水和垃圾处理等领域的不合理限制,规范推广政府和社会资本合作(PPP)模式。通过特许经营等方式吸引社会资本参与农村垃圾污水处理项目;探索建立垃圾污水处理农户付费制度,完善财政补贴和农户付费合理分担机制;以土地入股等形式,吸引品牌公共服务供应商进入临夏,提供不受行政区划限制的一体化服务;借助城镇联合办医办学模式,促进城乡融合示范小镇医疗教育服务水平提升;借助智慧城镇发展,借助网络和智能化基础,以远程化的卫健和教育服务先行,扩大城市优质公共服务资源向乡村覆盖。

2. 建设现代化生活服务站

推动公共服务资源配置均等化。以城乡融合发展为建设重点,构建融合发展平台,实现城乡一体化发展。探索城乡一体化就业的实践,建立城乡统一的就业失业登记制度、就业困难人员援助制度,优化就业市场环境,发挥人力资源服务产业园的集聚效应,有效优化和提升全州就业结构和质量;优化布局现有的社会保障资源,建立健全城乡一体化的社会保障体系,实现城乡居民养老保险、医疗保险全面并轨；全面推进农保转城保，全部纳入城镇职工养老保险体系，实现城乡养老保险并轨；建立城乡一体的最低生活保障制度、居民医疗保险和社会养老保险制度，解决落户城镇而集中居住的农民社区服务诉求，为进城农民提供社保和福利等公共服务。

【专栏 6-6】

城镇公共服务项目

加快推进项目：基层社区（乡镇、村）配套设施建设项目；基层社区（乡镇、村）养老服务项目；基层社区（乡镇、村）给排水建设项目。

重点推进项目：医疗机构标准化项目（推动临夏州传染病医院、东乡县第二人民医院、各县市综合医院传染病区、临夏州中医医院及各县市医养结合中心、永靖县中医院三期、东乡县中医医院、广河县中西医医院等项目建设，推进州县疾控中心、乡镇卫生院提升改造）；信息化服务水平提升项目（加快"互联网+医疗健康"发展，全面提升信息网络、大数据应用、互联网医院、远程会诊、可穿戴设备使用等服务质量和能力）；医疗应急救援能力强化项目（建设临夏州紧急救援中心，推进各县市医院应急医疗救治、血液中心、乡镇卫生院发热门诊和疫情防控等项目建设）；全民健身工程建设项目（建设临夏健康步道、全民健身中心、公共体育场、体育馆、游泳馆等项目）。

创新规划项目：托育服务项目；城乡就业统一登记项目；农保转城保项目；城乡一体化的社会保障体系建设项目。

第七章
强化城镇产业支撑

一、文化旅游业

(一) 发展思路与目标

1. 发展思路

通过发挥文化旅游产业在拉动消费、产业融合、提升环境、提升幸福指数等方面的独特优势,使其成为新型城镇化进程中城镇发展的核心引擎。以文化旅游业存量资源为基础,充分挖掘临夏文化底蕴,突出临夏州地方特色,开发市场价值高、具有一定影响力的增量旅游资源和产品体系。突出旅游品牌引领作用,以"花儿临夏,在河之州"为一级旅游品牌,以彩陶文化、石窟文化、地学文化、恐龙文化、民族及民俗文化、红色文化、黄河文化、生态旅游、乡村旅游、康养旅游、自然景观旅游等为二级旅游品牌,以地学科普游、民族民俗游、乡村田园游、康体养生游、城市休闲游、商贸文化游、红色爱国游等系列旅游产品科技赋能,黄河文化系列文创产品价值变现为三级旅游品牌,打造文化旅游品牌,突出"品牌驱动、旅游升级"的发展路径。以"州级抓全域引爆精品、县市抓支撑配套项目、乡镇抓特色亮点产品"为导向,坚持世界眼光、国际标准、临夏特色,将全州作为一个完整旅游目的地,进行统一规划布局,把文化旅游业融入新型城镇化发展全局,按照全产融合、全域统筹、全面创新、全景打造、全时布局、全民参与的"全域打造,做大做强"发展模式,突出特色、注重实效,构建生产美、生态美、生活美全域旅游新局面,实现旅游发展全域化、产业特色化、产品品牌化、服务规范化、环境优质化、效益最大化,推动文化旅游业转型升级、高质量发展,努力将临夏州打造成为国内外知名的花儿文化传承创新基地、世界级地质山水旅游目的地、丝绸之路黄河明珠国家文化公园核心区、全国乡村健康旅游目的地示范区、丝绸之路经济带黄金段上少数民族地区全域旅游示范区,实现文化旅游业为临夏州经济高质量发展的首位产业目标。

2. 发展目标

2021—2025年:以旅游引领新型城镇化建设,优先聚焦发展"一心双核三廊四区",按照全域旅游示范区创建验收标准和国家5A级景区复核标准,实施炳灵寺世界文化遗产旅游区国家5A景区、临夏世界地质公园及配套的重点项目建设,完成重点景区、节点城镇、乡村旅游的相关基础设施工程(主要包括道路、通信、电力、给排水、智慧旅游平台等)建设,提升旅游公共服务水平;加快旅游产品开发与提升;加强培养旅游管理和服务人才;加大"花儿临夏,在河之州"品牌宣传。通过打造旅游业健康发展的软环境,夯实旅游业发展的基础,树立良好的形象和口碑,形成一定的稳固客源。至2025年,实现"123456"创建目标,即1个国家级全域旅游示范州,23个4A级旅游景区,4个5A级旅游景区,5个旅游度假区,6个国家级全域旅游示范县。到2025年,全州旅游接待人数突破6000万人次,实现旅游综合收入300亿元,旅游业增加值占全州生产总值的10%以上,旅游从业人数达到20万人。通过发展旅游业提高农民素质,促进传统农民向现代市民转化,实现人的城镇化和现代化;通过发展旅游业特别是发展全域旅游,建设完善的基础设施和公共服务体系,使城乡之间真正实现了基础设施体系和公共服务体系的均等化;通过发展旅游业,带动乡村经济多元化发展,促进农村经济结构调整,促进农业增产、农民增收和农村发展;通过发展旅游业,挖掘地方文化、提升地方魅力,促进走特色化的城镇发展之路。

2026—2035年:全面推进文化旅游的景观环境体系、旅游产品体系、旅游产业体系、旅游基础设施和公共服务体系、旅游统筹管理体系等建设;加强市场营销力度,打响"花儿临夏,在河之州"品牌。通过全域构建和品牌拓展,做强做靓一核、做活做优双核、做精做美三廊、做大做强四区，实现"资源优化、时空有序、产业发达、产品丰富"的文化旅游发展格局，使临夏成为国内一流的文化旅游业示范区和国内知名的复合型文化旅游目的地，实现发展全季全域旅游、创建国家级全域旅游示范区、国家级旅游度假区和新增一定数量的5A级旅游景区的目标。

【专栏7-1】

临夏州"十四五"期间文化旅游"123456"创建目标

1个国家级全域旅游示范州：临夏州国家级全域旅游示范区（含临夏世界地质公园）。

23个4A级旅游景区：临夏彩陶博物馆、东郊公园、金色草滩乡村旅游景区、折桥湾、八坊牛乐园、刘家峡滑翔运动景区、太极岛湿地公园、抱龙山景区、关滩沟、龙首山、三岔沟景区、上王家田园综合体、齐家文化博物馆、广通湖公园、胭脂湖公园（已完成）、草长沟（已完成）、竹子沟、白桦林、莲花山、积石山民俗村、大山庄景区、盛世度假村、唐汪杏花村景区。

4个5A级旅游景区：炳灵寺世界文化遗产旅游区（已完成）、八坊十三巷、和政古动物化石文化旅游区、大墩峡景区。

5个旅游度假区：黄河三峡旅游度假区、北塬塬头旅游度假区、松鸣岩旅游度假区、草场沟旅游度假区、大墩峡旅游度假区。

6个国家级全域旅游示范县：临夏市、永靖县、临夏县、和政县、康乐县、积石山县。

（二）产业布局

结合临夏州区位、交通环境、旅游资源特色和分布情况、区域联动及旅游发展趋势，以"文化+旅游+城镇化"模式进行新一轮的布局，促进文化旅游业跨界融合，助推新型城镇化。以"山、水、路"贯通核心旅游资源，对区域内所有要素进行"横向、纵向、时间、空间、有形、无形"六维整合，构建

"一心引爆，双核驱动，三廊贯通，四区崛起，多点支撑"的"沿山顺水环路"文化旅游业空间布局（见表 2-7-1）。

依据空间布局和功能定位，打造"资源优化、时空有序、产业发达、产品丰富"的文化旅游产业业态。

表 2-7-1　　　　临夏州文化旅游业空间产业功能布局

空间布局		空间范围	产业发展重点	功能定位
一心引爆		临夏市域	（1）"花儿"文化 （2）文化创意产业集群 （3）民族风情城市休闲 （4）全域旅游服务综合集散服务	"花儿临夏"文化旅游核心区
双核驱动	黄河三峡大景区发展核	以刘家峡流域为中心，东北至黄河盐锅峡，西北至炳灵峡，辐射大河家镇	（1）文化产业（黄河源头文化、史前文化） （2）康体养生 （3）山水生态（松鸣岩风景名胜古迹区、药水峡水上游乐区、八路沟高山植物园区、槐山子梁森林景观区、小峡休闲度假区组成） （4）地质滨河型旅游（黄河三峡）	黄河文化创意旅游综合体
	松鸣岩古动物化石地质公园大景区发展核	包括松鸣岩公园和古生物化石国家地质公园空间范围	（1）生态观光（松鸣岩、法台山） （2）文化产业（化石文化、花儿文化） （3）婚恋产业链	世界级考古和科普示范区、中国首个琴瑟和鸣"花儿"的东方爱神园
三廊贯通	全景自驾漫游休闲长廊	沿太子山国家级自然保护区东北山麓，分别和康乐、和政、临夏、积石四县相接，东西长约 100 公里	（1）生态观光（莲花山、二郎庙、麻山峡、后东湾、扎子河、竹子沟、药水峡、新马太、寺沟、松鸣岩、法台山、铁沟、大湾滩、柳梅滩、三岔沟、槐树关、关滩沟、吊水峡、大墩峡等） （2）康养运动 （3）自驾游营地 （4）冰雪旅游 （5）温泉养生 （6）乡村旅游	"山、水、树、镇、村、景"为一体的全景生态康养休闲长廊

续表

空间布局		空间范围	产业发展重点	功能定位
三廊贯通	全时多彩花海梦幻长廊	经夏河县城东北流,过临夏市(核心区)后至康家湾的大夏河流域,全长203公里,流域面积7152平方公里	(1)花海(沿大夏河六十里牡丹花海) (2)大型综合型水上游乐项目(水疗、室内冲浪、水上乐园、水上比赛等) (3)绿色生态 (4)夜游观光	升级版"牡丹随处有,胜绝是河州"的全时多彩花海梦幻长廊
	全链商贸文化体验长廊	沿兰郎高速广河、和政、临夏市段,东起广河县三甲集,途径和政县,西至临夏市	(1)文化产业(茶文化、脚户文化、回商文化) (2)皮革毛纺及精深加工 (3)食品及民族特需用品 (4)创意陶瓷产品研发生产	"守护传承、文化自信"式全链商贸文化体验长廊
四区崛起	天上黄河康体养生体验区	包括永靖县、临夏县莲花镇及莲花码头、东乡县河滩镇及大河金沙湾	(1)康体养生 (2)体育产业 (3)生态观光 (4)文化体验(黄河源头文化)	集生态观光、时尚及高端体育运动、休闲度假及黄河文化体验等于一体的天上黄河康体养生体验区
	化石王国文化探源体验区	涵盖广河、和政、临夏县重要历史文化旅游资源	(1)古动物化石文化 (2)花儿文化(花儿艺术博物馆、花儿艺术中心实景演出) (3)齐家文化	集游客视、听、嗅、触通感盛宴为一体的化石王国文化探源体验区
	传奇东乡旅游扶贫示范区	东乡县全域	(1)旅游名村名镇(达板镇、唐汪镇、河滩镇、布楞沟村、马巷村、林家村) (2)旅游扶贫研学 (3)旅游扶贫干部培训	集两个基地(中国首个旅游扶贫研学教育示范基地、中国首个旅游扶贫干部培训示范基地)为一体的传奇东乡旅游扶贫示范区
	高原生态民俗风情体验区	以积石山县城为中心,北至保安三庄,南至乩藏镇	(1)生态旅游 (2)民族文化产业(保安族、东乡族、撒拉族) (3)民族工艺品(保安腰刀)	原生态高原生态民俗风情体验区

【专栏 7-2】

临夏州"十四五"期间文化旅游业"十大工程"

全域旅游发展工程。包括全面开展全域旅游示范区创建工作,加快构建"一心双核三廊四区多点"发展格局、打造全域旅游精品线路。

景区晋等升级工程,包括全力创建临夏世界地质公园,新建一批文化旅游精品景区,加快 A 级旅游景区和度假区创建步伐。

乡村旅游振兴工程,包括打造特色乡村旅游名镇名村,提升乡村旅游发展保障能力,增强乡村旅游文化内涵,发展农家乐和旅游民宿。

旅游基础设施提升工程,包括加强旅游景区通达能力建设、文化旅游基础设施建设、标识导视系统建设、智慧旅游系统建设。

文化铸魂工程,包括强化黄河文化研究弘扬,提升旅游文化内涵,打造历史文化名城名镇,加强文化遗产保护传承,加强红色文化资源开发利用,推动文化艺术创新创作。

"文旅+"融合发展工程,包括加快"文旅+"农业融合发展、"文旅+"工业融合发展、"文旅+"体育融合发展、"文旅+"研学融合发展、"文旅+"商贸融合发展、"文旅+"康养融合发展。

旅游要素配套工程,包括完善旅游住宿接待体系,完善旅游餐饮服务体系,系统开发文化旅游商品,创新发展文化旅游演艺。

旅游消费拉动工程,包括围绕"夜游有景"发展夜间经济,围绕"夜食有味"发展夜间经济,围绕"夜购有物"发展夜间经济,围绕"夜娱有乐"发展夜间经济。

旅游品牌宣传营销工程,包括拓展旅游客源市场,加强旅游宣传推介,创新旅游市场营销。

公共文化服务覆盖工程,包括持续推进基本公共文化服务标准化均等化,全面实施公共文化服务数字化建设,健全完善四级公共文化服务体系。

【专栏 7-3】

临夏州州级文化旅游业重点项目

基础设施项目：州美术馆附属设施建设项目、旅游扶贫大通道、临康和二级公路、临大二级公路、兰永黄河快速通道、市县快速通道、折达公路沿线观景台以及停车场、旅游厕所等旅游配套设施建设项目。

信息化建设项目：州文化馆智慧化升级改造项目、州图书馆智慧化改造升级项目。

文化保护项目：临夏"花儿"展演及非遗民俗展览中心建设项目。

（三）发展举措

1. 对照标准，全域打造

顺应国际及全国旅游业发展的新形势，用国家5A景区建设标准，高起点打造临夏文化旅游重点景区，精塑临夏州全域旅游核心吸引物。整合全州古生物化石及地质资源，"串联闭环"形成古生物化石地质画廊，整体打包申报国家5A级景区——临夏世界地质公园①，使之成为地标性旅游产品。

2. 文化为魂，精塑内核

以历史文化、民族文化及民俗文化为旅游产业灵魂，精塑河州多元文化价值内核，嫁接河州文化的旅游传播途径，发挥文化塑造精神家园和凝聚人心的作用；以社区博物馆等为平台，讲好临夏当代故事，增强文化自信。

3. 差异发展，区域联动

以市场需求为导向，按照"一体化考虑、差异化打造、个性化设计、市场

---

① 临夏地质公园以拟建兰州至永靖、永靖至临夏高速公路为连线，以刘家峡恐龙足印、黄河炳灵丹霞、炳灵寺石窟、八坊十三巷、彩陶博物馆、60里河州牡丹长廊、和政古生物化石、万兽谷景区、齐家文化博物馆等自然和人文景观为支撑景点，涵盖甘肃黄河三峡湿地省级自然保护区、甘肃刘家峡恐龙国家地质公园、甘肃和政古生物化石国家地质公园、甘肃炳灵丹霞省级地质公园、永靖吧咪山森林公园、临夏市南龙山森林公园、和政南阳山森林公园。总面积2120平方公里，地跨临夏市、和政县、永靖县、广河县、东乡县、临夏县等6个县市、66个乡镇、550个行政村，约116.6万人口。该公园地跨黄土高原干旱区、青藏高原高寒阴湿区两大自然区，地质区域处于祁连山与秦岭两个褶皱带，地理位置特殊。园内保存有丰富的地貌景观、地质剖面、古生物化石、水体景观等历史文化、自然景观，形成了丰富的生物多样性和生态多样性的珍贵资源。

化运作"的原则，强调旅游产品的差异性、独特性、唯一性和极致性，开发"人无我有，人有我新，人新我特，人特我强"的旅游产品。立足于全国、全省及当地经济社会发展的战略高度，以全域旅游开发带动县域内优势资源整合，建设与大部分热点景区结构性互补的升级换代产品。推进全域旅游发展区域合作，积极融入"一带一路"旅游大格局，深化东西协作及与省外旅游管理部门、重点旅游景区的合作，加强与省内其他大景区合作。

4. 居民参与，共建共享

以旅游名镇名村的打造为载体，激活市场发展主体，实现景区和城镇、乡村旅游的共建共享，把旅游业作为新型城镇化及乡村振兴的重要力量、重要途径、重要引擎，以旅游业带动乡村振兴，创造"游不离民，游不扰民，游民共处"的旅游目的地典范，实现景区、城镇、乡村一体互补互动格局。

5. 产业联动，融合发展

遵循产业发展规律，构建旅游业与文化、商务、体育、工业、农业、科技、卫生、金融、交通、气象等融合发展的大旅游产业体系，推动文化旅游与相关三次产业联动和融合发展，开发集听、赏、品、宿、享为一体的全产业链旅游产品，增强旅游核心竞争力。

6. 生态为本，绿色发展

坚持黄河流域环境保护理念，聚焦高质量发展，以标准化的管理，体现低碳、环保节约能源的新理念。通过生态资源的保护、利用和平衡，推动旅游参与生态规划，争取国家最大政策支持，获得更好的旅游产业经济效益，实现景区、景点与区域经济、生态环境整体协调发展。

【专栏 7-4】

临夏州旅游名镇名村规划打造名录

旅游重点镇：太极镇、三塬镇、杨塔乡、折桥镇、土桥镇、莲花镇、松鸣镇、达板镇、唐汪镇、三甲集镇、莲麓镇、八松乡、景古镇、大河家镇。

乡村旅游示范村：临夏市妥家村、后古城村、慈王村、王坪村、杨家村；临夏县新发村、新寨村、莲城村、卜家台村、朱家墩村、杨台村、关滩村、标山村、前川村；和政县狼土泉村、上王家村、三岔沟村、小滩村、石咀村、咀头村；永靖县下塬村、刘家村、城北新村、胜利村、南堡村、赵山村、塔什堡村；康乐县拔子沟村、岔路村、足古川村、马巴村、景古村、鸣关村；积石山县康吊村、河崖村、斜套村、强滩村、韩陕家村、前庄村、肖红坪村、高关村、后沟村；东乡县马巷村、河沿村、祁杨村、三塬村、大塬村、梅滩村、周家村；广河县马浪村、中寨村、钱家村、新民村、红星村、牙和村、大庄村。

二、现代农业

（一）发展思路与目标

1. 发展思路

按照"因地制宜、重点突出、核心培育、融合发展"的思路，坚持"产业集群化、产品品牌化、品质道地化、经营体系化、生产智能化"的发展原则，以临夏优质的水土资源禀赋、天然的气候条件为依托，按照"安全绿色、优质高效、综合输出、产业链通"总体要求，遵循"强本培新，品牌塑造"的发展路径，重点打造"牛羊菜果薯药菌"七大特色产业。持续扩大食用菌、中药材、高原夏菜、经济林果、观光农业、百合、花卉等特色种植业，大力培育先进育种、藜麦种植、新桑产业、"花+"经济等新兴领域，全面推动畜牧产业持续发展。坚持"粮食安全、农民增收"的农业发展基本，打造"企业出动力、品牌出内力、融合出活力"的高质量发展模式，以种植、加工、文化、研发、服务融合和品牌化推进为重点，发展壮大现代农业。

2. 发展目标

2021—2025年：现代农业"四化"建设模式初步形成，农业循环化发展水平提高，优质化、规模化、现代化农业体系初步构建。推动实施现代丝路寒旱农业优势特色、产业三年倍增行动计划。着力发展"牛羊菜果薯药菌"特色产业带和藜麦、花卉片区。打造以赤松茸、羊肚菌、黑木耳、双孢菇、香菇为主的食用菌生产基地，以设施蔬菜、高原夏菜、高原秋菜为主的蔬菜生产基地。

成功创建 1 个国家级现代农业产业园，每个县（市）至少建成 1 个省级现代农业产业园，认定州级现代农业产业园 200 个以上。初步形成"两廊三区、六大园区、七大特色产业"的产业格局，食用菌中药材蔬菜等特色种植业、畜牧产业均成为百亿级产业。力争全州农产品加工转化率达到 55% 以上。把临夏州打造成全国特色农产品优势区。

2026—2035 年：农业"四化"产业模式成熟完备，农业同各类产业相互融合，形成大农业产业格局，打造农业产业链模式典范，树立标杆，构建农村生产生活生态统筹新模式，农业总产值达到 200 亿元以上。

（二）产业布局

依据"一乡一品""一县一业""一县多园""连乡成片""跨县成带""集群成链"的优势特色产业发展思路，构建"两廊三片"（沿太子山、莲花山特色优势农业廊道，沿黄河、洮河、大夏河、广通河流域及兰郎公路沿线川塬灌区廊道；永靖关山百合种植片区、和政—康乐食用菌种植片区、临夏王坪河州牡丹种植片区）、六大园区（临夏经济开发区、甘肃临夏国家农业科技园区、东乡经济开发区、广河经济开发区、永靖工业园区、和政循环经济园区）、七大特色产业、"一县一特色"（康乐牛肉、广河羊肉、和政啤特果、临夏市牡丹、临夏县高原夏菜、东乡花椒、积石山油菜、永靖百合）的现代农业产业布局（见表 2-7-2）。

表 2-7-2　　　　　临夏州现代农业产业布局

空间布局		产品名称	重点发展区域
两廊三片	沿太子山、莲花山特色优势农业廊道	饲草料	积石山县、临夏县、康乐县
		油菜	和政、康乐、积石山、临夏县
		菌类	康乐县、和政县、临夏县、积石山县（太子山廊道）
		中药材	康乐县、和政县
		牛、其他养殖业	临夏县、康乐县
		牛羊养殖业	广河县、东乡县
		啤特果	和政县

续表

空间布局		产品名称	重点发展区域
两廊三片	沿黄河、洮河、大夏河、广通河流域及兰郎公路沿线川塬灌区廊道	辣椒	和政县、积石山县
		西红柿	永靖县、临夏县
		核桃	积石山县
		玉米	临夏县、永靖县、和政县、广河县、康乐县
		高原夏菜	永靖县（川塬）、临夏县（北塬）、临夏市（城郊）
		马铃薯	东乡县、积石山县
		草莓	永靖县
	永靖关山百合种植片区	百合	永靖县
	临夏王坪河州牡丹种植片区	牡丹	临夏市
	和政—康乐食用菌种植片区	食用菌	和政县、康乐县

（三）发展举措

1. 壮大特色优势农业

以"牛羊菜果薯药菌"等特色产业为支撑，以"五小"产业为补充，逐步构建现代丝路寒旱农业体系，加强"三品一标"建设，打造一批知名度高、竞争力强的"甘味"知名农产品。大力发展草食畜、设施蔬菜、优质林果业，引导农业向优质化、规模化和现代化方向发展。

草食畜牧业领域推近全产业链延伸，推进万头（只）畜禽饲养强镇、千头（只）畜禽饲养强村建设。以康乐县、广河县、临夏市、临夏县为重点，建设辐射带动全州的肉牛产业带；以建设广河县、东乡县、积石山县及临夏县、临夏市为主的甘肃省肉羊产业集群为重点，建设辐射带动全州肉羊产业发展，以永靖县、临夏县北塬镇、康乐县、广河县部分区域为主，建设蛋肉鸡生产基地；以永靖县、临夏县为主，建设瘦肉猪生产基地；以刘盐库区为主，建设冷水鱼养殖基地。

稳步扩大高原夏菜、树莓种植面积，因地制宜种植高产油菜、特色林果、艾草、高附加值杂粮、花椒等调味品植物。在成功试种藜麦的基础上，适当扩大规模。

实施农产品加工提升行动,加快发展一批农业产业化龙头企业,推进更多农产品就地加工转化增值。进一步加强地方品牌产品的宣传、培育和保护。

2. 抢占农业新兴领域

利用临夏现有资源特色,强化创新引领,突出集群成链,引进和培育一批农业创新创业主体,着力农业产业链上下游渗透和横向扩宽,强化农业全产业链能力。依托临夏州油菜、土豆、玉米等作物生产优势,主动向上游发展,布局油菜、玉米、土豆育种产业。依靠临夏州水土气候特色,以环刘家峡库区为起点,探索发展新桑产业、"花+"经济,构筑生态造林与经济增长新的融合点。

【专栏7-5】

新桑产业与"花+"经济

新桑产业

不同于传统用于蚕养殖的桑树,经过现代技术定向选育的新型桑树品种,具有多种食、药或生态价值。沙地生态桑具有抗寒、抗旱、抗盐碱的特点和极强的适应性,根系发达,对土壤要求很低,是水土保持及沙漠和戈壁治理的优良树种。蛋白桑干桑叶中含有25%~35%粗蛋白、20%~25%碳水化合物,在科学管理下,一次种植可以连续采收50年,每次收割后新枝叶萌发仅需一周时间,每年可收割3~12次。其桑叶可用于高档饲料,在改善禽畜肉蛋品质的同时,能够增强禽畜抵抗力,可大量减少抗生素的用量。药桑中的生物活性物质具有降血糖、降血压、降血脂、润肠道、延缓衰老等多种保健功效,特别是其中独有的"野尻霉素"对治疗糖尿病有独特疗效,其枝叶可用于生产桑叶茶、桑芽茶,桑枝可在粉碎后用于培育当前抗癌效率最高的真菌——桑黄菌。大果桑果实即桑椹,为药食同源的第三代水果之王,可用于制造桑椹酒、桑汁饮料及桑果酵素等多种高附加值产品。目前包括沙地生态桑、蛋白桑、大果桑在内的多种新桑品种已在全国各省均有规模不同的种植,我省河西走廊目前种植规模较大。

"花+"经济

在发展观赏用花卉产业的同时，充分挖掘花卉植物价值，通过萃取制造花精油、花籽油、花香料、花茶料等各类产品，拓展花卉用途，并进一步延伸至下级产品制造和关联服务产业。花精油是从花朵中提取的天然芳香油，在广受女性喜爱的芳疗服务中，花精油是最为关键的耗材，在天然护肤品、香水中则是重要的组成部分；花籽油是从花籽中提取的食用油，如牡丹花籽油因含不饱和脂肪酸90%以上，被视为最健康的食用油脂；花香料是从开花植物的不同部位中提取的芳香化合物，在人们对天然原料愈加追捧的当下，日渐成为食品工业及带香类产品制造业中最为重要的调香添加剂之一；花茶则因其香味独特，具有安神醒脑作用而受到年轻人的欢迎。

由于花卉产品对原料新鲜度具有较高依赖性，因此许多花精油、花籽油、花香料、花茶料等产品的制造都追求在花卉产地完成，由此将花卉产业从单一的种植、观赏服务扩展到了制造业领域。同时，新鲜的花精油也是最好的芳疗用品，因而在花卉和花精油产地，芳疗产业的发展也具备了天然的优越性和较高可行性。再进一步，如何将花精油制造、芳疗按摩和文旅、康养产业融合发展，拥有着极为可观的想象和探索空间。目前，临夏州花卉产业已经具备了较为雄厚的发展基础，在观赏花卉的发展上处于西部领先地位，同时临夏旅游也已经具备了相当知名度，通过扩展花卉产业链条，让临夏做到"文有花儿剧，物有花产品"，真正成为名副其实的"花儿临夏"。

3. 做强现代设施农业

建设以永靖县川塬区、临夏县北塬镇、临夏市城郊区等为主的设施蔬菜生产基地，沿黄河、洮河、大夏河、广通河流域及兰郎公路沿线川塬灌区，重点发展短季节速生露地蔬菜、高原夏菜和时令鲜蔬，推广高产高效综合配套技术，进一步优化种植业、养殖业"规模化连片生产、循环化双向互动"的循环发展模式，推广高标准建造技术和集成配套生产技术，提高产品质量和效益，形成规模化绿色生态农产品生产加工基地。

4. 推动农业农村深度融合

促进现代农业前延后伸、横向配套、上承市场、下接要素，构建紧密关联、高度依存的全产业链；推进农业与休闲度假、旅游观光、健康养老、文化创意产业融合发展；建设生态农业田园综合体，积极发展乡村共享经济、创意农业、特色文化产业，以合作社为纽带发展农家乐、乡村民宿、采摘园等休闲旅游项目，从而打造乡村产业发展高地，建设乡村产业集群。

5. 构建现代农业品牌体系

从获取荣誉称号、打造示范县（市）、入选农产品地理标志名录等方面进行产品品牌建设。从生产区域范围、外在感官特性、独特的产品品质、人文历史、社会认知度、发展潜力和市场需求等方面全面打造临夏牡丹、和政啤特果、永靖关山百合、刘家峡红枣、刘家峡草莓、积石山（大河家）核桃、康乐牛肉等名优特产品品牌体系；按照"永靖模式"在临夏州各县市开展全国生态农业示范县、全国农业标准化示范县、全国无公害农产品标志推广与监管示范县建设，推进"甘味"农产品品牌建设。

6. 夯实农业科技园区建设

做大做强临夏县国家级农村产业融合示范园、和政百益农村产业融合示范区、广河县国家级绿色发展先行区。在此基础上，以甘肃临夏经济开发区、甘肃临夏国家农业科技园区、东乡经济开发区、广河经济开发区、永靖工业园区、和政循环经济园区六大产业园区为载体，融合临夏州产业发展，凸显农业产业的提质增效。园区建设定位依次为：甘肃临夏经济开发区，重点发展临夏特色美食加工；甘肃临夏国家农业科技园区，重点发展蔬菜、花卉、果品等特色种植；永靖工业园区，重点发展绿色食品及农副产品加工；东乡经济开发区，重点发展特色食品加工和牛羊肉配送；广河经济开发区，重点发展淀粉加工、茶叶加工和集散；和政循环经济产业园，重点发展绿色农副产品。

7. 促进农业建设主体升级

推广甘肃临夏国家农业科技园区等农业园区成功经验，转变农业经营思路，将过去以农户为主体的农业发展模式转变为以企业和合作社为主，借助企业和集体力量提升农业生产规模化与标准化程度，通过物力和人力资源的集中抬升农业技术、管理、经营创新能力，促进农业高质量发展。

【专栏 7-6】

现代农业重点项目

农业产业化联合体项目：支持建立以产业园区为单元，园区内龙头企业与基地农民合作社和农户分工明确、优势互补、风险共担、利益共享的中型产业化联合体；鼓励形成以龙头企业为引领，农民合作社和家庭农场跟进，广大小农户参与，采取订单生产、股份合作的小型产业化联合体。

临夏县第一、二、三产业融合发展先导区建设：根据国家《2021年乡村产业工作要点》，以甘肃临夏国家农业科技园区为载体，培育生产、加工、流通、物流、体验、品牌、电商于一体的现代农业产业集群，打造现代农业发展高地，争取国家第一、二、三产业融合发展先导区认定。

和政现代油菜育种基地项目：推动国家现代种业提升工程在临夏落地，以油菜育种为主要方向，在和政县布局油菜制种育种基地，同步开展制种育种大县的建设和申报。

有机肥替代推广项目：把握2021年国家有机肥替代化肥试点向黄河流域倾斜的机遇，在州内各农业产业园全面推进有机种养植替代，以去化肥、去抗生素为重点，到2025年实现园区有机种养殖产物占比达到70%的目标，成功进入国家有机肥替代化肥试点名录。

食用菌生产基地项目：围绕区域资源禀赋，大力发展食用菌、蔬菜、中药材产业，打造以赤松茸、羊肚菌、黑木耳、双孢菇、香菇为主的食用菌生产基地。

三、食品与民族用品加工业

（一）发展思路与目标

1. 发展思路

立足国内国际双循环发展新格局，抢抓国家"一带一路"发展机遇，以"双循环引领，品牌塑造"为发展路径，以建设绿色原材料保障基地为依托，充分发挥临夏牛羊肉、高原夏菜、林果业、皮革、非遗手工技艺等独特的地理标识和品牌优势，以产业园区为产业集群平台，培育壮大一批起点高、规模大、带动能力强的龙头企业。充分发挥科技对产业发展的支撑作用，通过加强技术改造、兼并重组、新产品开发，推动特色食品精深加工和产业链整体升级；保护与传承民族文化，实施文化与科技、文化与民族用品深度融合，延伸开发皮革毛纺高附加值产品，传承发展手工地毯、民族刺绣、砖雕、木雕等手工技艺；实施商标品牌战略，不断拓展国际国内市场，形成规模、提升效益，努力建设面向中西亚、中南亚、中东欧的食品和民族用品生产供应基地。

2. 发展目标

2021—2025年：以基础夯实和产业培育为核心，通过调整产业结构、建设绿色原材料保障基地、引进现代工艺和生产流程，实施农产品和民族用品加工业提升行动，加快发展一批食品和民族用品加工业龙头企业，推进更多农产品、初级工业品就地加工转化增值，至2025年，实现食品和民族用品生产的规模化、集约化、产业化，食品和民族用品生产占GDP的比重提高到5%。

2026—2035年：以扩大品牌影响力为核心，引导产业向绿色生态高质量方向发展，打造具有全国性知名度的食品和民族用品集聚区，提高服务质量，扩大产业的品牌集聚力、影响力和辐射力，至2035年，食品和民族用品生产占GDP的比重提高到9%。

（二）产业布局

如表2-7-3所示，依据特色优势产业、主导产业项目向园区集聚、产业链延伸、品牌化和差异化发展原则，构建食品与民族用品"三带"产业布局，即大夏河集中发展带（以临夏经济开发区、临夏国家农业科技园为主）、沿洮河集中发展带（以广河经济开发区、东乡经济开发区、达板易地扶贫搬迁后续产业园为主）、沿兰郎高速集中发展带（以广河经济开发区、和政循环经济产业园区为主）。

表 2-7-3　　食品与民族用品产业布局

空间布局	主要产业（产品）	重点发展区域（产业园区）
大夏河集中发展带	牛羊制品	临夏市、临夏县
	雕刻工艺品（砖雕、木雕、雕刻葫芦）	临夏县
	手工艺品（刺绣、布鞋）	临夏县
	民族毛纺织品（精纺纱、地毯、挂毯）	临夏市、临夏县
	饮品（乳制品、果汁饮料、口服液）	临夏市、临夏县
	农副食品（干酪素、酪蛋白、清真鸡肉、豆制品、面点类、糖果类、速冻食品）	临夏县、临夏市
沿洮河集中发展带	牛羊制品	康乐县、广河经济开发区、东乡县
	皮革毛纺	广河经济开发区
	民俗用品	东乡县
	农副产品加工	东乡县
	针织品	东乡县
沿兰郎高速集中发展带	皮革制品（地毯、皮鞋、箱包）	广河县
	食品	和政县、广河县
	饮品（啤特果、蛋白饲料）	和政县
	乳制品	和政县
	民族用品（烤箱）	广河县

（三）发展举措

1. 引进国际国内先进生产工艺和技术

针对地毯、民族刺绣、砖雕、木雕、皮革制品以及其他民族用品加工业工艺和技术改造，加大引进国际国内先进生产工艺、技术和设备，促进产业结构优化，延长产业链条，以品牌引领和提升产品品质、影响力和市场竞争力，开拓国际国内市场，扩大出口规模。

2. 传承发展民族民间手工技艺

以地毯、民族刺绣、砖雕、木雕等手工技艺为重点，传承发展民族民间手工技艺，加大少数民族特需用品开发深度。

3. 制定民族特需用品生产标准

针对保安腰刀、藏式烤箱、特色毛纺织品等具有较大市场空间、较容易制定统一产品标准和生产标准的民族特需用品，以有利于提升品质、便于生产和流通为目的，综合考虑民族生活习惯、历史沿革、技艺特色、文化内涵，由州内相关领域从业企业联合开发制定相关产品标准和生产规范，并争取形成行业标准和国家标准。

4. 从单一产品消费转向场景体验消费

挖掘民族特需用品产品自身及生产制造过程所传达的文化价值和文化体验，结合民族地区生态环境保护和文化传承保护，扩展民族特需用品消费模式，引导少数民族特需用品从单一"造物"到"造生活"的转变，以民族特需用品生产和使用过程所营造的异域生活风情塑造场景式消费，利用传统技艺体验、传统生活感知等角度充分挖掘民族特需用品文化附加价值。

5. 完善食品安全溯源体系

建立健全包括产地环境和产前、产中和产后的全过程质量检测体系，不断完善食品质量安全体系建设。运用信息化手段，建立电子商务产品质量追溯制度。打通食品、物品生产、检验检疫、监管和消费各个环节，为消费者提供全面、透明、统一的溯源信息服务，实现"源头可溯、去向可查、责任可究"，让消费者放心消费。

6. 坚持绿色经济发展模式

以"项目向园区集中，产业链在园区拉长，科学发展和绿色经济在园区实现"作为经济产业园区建设思路，发挥兴强、雪羚、宏良、鑫国源、青韵等企业的龙头带动作用，大力发展绿色、生态食品加工，逐步形成优势突出和特色鲜明的绿色食品产业经济带。

【专栏 7-7】

食品与民族用品加工业重点项目

保安腰刀标准编制项目：由政府、制造企业、外部智力资源三方合力，编制保安腰刀工艺与质量标准，推动形成行业标准和国家标准，塑造产业核心竞争优势。

清真食品国际认证项目：积极推进清真食品国际认证工作，加快清真食品国际认证中心和专业研发队伍建设，制定完善的清真食品行业标准和认证工作规程，打造甘肃乃至全国主要的清真食品生产基地。

食品与农产品溯源体系开发项目：由政府牵头，行业共同开发，打造以二维码标签为载体的溯源体系。鼓励企业采取通过多维度创新性营销方案，让消费者由不扫码、被动扫码变为主动扫码，进一步提升食品安全溯源运转体系的有效性。

四、美食服务业

（一）发展思路与目标

1. 发展思路

以州内美食原料为依托，以特色化为底蕴，充分利用州外原料资源，以"美食资源融合"为主要发展路径，大力发展满足多层次、多样化、安全健康消费需求的美食服务业，推动临夏美食的人文和风味特色与标准化、规模化、连锁化的融合发展，营造健康美食业态，打造西北以"河州味道"为核心的美食重镇。集中行业智慧推进美食标准化和认证体系建设，形成品质稳定、不断创新的美食业发展格局。推进特色餐饮街、餐饮店的建设，形成标识鲜明、特色浓郁的临夏美食服务业载体。鼓励和支持临夏知名餐饮企业在州外开展连锁经营，扩大临夏美食的影响力和市场占有率。推动餐饮人才培育、食品安全认证等支持产业升级的配套设施和服务体系。

2. 发展目标

2021—2025年：扩大美食服务业规模，将临夏美食服务业建设成百亿产业，餐饮业就业规模在2020年基础上提升70%，餐饮业整体服务水平显著提升，新增20家以临夏特色美食为主打的"河州味道"旗舰店，新增8个以临夏特色美食为核心产品的"河州味道"连锁品牌，通过认证发展100家"河州味道"认证店。美食成为临夏百亿级产业和临夏文化的金牌名片之一。

2026—2035年：连锁化经营成为临夏美食服务业基本形态，美食产业整体形成创新与传承并进、风味与服务俱佳、时尚与特色齐鸣的现代餐饮业形态。临夏知名餐饮企业在州外开展连锁经营的规模、层次、影响力进一步提升，美食服务业成为解决临夏就业，带动文旅、食品加工、农业种养殖高质量发展的特色产业之一。

（二）产业布局

构建市县为主、景区协同、州外连锁经营的美食服务业空间布局。在临夏市、临夏县核心区及其他六县中心城区构建以美食街为主的空间载体；在州内各景区内或相近景区间设立美食区，丰富景区功能和服务元素；临夏知名餐饮企业在州外扩大连锁经营。

（三）发展举措

1. 构建多层次临夏美食品牌体系

科学设计配套品牌标识，鼓励餐饮企业和商户共享共建美食品牌，建立以"河州味道"为一级，以"东乡手抓""康美牛肉""河州牛肉面""河沿面片""河州包子"等为二级的美食品牌体系。以餐饮品牌带动美食及相关产品或品种的开发与销售，以品牌信誉促进招商引资，扩大经营规模，提高美食研发能力和经营管理水平。

2. 推动临夏美食标准的建立和认证

对已经具有广泛知名度，形成了一定市场规模的传统美食，以提升品质、包容创新为原则，就制作技艺、工艺、原材料、服务规范等方面制定行业标准。由政府和行业智库共同组建认证机构、开发认证方案，对符合标准的餐饮店和美食商品允许其使用以"河州味道"为主的公共品牌。

3. 打造体系化特色美食平台

构筑以"河州味道"示范店为核心载体，"河州味道"认证店和连锁店为主要组成部分的河州美食平台。鼓励有实力的餐饮企业开办特色美食旗舰店，并通过认证进入示范店行列，以高端美食服务拔升临夏美食业高度。鼓励商户或企业联合组建连锁店、认证店等标准统一、品质良好的特色美食平台，推动美食和服务品质一致化，提升行业整体服务水平，塑造临夏美食服务业新形象。

鼓励在外地的餐饮企业通过认证进入临夏特色美食体系，在临夏州以外地区提供临夏特色美食服务，扩展"河州味道"知名度。

4. 强化美食业发展的人才支撑

学校教育和师徒传承并重，壮大美食服务业人才队伍。一方面着力在州内职业院校开办餐饮服务业相关专业，积极发展烹饪中等职业教育和烹饪高等教育，通过产学结合、校企结合培养符合社会需求的高素质餐饮人才；另一方面允许和鼓励传统美食技艺师徒、家庭传承，通过基于美食标准的认证工作对传承美食技艺并从事美食工作的人才进行认定，帮助和推动其取得国家相关职业资格认证。推广餐饮业职业经理人制度，开展餐饮业职业经理人认定和技能大赛等活动。探索与外地餐饮专业学校合作建立临夏特色美食班，与餐饮业龙头企业合作建立临夏特色美食人才培训基地。

【专栏 7-8】

美食服务业重点项目

临夏美食标准编定项目：由政府、餐饮企业、外部智力资源三方合力，率先在"东乡手抓""康美牛肉""河州牛肉面""河沿面片""河州包子"等领域开展工艺、技艺、质量方面的标准编定工作。

临夏特色美食认证项目：由政府牵头，号召州内餐饮服务行业龙头企业共同参与，构建特色美食行业协会，以协会为主体注册"河州味道"等公共品牌，使之成为临夏特色美食认证机构。

五、先进制造业

（一）发展思路与目标

1. 发展思路

以沿黄沿洮经济带建设为依托，以园区工业为载体，以"龙头启动、多域扩展、全维晋级"为发展思路，以"智慧赋能，内生外引"为发展路径，依据临夏现有制造业基础，借助近兰区位优势，以工业4.0智能化改造为手段、龙头企业内部升级为过程，推动现有制造业龙头企业率先实施信息化、自动化、智能化、柔性化、生态化改造，进一步强化先进制造业龙头企业的技术升级、运营模式创新、智能化管理，形成特色产业链、产业群、产业带、产业园，提高产业聚集效应。积极引进国内世界500强企业以共享共建、产业承接等形式，入驻临夏，共襄临夏先进制造业的发展和腾飞。

2. 发展目标

2021—2025年：推进制造业龙头企业实现现代制造升级，铸就临夏州制造升级的技术和动力核心。促使源于先进制造的产能超过全部装备制造业产能的40%。州内先进制造企业数量达到30个，形成先进制造领域人才群，制造业龙头企业的人才占比在现有基础上提升20%。带动制造业企业利润提升20%，员工人均收入提升40%，不断催生先进制造领域岗位需求。建成一个先进制造设计与研究共享技术中心。开发并建设完成一个园区共享的先进制造体系与平台。

2026—2035年：促成制造业信息化、自动化、智能化、柔性化、生态化升级全维覆盖、全链贯通，促进先进制造边界不断延展，打造先进制造业与城乡发展动态融合的高质量发展模式。

（二）产业布局

依托现有制造业的基础，形成以临夏市和临夏县为中心，以沿黄沿洮四个省级经济开发区、和政循环经济产业园和州级工业集中区等工业园区为多个重要节点的先进制造业多点布局。优先在临夏市和临夏县工业核心区以及广河经济开发区开展先进制造业升级，中远期在全州各个制造业园区推进先进制造业的布局优化。

（三）发展举措

1. 推动产品价值链高端化发展、产业集群化发展

培育壮大兰亚、福禄海、凯迪斯等龙头企业，加大招商引资力度，引进新技术、新产品、新业态、新模式，促进企业绿色化、数字化、智能化改造，深化院企科研合作、提升企业自主创新、推进科技成果转化、推动产品价值链高端化发展、产业集群化发展。

2. 打造新材料与皮革两大特色先进制造示范板块

采用政府引导、园区主导、多企业共同参与模式，州内各工业园区就新材料和皮革产业开发建设园区共享的先进制造平台，提升多企业协同创新水平，在订单分包、研发设计、生产制造、供应链与物流、营销创新、金融支持等方面形成快速有效的智能化通路，实现新材料和皮革两个特色产业先进制造的先行先试。

3. 构建创新共享的开发服务平台

利用州内制造业企业自身智能化升级过程所积累的智能化建设人才、设备及技术能力，建立独立运行的先进制造开发与服务平台。鼓励完成先进制造升级的企业将内部先进制造管控业务独立化，从部门管理向独立分公司转变，利用市场化机制提升服务效率和水平。引导州内先进制造服务机构整合，扩大服务范围，提升技术底蕴，为区域先进制造领域竞争力提升提供专业化服务。

4. 推动先进制造与临夏创新发展的深度嵌入

在城市建设的建材、设备需求等方面优先对先进制造企业开放，形成即时订单、即时生产、即时运达的智能化供需快速一体化。推动先进制造平台与智慧城市平台数据融合，对水、电、气供应及噪音、废水、废气的产生进行企业内外统一管控。通过平台融合向制造企业提供即时动态的水、电、气价格，向单位产量耗水、耗能优异的企业提供实时动态的水、电、气价格优惠。通过智慧城市大数据，制定物流运输方案，改善企业运输效率和安全性。借助先进制造平台细化企业用人需求，形成实时化需求清单，注重对临时工、兼职、自由职业者的需求，对接城市工作信息发布，扩宽企业用工类型，提升用工效率，改善临时工、自由职业者的务工与工作途径。对接先进制造与物流监管及质检监管，建立形成城乡供应追溯渠道，对州内企业生产商品实现全过程可追溯，对外来商品实现州内过程可追溯，提升产业供应的安全性。

【专栏 7-9】

先进制造业重点项目

园区制造业智慧升级改造项目：在广河经济开发区工业园区内，开发建设园区共享的先进制造平台，打通新材料与皮革制造领域的设计、制造、物流、销售、服务的智能运营链路。

先进制造服务中心建设项目：州政府、园区、先进制造业龙头企业共同出资，注册组建先进制造研究院，以园区空间为载体、企业技术人员为资源，形成面向州内各个制造业企业的先进制造领域专业智力服务机构，提升协同创新效能。

六、通道物流业

（一）发展思路与目标

1. 发展思路

充分发挥丝绸之路经济带黄金段区位优势、文化和传统商贸优势，紧紧抓住临夏民用机场、兰合铁路、临循高速建设为临夏州带来的重大历史机遇，着眼打通面向西北、西南的物流通道，破解临夏贯通青海、西藏、四川的物流瓶颈制约，承接商贸物流出城入园、城市功能转移，以临夏市和临夏经济开发区为中心，以沿兰郎高速廊道通道物流产业建设为重点，以其他物流园、商贸中心（交易市场）建设为补充，以"全链贯通，智能覆盖"为发展路径，加快物流基础平台智慧化建设，完善全链交通枢纽通道物流集散功能。建设大型仓储和配送中心，推动三甲集镇（广河县）、和政县物流片区共同组成临夏物流轴带，辐射带动周边区域。改造提升一批综合市场和专业批发市场，积极推进中国西北三甲集皮毛交易中心大型商品交易市场建设。健全社会化、专业化物流服务体系，整合多方社会资源，实现仓储、包装、加工配送、交易展示、货运代理等多维度、一体化的物流服务功能，持续推进县、乡（镇）、村（社区）三级商贸网点建设规划，完善物流体系建设，形成多层次、多类型的物流配送格局，推动通道物流产业绿色发展，最终将其打造为立足西北、面向西南、辐射全国的通道物流绿色产业，成为全省物流业区域中心城市。

2. 发展目标

2021—2025年：以县城物流基础设施建设为核心，重点建设现代化仓储、冷链、分拣、配送、运输等基础设施，实施商贸物流中心（园区）建设，培育专业物流配送企业，扶持发展电子商务、供应链直供直销等新兴业态。到2025

年，物流基础设施建设基本完善，重要商贸物流节点中心初具规模，全州七县一市均创建为国家电子商务进农村综合示范县，通道物流在临夏州产业体系中的地位明显提升。

2026—2035 年：以智慧物流建设为核心，优化物流公共信息平台，使现代物流向整个经济领域延伸，与通关、商检相连，与商流、资金流、信息流捆绑，把物流纳入生产、流通与消费整个经济领域，不断提升通道物流业的智慧化、智能化水平，为消费者提供高品质的流通服务。

(二) 产业布局

充分发挥临夏州陆路交通区位优势和物流集散地优势，构筑"一心一廊多点"（其中，"一心"为临夏县市，"一廊"为沿兰郎高速廊道，"多点"为全州商贸物流重要节点）的通道物流产业格局，使物流业成为全州经济社会发展的新兴支柱产业和创新驱动引擎（见表 2-7-4）。

表 2-7-4　　　　　　　　通道物流产业布局

空间布局	基础服务设施建设重点	产业（功能）发展重点	重点发展区域
"一心"（临夏县市）	综合物流中心（物流园区）	现代化仓储、冷链、分拣、配送、专业冷链物流配送等	临夏市、临夏县
	商贸中心	大型农产品综合批发交易、虫草交易市场、牛羊肉交易市场、中药材批发交易、汽车商贸、农资批发、高原夏菜交易、果蔬保鲜交易及配送、国际鲜花	临夏市八坊（虫草交易市场、牛羊肉交易市场）、临夏市南部（农产品综合市场）、临夏县城、双城镇、土桥镇、尹集镇、临夏县
	电子商务产业园	数字化仓储物流	临夏县
	冷藏展销中心	农特产品冷藏展销	临夏县
	国家电子商务进农村综合示范项目	电子商务	临夏市、临夏县
	临夏州冷冻冷藏库技术改造及冷链物流食品安全追溯信息平台项目	万吨牛羊肉冷冻冷藏库技术改造及冷链物流食品安全追溯信息平台	临夏市
	现代商贸流通网络体系建设	临夏机场、兰合铁路临夏市物流园建设项目；临兰（兰州）面藏（西藏）通甘（甘南）青（青海）的商贸流通网络体系	临夏市、临夏县

续表

空间布局	基础服务设施建设重点	产业（功能）发展重点	重点发展区域
"一心"（临夏县市）	冷链物流仓储中心	集人流、物流、信息流、资金流、商流于一体，以牛羊肉为主，家禽、蛋类、奶制品等为辅的家禽产品初加工，仓储（冷藏）、冷链培训、集散、电子商务、信息服务为主要服务内容	和政县
"一廊"（沿兰郎高速廊道）	大型商品交易市场	农产品交易、皮毛交易、民族特需用品交易	广河县（三甲集皮毛交易市场、茶叶交易市场、综合农贸交易市场）、和政县（综合农贸交易市场）
	电子商务产业园	数字化仓储物流、电子商务	广河县
	国家电子商务进农村综合示范项目	电子商务	和政县、广河县
	现代商贸流通网络体系建设	面向丝绸之路沿线国家的商贸流通网络体系	广河县、和政县
"多点"（重要节点）	商贸物流园	现代化仓储、冷链、分拣、配送、专业冷链物流配送等	永靖县城、刘家峡镇、东乡县达板、积石山县大河家镇、康乐县莲麓镇
	交易市场	绿色农产品、鲜活农产品冷链物流、食品、民族用品、家具建材、高原夏菜、林果业交易鲜活农产品、活畜交易、畜禽等交易	永靖县（鲜活农产品交易市场、三塬镇农产品交易市场）、康乐县（中药材市场）、东乡县（牛羊交易市场、城南区综合农贸市场）、东乡县汪集（洋芋市场）、积石山县（惠农市场）、康乐县（畜禽交易市场）
	国家电子商务进农村综合示范项目	电子商务	和政县、广河县
	现代商贸流通网络体系建设	跨境出口电商现代商贸流通网络体系	全州各县（市）、乡（镇）、村（社区）

(三)发展举措

1. 打造贯通全链的物流体系

围绕产品的运输、仓储、包装、搬运装卸、流通加工、配送以及相关的物流信息等物流环节,植入高科技和智慧化手段,全方位打造集用户服务、需求预测、订单处理、配送、存货控制、运输、仓库管理、工厂和仓库的布局与选址、搬运装卸、采购、包装、情报信息为一体的,覆盖全州各县(市)、乡(镇)、村(社区)的全产业链物流体系。优先在冷链物流领域开展冷链物流食品安全追溯信息平台建设。

2. 创新物流服务模式

鼓励和引导道路运输企业采用多式联运、甩挂运输、共同配送、统一配送等先进物流组织模式,推进货运枢纽转型升级,优化运输结构。积极推广物联网、云计算、大数据、人工智能、机器人等先进技术的深度应用,提高储运工具的信息化水平,促进物流业降本增效。

3. 积极推进智慧物流建设

建设物流公共信息平台,实施"互联网+"行动计划,加强物流信息服务,以综合运输信息平台和大宗商品交易平台为突破口,扶持发展电子商务、供应链直供直销等新兴业态,加快推进州内电子商务产业园建设,加强与大型物流园区(中心)和大型生产、流通企业的融合,实现行业之间资源共享和信息互通,为智慧物流业发展提供保障。

4. 扩大国际经贸的合作与服务

依托特色优势产业和支柱产业,完善商贸流通网络,大力发展外向型经济。构建国际化营销网络体系,在伊朗、马来西亚、沙特阿拉伯等重点出口国家和地区,规划建立展示展销中心、服务中心、物流仓储平台和冷链物流配送网络。发挥州政府驻霍尔果斯、拉萨、厦门等地办事机构的优势,形成面向中亚、西亚、东南亚、中东乃至更广大地区的经济贸易大通道,把临夏州打造成"一带一路"关键节点地区和对外开放合作新高地。

【专栏 7-10】

通道物流业重点项目

智慧化农产品仓储保鲜冷链物流设施建设项目：在和政县打造集人流、物流、信息流、资金流、商流于一体，以牛羊肉为主，家禽、水产品、果蔬、蛋类、奶制品等为辅的家禽产品初加工，仓储（冷藏）、冷链培训、集散、电子商务、信息服务为主要服务内容的智慧化冷链物流仓储中心。

专业交易市场建设项目：在永靖县建设鲜活农产品交易市场和三塬镇农产品交易市场，在康乐县建设中药材市场，在东乡县建设牛羊交易市场和城南区综合农贸市场、汪集洋芋市场，在积石山县建设惠农市场，在康乐县建设畜禽交易市场。

七、清洁能源产业

（一）发展思路与目标

1. 发展思路

依托临夏自然气候条件、水电传统优势以及农业发展和环境保护诉求，紧紧围绕生物质能源、分布式发电、光伏发电等临夏本土主要清洁能源类型，通过"小规模、高技术、强收益"的产业发展思路，以率先实现临夏州碳中和为目标，积极引进生物能源企业和清洁能源产能，打造出一个高度融合、技术先进、优势鲜明的清洁能源产业体系。稳步提高电网清洁能源消纳和输送能力，渐进式构建水、光、生等多能互补的绿色能源体系，从而彻底消除清洁发电入网困难，为清洁能源发展铺平"最后一公里"。借助分布式光伏发电，破解发展、能源、环保三方矛盾。

2. 发展目标

2021—2025 年：全州清洁能源利用量占能源消费总量的 20%，其中工业清洁能源利用率超 40%，农业废料通过生物质能源再利用比率超过 40%，全市清洁能源产业总产值达到 30 亿元，使清洁能源产业成为临夏州质量效益好、增长速度快、带动效应强的战略性新兴产业。

2026—2035年：充分实现全州工商业能源清洁化与自给化，煤炭使用量显著下降，全州碳排放水平进入全国先进行列，清洁能源成为"生态临夏"的亮丽名片。

（二）产业布局

依托现代农业发展的六大园区构筑生物质清洁能源优先发展区，形成生物质循环的先进经验。利用各大工业园区的楼顶和墙面空间，推进分布式光电、光热布局。借助州内现有的105座光伏发电站，以原地扩展、相向发展促进光伏产业连片化布局。

（三）发展举措

1. 以集中供暖改造助推清洁能源普及

伴随在乡镇和城市边缘社区的供暖改造工程，利用临夏州内农林等生产废弃物，建设一批中小型生物质能源供热站或热电联产站，解决社区、乡镇中心的集中供暖需求，并逐步替代传统燃煤锅炉供暖。

2. 推广分布式光伏发电

通过政策配套，对符合安全要求的建筑，解锁楼顶和墙面空间，鼓励在城镇工商业楼宇、产业园区开展分布式光伏发电的建设和运营。允许企业涉足发电、售电业务，鼓励产业园区企业实现用电自用自发、有偿销售。

3. 以生物质能源利用完善循环经济体系

通过政府扶持、企业行动的模式，在六大农业园区建立农业生产废弃物收集系统，并以园区的农业生产废弃物为原料，建设沼气供热站或热电联产站，解决园区内部供暖供能需求。通过生物质能源利用，打通循环经济技术链和价值链，真正完善循环经济体系。借助园区生物质能源利用能力提升，进一步扩展园区废弃物收集范围，改善全州生物质资源循环利用。

4. 强化清洁能源配套设施建设

依据清洁能源发展规划和项目发展节奏，优先做好配套输变电网规划和建设，既保证发电地区自身用电供应，又满足电力外埠送出需求。在大规模光伏发电场或分布式光伏发电设备集中地区，通过建设税费优惠、储电补贴等措施积极引导储能设施建设，降低光伏发电入网难度，为清洁能源发电并网扫清障碍，彻底解决光伏能源消纳。

【专栏 7-11】

清洁能源产业重点项目

储能电站项目：在沿洮光伏电场集中区域选择适宜位置建设储能电站，以抽水储能或超级电容储能为优先选择，设计达到 0.5MW×2min 或以上的储能水平，满足沿洮光伏发电的电力调配需求。

农村能源清洁化改造项目：在临夏县靠近县城区域率先开展生物质能源替代改造试点，以村级沼气池及配套设施建设为重点，探索利用农村农业生产余料生产沼气，替代煤和木炭成为家庭主要取暖、做饭能源。

八、中医中药产业

（一）发展思路与目标

1. 发展思路

立足临夏州地处陇中黄土高原温带半干旱药区和青藏高原东部高寒阴湿藏药区的优势，坚持"因地制宜、重点突出、全面发展、培育核心"的发展原则，按照"道地种植规模化、加工制备工厂化、医疗服务体系化、生物医药技术化"的总体思路和"四化推动，医养融合"发展路径，以种植、加工、文化、研发、服务等为重点，发展壮大中医中药产业。

2. 发展目标

2021—2025 年：推动中药材标准化种植、规范化加工、品牌化营销，逐步完善中医医疗服务体系。建设多处当归、党参等道地药材种植基地 10 处，中药饮片集散地 2 处，万亩特色中药材种植示范园 2 处，中医药养生等健康产品和服务覆盖社区。

2026—2035 年：中药材种植品质稳固提升，建立中医药产业园，实现中医中药向生物医药产业转型升级，实现种植—加工制备—研发—销售全流程产业链的现代医药体系。

（二）产业布局

构建"两带两区多点全覆盖"的中医中药产业体系。"两带"（沿太子山、莲花山和雷积山中药种植带，沿黄河中医药旅游产业发展带）；"两区"（依托临夏经济开发区等园区的中医药加工产业链和中药材销售网络区，黄河三峡太极岛度假疗养、医养结合、中医药养生康养产业示范区）；"多点"（康乐、和政、积石山、临夏县、永靖等地中药材标准化种植示范基地）；"全覆盖"（中医药养生等健康产品和服务覆盖全域社区）。

（三）发展举措

1. 提高药材标准化种植

在康乐、和政、积石山、临夏县、永靖等主产区建设中药材标准化种植示范基地，推进永靖县百合标准化示范基地建设。择优连片发展地方特色品种，稳步扩大当归、党参、柴胡、黄芪、板蓝根、防风、款冬花、秦艽等中药材种植面积，积极推广无公害和有机种植，切实提高中药材种植品质。

2. 引导中药材加工业发展

延伸发展膳食配方饮片、保健茶、饮料等中药食品，鼓励和扶持当归、甘草、百合、枸杞、花椒等临夏产大宗特色药食同源中药材的生产和开发，拓展应用领域，提高综合利用水平。推进以当归、党参等道地药材为主料的中药新药研发，扩大中药饮片、配方颗粒、中成药生产，提升中药资源利用率，提高产品附加值。

3. 推动区域特色医药产业振兴

引导医疗单位、制药企业探索研究开发具有区域特色的医药产品，支持建设特色医药为主的中医类医院及特色医药研究机构、培训基地，建设特色医药文化展示基地，促进区域特色医药产业稳步发展。

4. 开启中医中药向生物医药产业的转型创新

发展现代中医药品种、中医药颗粒研发、保健品和提取物研制、天然药物制备,达成种植—加工制备—研发—销售全流程产业链的现代医药体系建设。

【专栏 7-12】

中医中药产业重点项目

中药产业园建设项目:选择优质连片土地,大力推进当归、金银花、黄芪、款冬花、党参等为主的中药材生产基地建设,在生产基地内由企业为主建设加工中心,形成种植和加工一体的中药材产业园区。

特色医药养生保健基地建设项目:推进黄河三峡太极岛康养产业园建设,开发推拿按摩、针刺艾灸、拔罐药浴、温泉疗养、药膳美食、现场采掘、花期观赏等可体验、可消费的养生保健旅游系列产品,积极开发度假疗养、医养结合、中医药养生等健康产品和养生服务。

九、现代会展业

(一)发展思路与目标

1. 发展思路

立足于临夏州现有会展经济的良好积淀,以"战略性谋划、品牌化运营"为突破口,以"数字化创新、生态化建设"为手段,以"产业化集群、国际化站位"为发展愿景,通过"政府引领、企业主导、社会协同、产业融合、科技赋能、文化深耕"的发展模式,构建临夏州布局合理、结构优化、服务优质、融合共享的现代会展服务业体系,充分激活会展经济巨大的经济效应和延展效应,将现代会展业打造成为亮化和点燃临夏州新型城镇化建设的"最佳名片、创新引擎、特色产业"。

2. 发展目标

2021—2025 年:以临夏州现有的清真食品和民族用品博览会、花儿会、农产品交易会、中国—和政古动物化石保护与利用学术研讨会、广河县齐家文化与华夏文明国际研讨会等展会经济为基础,从服务国家大战略的角度高站位、远谋划,并以错位发展、特色驱动的模式促成展会经济的品牌化运营,在会展业发展中积极融入绿色、智能元素,逐渐发挥会展业的产业联动效应,使临夏州现代会展业成为高新技术交流、特色产品销售、国际贸易合作、文化传承创新的重要平台。力争到2025年,全州建成专业展馆面积达到10万平方米,年举办各类展会20个左右,引进国内外知名主办机构3家以上,引进培育规上会展业企业5家以上,逐步形成以临夏市、太子山脉、和政、广河、刘家峡恐龙国家地质公园等为核心会展圈、1平方公里配套服务为次核心圈及5平方公里现代服务业协同发展圈的布局,会展业直接收入2亿元,带动相关产业收入接近20亿元。

2026—2035年:以产业化理念、国际化战略、文化品牌输出为引领,推进临夏州现代会展业的高质量发展,使现代会展业真正成为临夏州经济发展的加速器和助推器,成为塑造和宣传城市形象的"最佳名片"。

(二)产业布局

构筑以配套服务资源充沛的临夏市、临夏县为会展中心发展区,以六县县城为特色发展区的"一心六特"空间布局。在中心发展区以集约化为主旨,以甘肃省会展服务的主要供给者为角色定位,通过集群化布局推动会展服务层次不断提升。六县特色发展区根据各县文化、产业、地质资源等特色,面向本地文化、经济、生活的高质量发展提供专项化、特色化会展服务。

(三)发展举措

1. 优化会展业营商环境

加强与国家部委和国家级协会、学会的合作,着力引进一批会展领军企业,鼓励发展混合所有制会展企业,积极引导会展行业协会的作用,整合资源做强做大会展龙头企业;谋划和发布会展业促进发展相关政策和资金扶持实施细则等,鼓励和补贴会展企业积极开展生态化活动,加大政策扶持力度,提升会展公共服务水平,建立健全会展管理服务机制,强化政府的引领作用。

2. 建设智慧化和绿色化场馆

推动临夏会展业与人工智能、区块链、大数据、可循环展示展览新材料等的深度应用相结合,在资源共享、展会服务创新、场馆创新利用等方面,借助数字化和新材料技术赋能会展业,从而汇集科技力量,以移动互联网、大数据等新一代信息技术为支持,实现高科技与会展经济的深度融合。

3. 积极培育国际化视野的会展业高端复合型人才

采取柔性引进、人才吸引、人才培养相结合的培育模式,充分发挥选用育留的人才激励效应,强化校企以及与国际权威会展协会的联合研发、人才培育等协作创新机制,培养和储备临夏州技术性、管理性和创意性,并具备国际化视野的会展创意、策划、营销、组织、技术等方面的高端复合型人才。

4. 深入推进会展业的产业融合和城乡融合

积极引进和培育市场化、专业化、品牌化、国际化的优质展会,汇聚国内外信息流、技术流、商品流和人才流,推进会展业与临夏州十大城镇产业的融合发展;构建覆盖全域,特别是临夏州特色小镇的会议会展,推进城乡的融合发展;通过邀请国内外顶级智库、知名学者、行业领袖和企业精英担任演讲嘉宾,为临夏州的城镇化发展、产业转型升级、未来产业布局等方面出谋划策;打造会展产业核心区域、完善住宿餐饮购物旅游等配套区域、做强周边现代服务业协同区域,构建临夏州绿色、生态、协同、智慧的会展全产业链。

【专栏 7-13】

现代会展业重点项目

临夏会展中心建设项目:在临夏市和临夏县辖区内,建设展览区面积在 5 万平米以上,配套办公区、仓储区、商业区面积在 3 万平方米以上的综合性会展中心,承担清真食品和民族用品博览会等临夏大型会展任务。

十、数字创意产业

(一)发展思路与目标

1. 发展思路

按照"立足于临夏城市发展实际,以传统文化为催化剂,以民族风情特色为主要抓手,以现代数字技术为关键途径,以城市文明提升和城市美学塑造为落脚点"的总体思路,坚持以"妆点临夏颜值,把脉临夏定位,勾勒临夏风骨、塑造临夏气韵"的发展原则,以"三产共享,创意为骨,数字呈现"为发展路径,着力打好以回族、东乡族、保安族民族风情为主的民族民俗文化牌,着力发展民族用品、食品加工、民族风情、民间民俗工艺美术等四大民族文化产业,撬动数字创意产业发展。

2. 发展目标

2021—2025 年:立足临夏资源禀赋,依托现有产业基础,瞄准世界发展大势,找准比较优势、打造竞争优势、构筑产业优势,引进数字技术资源,打造数字创意文化空间,引导数字创意产业逐步起步。

2026—2035 年:成为文化、技术、创意三元融合,辐射带动效应显著的临夏新兴产业代表。

(二)产业布局

形成数字创意产业"一心两片多点"的"十四五"发展布局。其中,以临夏市、临夏县为产业发展核心区,承担产业的载体建设、研发和营销资源集聚、洽谈与交易等功能。在八坊十三巷、松鸣特色小镇布局两个数字创意与旧城文化价值挖掘片区,形成数字创意和城镇发展更新的融合示范。以全州各大博物馆、展览馆为多个技术探索点,形成技术与模式进步的需求源泉,推动数字创意产业的创新发展。

(三)发展举措

1. 推进博物馆数字化建设

在州内各博物馆、展览馆,搭建数字展厅,在传统实体博物馆的基础上,充分利用数字化信息技术,以社会公众的需求为主导,通过展柜数字化增强、机器人导览及微导览、沉浸式数字音画展示等手段,加强人机互动,为观众提供全景服务。同时依托互联网,指导各博物馆加强服务网站建设,逐步实现"一馆一站",并形成"临夏文博馆群"公共信息服务平台,在此基础上建立网络虚拟博物馆,实现藏品在线展示。

2. 打造数字创意产业旗舰

以打造华谊兄弟电影小镇为契机,通过创客模式推动传统文化产业创新发展,提高产品设计创新能力,融入地方特色文化元素,开发高端装饰产品,建成一批数字化展示民族特需用品、民族食品、手工艺品等特色文化创意数字集市,拓展文化创意集市发展空间。

3. 建立数字创意产业信息平台

在创意产业集聚区,构建一个集创意产业研发、生产、流通、交易为一体的数字化平台,实现政、产、学、研等各个链条上的数字化高端整合,促进创意产业链上下游贯通,鼓励搭建临夏州数字创意的产品研发中心、产品设计中心、产品品牌顾问管理中心等。布局申报创建国家级文化和科技融合示范基地、国家三网融合试点城市等,提出打造"古生物(数字)化石之都"的战略目标建设。

4. 开展城市数字创意更新

以文化创意内容为核心,依托数字技术进行创作、生产,将城市更新与文化创意、历史文化遗产保护、数字经济相结合,在城市更新中保存城市文化记忆,形成具有差异性、体验性、互动性、创新性,同时又融合产业、商业、休闲、文博、旅游的多业态混合新空间。以视觉冲击力、历史穿透力、文化震撼力、玩乐激荡力和时尚引导力,打造新模式、新消费、新玩法、新服务的多元、融合性的复合型业态。"十四五"期间重点打造八坊十三巷、松鸣特色小镇的数字化呈现与互动体系,将静态街区、城镇通过数字化手段和新锐创意转变为视觉效果动态化、人街互动智慧化的数字化创意改造样板,积累适合临夏的数字创意与旧城更新结合的成功经验。

【专栏 7-14】

数字创意产业重点项目

八坊十三巷视觉升级项目:邀请有实力的视觉设计和智能化供应商,设计八坊虚拟形象代表,在八坊十三巷主要街道布设电子展牌,通过虚拟形象代表的主动宣传以及和游客的互动增强街道视觉动态化,鼓励坊内商户参与动态展示内容的制作和提供，并鼓励由虚拟形象代表作为视觉效果核心要素，联动导览、点单以及支付等功能，提升八坊十三巷互动体验。

数字创意创客平台建设项目：在华谊兄弟电影小镇建设创客平台并配套居住和商业区域，邀请特效制作、短视频与直播内容开发、数字文创研发等公司、工作室或个人进驻，形成数字创意内容集中产出平台和数字创意服务核心提供平台。

第八章
有序推进农业转移人口市民化

一、思路与目标

(一) 总体思路

以户籍制度改革为抓手,以推进基本公共服务均等化为目标,以统筹兼顾分类施策为原则,创新农业转移人口市民化体制机制,积极引导农业转移人口根据自身需求、适应能力和现实基础,构建市民化多级空间载体,提升城镇人口集聚功能,统筹推进相关领域制度改革,促进城镇化提质增效。

(二) 规划目标

2021—2025 年:建立健全由政府、企业、个人共同参与的农业转移人口市民化成本分担机制。继续深化户籍制度改革,全面实行居住证制度,进一步放宽城镇落户条件,从而逐渐提高户籍人口城镇化率。同时要解决 9 万多农村新转移人口的住房保障问题。

2026—2035 年:强化城镇产业就业支撑,提升外来务工人员就业和收入水平,保障进城落户农民权益,多渠道解决农民工住房需求,推动外来务工人员融入城市,基本实现公共服务均等化。进一步提升小城镇和农村新型社区公共服务供给能力、提升产业支撑能力和管理水平,实施农村新型社区和产业园区"两区同建",城镇基础设施向周边村庄延伸,实现农村新型社区人口纳入城乡统一管理。

二、发展举措

（一）建立健全农业转移人口市民化推进机制

1. 全面取消户籍落户限制，推进农业转移人口落户城镇

现有的户籍制度严格限制人口流动，在人口大量流动的时代，这种滞后的户籍制度导致大量人口处于"人户分离"状态，应该以户籍制度改革推动区域人口自由流动，全面取消落户限制，创新户籍管理制度，不断推进农业转移人口市民化。

建立居住证与户口登记相衔接制度。有合法固定住所的，可在合法固定住所登记户口；暂时没有合法固定住所的，在当地派出所先建立集体户口，再给予落户。全面取消高校、职业院校毕业生和技术工人群体的落户限制。对自愿来工作的高校和职业院校毕业生、技术工人全部放开接纳，暂未落实工作单位的，可先落户，后找工作，敞开学历型、技能型人才的落户大门。调整放宽参军入伍人员、新生代农民工进入城市、在城镇就业居住和举家迁徙的落户条件。对于重点人群实行落户零门槛政策，促进农村转移人口等非户籍人口在城市便捷落户。推行州内户口迁移"一站式"办理，开通线上申请审核系统。申请人为州内户籍人员，需要申请办理市外户籍准入迁移的，可根据户籍准入政策携带相关证明材料，到落户地派出所申请州内户口迁移"一站式"办理。符合受理条件的，落户地派出所收存相关证明材料报县级公安机关核准后，由落户地县级公安机关签发电子"准予迁入证明"，将相关信息推送给当事人户籍所在地公安机关；原户籍地派出所根据接收到的准迁信息，办理网上迁出手续；最后由落户地派出所根据接收到的网上迁移信息办理落户登记，大幅提高落户便利性。

2. 建立进城落户农民"三权"维护机制和自愿有偿退出机制

为解除进城农民的后顾之忧，建立进城落户农民"三权"维护机制和自愿有偿退出机制，要求各级政府不得强行要求进城落户农民转让在农村的土地承包权、集体收益分配权、宅基地使用权和地上房屋所有权，或将其作为进城落户条件。农业转移人口落户城镇后,在现阶段村集体经济组织内部,自愿退出"三权"的,将获得合理补偿。

——农村土地承包经营权。以农村二轮承包为基础,农业转移人口与农村人口按照同等条件落实农村承包地确权登记颁证政策。对全家或部分家庭成员迁入城镇转为城镇户口的,原享有的农村土地承包经营权不变。农业转移人口同等享有放活承包地经营权的各项政策,可通过土地流转、入股等方式获取土地收益,可通过"土地托管服务"委托经营,同等享有土地承包经营权抵押贷款、农业政策保险等金融保险政策。

——集体收益分配权。在农村集体资产清产核资工作中,对因居住在城镇不便了解公示结果的农业转移人口,应通过电话、微信、信函等方式进行专门告知。在集体经济组织成员界定工作中,保持农业转移人口集体经济组织成员身份不变,通过颁发股权证书,确认农业转移人口对农村集体资产的拥有权和收益分配权。

——宅基地使用权和地上房屋所有权。农业转移人口与农村人口按照同等条件统一纳入"房地一体"的农村权籍调查,统一落实"房地一体"的宅基地使用权确权登记颁证各个环节,统一落实"房地一体"的宅基地使用权确权登记颁证政策。全家或部分家庭成员迁入城镇转为城镇户口的,原享有的农村宅基地使用权和地上房屋所有权不变。村级集体经济组织不得以民主协商、少数服从多数等理由剥夺其宅基地使用权和地上房屋所有权。

——有偿退出机制。一是征地补偿权,农业转移人口与农村人口按照同等条件享有征地补偿权。农业转移人口作为村集体经济组织成员,对村集体经济组织获得的征地补偿费用享有与其他成员同等权利;村集体经济组织不得以内部协商、少数服从多数等理由剥夺其权利。二是惠农补贴权,通过"一卡通"发放惠农补贴,保障农业转移人口应得的惠农补贴不被截留。严格执行公开公示制度,确保惠农补贴政策不走样;对因居住在城镇不便了解公示结果的农业转移人口,应通过电话、微信、信函等方式及时告知。

3. 加强对农民财产的物权保护

积极推进农村集体资产确权到户工作、土地财产权利登记管理制度。成立专门的国家土地登记机关,把分散在各部门的土地、房屋和宅基地的登记工作集中起来。实行统一的地籍调查,制定统一的土地分类标准。加强对农民财产的物权保护。建立与现代市场经济体制相适应的征地制度,确保被征地农民得到公平对待与合理补偿。新型城镇化应该打破目前的政府垄断征地政策,实现农村、城市"同地、同权、同利",建立土地市场交易机制,使农民分享城镇化中的土地增值收益,使进城农民获得创业资本。不得强行要求进城落户农民转让在农村的土地承包权、集体收益分配权、宅基地使用权和地上房屋所有权,或将其作为进城落户条件,切实保障农民的土地权益。

【专栏 8-1】

农业转移人口市民化重点项目

重点推进项目:户口迁移"一站式"办理项目、"一卡通"惠农补贴项目、临夏州市民信息化云平台项目。

创新规划项目:自愿有偿退出机制建设项目。

(二)推进城镇基本公共服务覆盖农业转移人口

端平城乡"一碗水",积极推进人口、教育、就业、医疗卫生、社会保障等数据资源共享,为农业转移人口市民化提供保障。

1. 保障农业转移人口子女平等享有受教育权利

为保障农业转移人口子女平等享有受教育权利,各级政府将农业转移人口随迁子女义务教育纳入公共财政保障范围。农业转移人口落户城镇后,其子女享受与现有城镇学生同等接受义务教育的权利和待遇。各级政府要将农业转移人口随迁子女义务教育纳入公共财政保障范围,落实统一的城乡义务教育"两免一补"等政策;扩大中职教育免学费范围,中职教育学生按国家标准享受免学费政策,对符合国家规定范围的农村学生发放助学金;实施学前教育免保教费政策,对在园幼儿按标准免除保教费。奖补资金和教育资源向接收农民工随迁子女较多的学校倾斜,对未能在公办学校就学的,采取政府购买服务等方式,保障农民工随迁子女在民办学校接受同等义务教育。

2. 推行统一的城乡居民基本医疗保险和救助制度

城乡居民全部参加城乡居民基本医疗保险,将持有居住证的农业转移人口纳入城镇基本医疗卫生服务保障范围，居住证持有人选择按城镇居民参保的，财政按参保城镇居民标准给予缴费补助，避免重复参保、重复补助。在城乡居民大病保险50种重大疾病省内异地结算的基础上，逐步推广建立城乡基本医疗异地结算机制，加快落实医疗保险关系转移接续办法，实现跨制度、跨区域转移接续。

3. 实施统一的城乡居民基本养老保险制度

农业转移人口跨县（区）落户城镇的，按规定对参保缴费人员的城乡居民养老保险关系进行转移接续，各级财政按规定给予缴费补贴，已按规定领取城乡居民基本养老保险待遇人员继续在原户籍地区领取相关待遇；农业转移人口在本县（区）落户城镇的，按规定在本县（区）内继续参保缴费和享受相关待遇，享受各级财政补贴。农业转移人口落户城镇后，参加城镇职工基本养老保险的，按规定办理社会保险关系转移手续。

4. 建立健全城乡社会保障体系

对在法定劳动年龄内、有劳动能力和就业愿望、处于无业状态的农业转移人口，按规定纳入城镇失业登记服务范围，与当地城镇居民享有同等的就业扶助政策，县级财政将落实就业技能培训、创业培训、职业技能鉴定等补贴政策。

农业转移人口中符合当地城市最低生活保障救助政策的，按属地管理原则，纳入城市最低生活保障范围。统一城乡困难残疾人生活补贴和重度残疾人护理补贴标准，统一城乡孤儿基本生活费保障补助标准。

5. 进城落户农民纳入城镇住房保障体系

把进城落户农民纳入城镇住房保障体系，确保进城落户农民与当地城镇居民同等享有政府提供的基本住房保障的权利。在农业转移人口中，符合保障条件的城镇低收入、中等偏下收入住房困难家庭，新就业的无房职工、城镇稳定就业的外来务工人员及符合申请条件的其他人员，可申请公共租赁住房或者住房租赁补贴。农业转移人口购买首套商品住房、办理不动产登记证并落户的，对缴纳的契税给予全额财政补贴。推进扩大住房公积金缴存面，逐步将农业转移人口纳入覆盖范围，落实放宽住房公积金提取条件等政策。

【专栏 8-2】

公共服务重点项目

加快推进项目：临夏州义务教育学校提升改造项目、临夏州高中提升改造项目、临夏州幼儿园建设项目、临夏州寄宿制学校建设项目、临夏州中小学幼儿园温暖工程、临夏州5个中医医院建设项目及医养结合项目、临夏州养老服务提升建设项目，临夏州精神病人福利服务中心。

重点推进项目：临夏州教育信息化云平台项目、临夏州教师周转宿舍建设项目、临夏州紧急救援中心建设项目、临夏州4个疾控中心建设项目、临夏州血站、监督局建设项目、临夏州妇幼保健院智慧医院项目、临夏州中医医院信息化项目、临夏州妇幼保健院儿童医疗中心建设项目、临夏市疫情防控信息化建设项目、全州城乡社区养老服务中心、全州区域性乡镇养老服务机构建设项目、未成年人保护设施建设项目、残疾人托养中心建设项目、临夏州殡葬服务设施建设项目。

创新规划项目：临夏州青少年活动中心及中小学生研学实践教育基地项目、临夏县青少年活动中心及中小学生研学实践教育基地项目、临夏县中小学厕所建设项、临夏州中医医院医养结合中心建设项目、州中医医院康复楼建设项目、城市社区日间照料中心建设项目、临夏州老年人活动中心建设项目、临夏州基层就业和社会保障综合服务平台项目、临夏康养社区项目。

（三）大力开展提升农业转移人口就业创业能力培训

加强对新生代农民工、"两后生"等农业转移人口的职业技能培训并给予就业技能培训补贴。支持企业提升培训，特别是规模以上企业、吸纳农民工较多企业开展岗前培训、新型学徒制培训和岗位技能培训。零就业家庭农业转移人口参加就业技能培训期间，每天给予不超过100元补助，培训机构统一安排食宿的，给予培训机构食宿补贴，往返交通补助直补个人；未统一安排食宿的，伙食费、交通费补助直补个人。

推广工学结合、校企合作的技术工人培养模式，推行新型学徒制，加强技师和高级技师培养。建立健全技能培训与产业发展对接机制，鼓励企业、院校和各类培训机构提供有针对性的技能培训项目。企业新型学徒制培养目标由企业结合岗位需求确定，以培养符合企业岗位需求的中、高级技术工人为主，培养期限为1~2年，当地重点产业职业培训需求指导目录内的职业（工种）可延长到3年。学徒培训期满，可参加职业技能鉴定或结业（毕业）考核，合格者取得相应职业资格证书（或职业技能等级证书、专项职业能力证书、培训合格证书、毕业证书）。

提升新增劳动力创业能力。对于有创业培训意愿的进城落户农业转移人口，均可向所在地县区公共就业服务机构或临夏州创业培训定点机构申请参加免费创业培训。大力发展劳务经济，完善劳务输出精准对接机制，提升劳务输转质量，推动劳务输转市场化、规范化、产业化。

【专栏8-3】

就业创业重点项目

加快推进项目：企业、院校和各类培训机构技能培训项目，临夏州现代职业学院文旅学院项目。

重点推进项目：临夏州职业技术学校建设项目、临夏州技工学校项目、临夏州教育信息化云平台项目、临夏州教师周转宿舍建设项目、临夏州公共就业服务机构项目、临夏州创业培训定点机构项目、临夏州众创空间项目。

创新规划项目：临夏州青少年活动中心及中小学生研学实践教育基地项目、临夏县青少年活动中心及中小学生研学实践教育基地项目、临夏州创业孵化基地和示范园区项目。

（四）强化农业转移人口创业就业政策扶持力度

积极实施创业试点，在落实国家和省级鼓励创业政策的基础上，因地制宜出台激励创业的优惠政策，加强创业创新平台建设，加大创业孵化基地和示范园区建设力度，支持各类人员创业；整合各部门创业扶持资金，重点支持各类创业试点，对众创空间的房租、宽带网络、公共软件等给予适当补贴，或通过盘活商业用房、闲置厂房等资源提供成本较低的场所；不断完善信贷帮扶机制，落实创业贷款支持，农业转移人口自主创业的可以享受创业担保贷款扶持。进一步健全农民工工资专用账户制度。

鼓励用人单位更多吸纳农业转移人口的劳动者就业，加大对新增异地搬迁等农业转移人口的就业扶持力度，尤其在进城后无技能劳动力就业扶持方面，对进城人口实行公益性岗位倾斜。

（五）建立"人、地、钱挂钩"机制和扩大政策激励力度

建立健全农业转移人口市民化与财政转移支付，实行城镇化建设用地规模增加、财政支持基础设施挂钩机制，构建"钱随人走、地随人走"的资源分配机制。科学测算人口市民化成本和转移支付标准，厘清政府和市场职能边界，建立健全由政府、企业、个人共同参与的农业转移人口市民化成本分担机制，降低农业转移人口进城落户的经济压力。

加大农业转移人口市民化奖励资金支持力度，加大城镇建设用地增加规模与吸纳农村转移人口落户数量挂钩力度。维护进城落户农民土地承包权、宅基地使用权、集体收益分配权，不得强行要求其转让上述权益。探索利用大数据技术建立各城区常住人口常态化统计机制，为政策制定提供数据支撑。

（六）建立和完善市民化综合配套改革政策体系

加快建立以《关于加快推进农业转移人口市民化的实施意见》为"1"，以户籍制度改革、农业转移人口权益保障、土地制度改革和农村集体资产处置等若干政策为"N"的政策体系，完善配套措施。

充分发挥财政资金在推进人口市民化中的主体作用，鼓励引导社会资本、金融机构等积极参与人口市民化进程，逐步建立政府引导、市场运作的多元化、可持续的资金保障机制。

积极开展行政区划调整，推进撤县设市或撤县（市）设区进程，拓展城市发展空间。加快撤镇设街办、撤乡设镇和乡镇合并，优化城镇规模和布局。对已建成的大型农村新型社区，达到标准要求的探索试点设镇或设街办。

强化市民化发展监测。建立季报送、半年通报的数据监测共享报表制度，

健全统计监测指标,统一统计口径和数据标准,加快完成市民化数据监测共享平台建设,建立"用数据说话、用数据决策、用数据管理、用数据创新"的统计监测体系,推进相关信息互联互通和资源共享,实现农业转移人口市民化的动态管理和实时跟踪。

优化市民化监督考核。研究制定市民化综合考核指标体系,完善考核方法,注重考核实效,强化结果运用,充分发挥考核"风向标""指挥棒"和"助推器"的作用,科学引导各地加快市民化工作进程。

强化宣传引导。编制印发农业转移人口市民化工作手册,加大相关政策宣传力度,及时宣传报道各地发展的政策措施、工作动态和先进经验,广泛凝聚社会共识,营造良好环境和浓厚氛围。

第九章
推动城乡融合发展

一、思路与目标

（一）总体思路

统一城乡发展建设规划，破解城乡建设的顶层设计壁垒，联动"一心四带多点"的城镇总体布局职能及形态，充分发挥四大城镇带的辐射带动作用，分区分类分级引导不同发展地区镇村特色化、差异化发展；完善城乡利益长效分配机制，构建内外联动、城乡一体的现代城乡体系。构建"城—镇—村"的现代城乡体系："以镇载业"，在城乡过渡地带布局产业和文化融合的城乡示范小镇，打造城乡融合发展的先行试点载体。"聚资兴镇"，激活乡村闲置土地资源，为城乡融合示范小镇的建设和产业布局提供空间资源，引导金融和人才等要素向城乡融合示范小镇集聚，助推城乡融合示范小镇产业发展。"引城治镇"，升级城乡融合示范小镇的乡村治理模式，引入城市社区化管理经验和治理资源，构建社区化乡村治理体系。"兴镇聚人"，借助城乡融合示范小镇产业发展优势和优秀居住区示范力，吸引农民居民向城乡融合示范小镇聚集，实现就地城镇化与农民职业化双提升，营造"遍地星火"式的城乡融合发展示范格局。最终，以城乡融合示范小镇模式和资源辐射周边乡镇，全面带动形成"星火燎原"式城乡融合发展大局，通过城乡融合发展这一抓手，有力推动临夏州乡村振兴步伐。

（二）规划目标

2021—2035年：按梯次规划进行城乡融合示范小镇建设，以29个重要节点乡镇打造不同导向的城乡融合示范小镇，形成以城乡融合示范小镇为载体的城乡融合梯次、点状建设格局，城乡产业融合体系初步构成。在城乡融合示范小镇建成乡村社区化基层多元、共建共治模式。城乡融合示范小镇公共服务实现自建自营、企业提供以及市（县）中心城区一体化供应共存的服务主体多元化格局，建成城乡一体的土地交易市场，形成针对乡村产业发展的现代服务体系。吸引30万农村常住人口在城乡融合示范小镇聚集。城乡融合示范小镇的人均可支配收入在2020年的基础上实现翻番，居住环境达到并超越镇所属市（县）中心旧城区。

2026—2035年：以城乡融合示范小镇示范作用全面带动州内乡镇，构成"星火燎原"式城乡融合发展趋势，形成城乡产业协调、价值均等、机遇公平的城乡融合共享高质量发展格局。

二、发展举措

（一）以专项领域规划编制推动城乡设计的紧密融合

开展第六产业、公共服务多元化、一体化用地市场建设、乡村社区共建共治改革等领域规划设计编制工作。宣传城乡融合理念，要求在规划和设计中贯彻城乡形态融合、要素融合、产业融合、人与自然的融合。转变规划与设计中"分别规划、城乡各表"的工作习惯，提倡以常住人口作为要素配置和公共服务建设的衡量基准，促进城乡基础建设均衡提升；以公平和效率兼顾为产业发展价值导向，着重城乡产业相互协调、城市产业向乡村转移，缩小城乡经济水平和发展机会差距。

（二）以城乡融合示范小镇构建城乡融合发展载体

发挥各镇自然风貌、地域文化、地方风物、特色产业优势，重点推动并打造产业特而强、功能聚而合、形态精而美、尺度小而宜、制度活而新的创新型城镇化平台，营造望得见山、看得见水、记得住乡愁的空间意向和文化内涵，形成特色突出、主题鲜明的城乡融合示范小镇。将城乡融合示范小镇作为新型城镇化和城乡融合发展的关键点和动力源进行重点建设，通过机制建设和科学规划为打造城乡融合示范小镇提供支持。通过"以镇建镇""以乡改镇""以村升镇"及"以地造镇"等灵活多样的城乡融合示范小镇创建方式，实施梯次化的城乡融合示范小镇建设策略，按照"探索先行"的思路，集中力量在选定的29个特色小镇基础上，打造城乡融合示范小镇，形成城乡融合样板，后期逐步推广城乡融合示范小镇模式，以城乡融合示范小镇建设作为城乡融合发展的载体。

【专栏 9-1】

城乡融合示范小镇工作重点项目

示范小镇项目：基于29个特色小镇，在七县一市范围内，按每县（市）一个，选定城乡融合重点建设小镇，力争在5年内形成8个城乡融合示范小镇。

（三）以城乡统一用地市场激活村镇土地资源

1. 建立城乡统一用地市场

建立城乡统一、主体平等、产权明晰、合理有序的建设用地市场，完善乡村产权抵押担保权能，充分发挥市场机制对土地价格形成的重要作用，切实保障农民公平分享土地增值收益。

2. 激活闲置土地资源向城乡融合示范小镇聚集

通过农村零散建设用地零入整出以及土地等值兑换等多种手段，形成连片建设用地向先期选定建设的城乡融合示范小镇聚集，实现先期选定打造城乡融合示范小镇的乡镇在现有建设面积基础上再增加30%建设用地，保障以村升镇的城乡融合示范小镇获得合理建设用地面积。

3. 利用"点状供地"机制为康养和文旅产业提供发展空间

实施临夏州县市农村产权交易平台建设项目，在落实第二轮土地承包到期后再延长30年政策的基础上，引导农村土地产权规范有序流转，逐步试点城乡土地的同地同权，保障农民土地权益。全面开展农村土地的有偿退出机制，深化农村土地制度改革，保障农民财产权益，在符合地方国土空间规划、产业发展、人群准入、经营能力要求的前提下，在农村集体建设用地可以不改变其所有权的条件下，允许城镇居民投资乡村产业和租赁土地、住房，促进农村土地使用权、承包经营权、所有权流转，实现城乡土地用地同权，促使城乡关系由城市单向性向城乡双向型转变。探索落户城镇的农村贫困人口在原籍宅基地复垦腾退的建设用地指标由输入地使用的模式。

【专栏 9-2】

城乡融合土地工作重点项目

土地银行建设项目：在县—镇两级探索建立土地交易机构，在吸取外地土地银行经验教训的基础上，以政府牵头，机构行动的模式积极开拓土地金融和土地流转市场化服务。通过用地市场实现城乡统一、规则明晰、操作便利的土地代管、散地零入零出或零入整出、整地整入散出、土地等值兑换、高价值土地存地收息等多种形式、高灵活度的存用地专业服务。

（四）加快金融机构在小镇集聚

建立金融服务与乡镇及企业对接渠道。通过各类配套优惠政策，引导 30 家金融机构在临夏市、临夏县聚集，开展乡村金融论坛和金融机构入镇入园、巡回对接会活动，扩宽乡镇企业和金融机构接触渠道。允许以地以智入股，增强产业资源对金融机构的吸附力。

（五）借力专业化人才市场推动示范小镇人才集聚

1. 建立双向互通的城乡统一人才市场

建立统一、规范、覆盖城乡的公共人力资源市场服务体系。鼓励社会力量参与人力资源市场建设，以现有人力资源服务机构为带动，灵活采用参股、分支机构独立化改组等合作或协助形式，扶持发展有市场、有特色、有潜力的中小型专业人力资源服务机构，积极发展小型、微型人力资源服务企业。

2. 推动人力资源向城乡融合示范小镇集聚

推动人才管理职能部门简政放权，保障和落实基层用人主体自主权。探索招聘特殊人才的办法，建立健全编制周转使用制度，为基层引才提供保障。在城乡融合示范小镇建立乡镇人才公寓或专家公寓，为农业科技人才、金融人才、新型产业人才、现代服务型人才、创意创新型人才短期性、周期性下乡提供便利，吸引人才长期驻留城乡融合示范小镇。在人才工作目标责任制考核中将乡镇人才的数量质量及成长效率作为人才工作考核的重点内容。

【专栏 9-3】

城乡融合人才工作重点项目

乡镇创新创业导师项目：实施乡镇创新创业带头人培育行动。支持本地农民兴业创业，引导农民工在青壮年时返乡创业，将返乡创业农民工纳入一次性创业补贴范围。积极争取一批乡镇创新产业人才进入国家农村创新创业导师名录。

城乡人才市场一体化项目：在城乡融合示范小镇以及其他较大乡镇（行政村）、工业集中区、企业园区等用工较多的区域，因地制宜设立规模适度的综合性或专业性人力资源市场，满足城乡劳动者的服务需求。引导经营性人力资源服务机构按照有关规定，与公共就业服务相结合，采取搭建农民工劳务对接平台、为登记失业人员提供免费就业服务等多种形式，积极为劳动者提供社会公益服务。将经营性人力资源服务机构开展的公益性就业服务纳入公共就业政府补贴范畴，享受相应扶持政策。推进政府及其各类人力资源服务机构的数据和平台一体化贯通，逐步建立覆盖城乡的人力资源服务信息网络统一发布供求信息分析、用工信息、求职信息等，实现信息资源城乡共享。

新农人培育项目：以政府引导，机构主办或合办的模式，充分发挥高校、科研院所及企事业单位在人才培养、科技创新、社会服务等方面的优势，秉持选拔一批、提升一批、赋能一批的原则，力争用 5 年时间实现培育 1000 名受教育程度较高、熟悉互联网、爱农业、懂技术、善经营的新农人。

（六）推进新型农村社区改革和基层治理能力提升

推动新型农村社区建设，引导城市社区治理优秀人才下乡、回乡，利用自身经验和治理能力推动乡村基层治理改革,实现党组织领导、人民群众广泛参与的乡村基层治理新格局。以城乡融合示范小镇为农村社区率先改革区,确定并公开农村社区自治事项清单,充分调动广大人民群众参与基层治理的积极性。建立乡村社区公共议事机制,确保议事场所、议事周期,打通党组织与基层群众密切联系的纽带,引导基层党组织与人民群众加强沟通、互通有无。扩大群众监督权,从群众中选举监督委员和义务监督员,成立乡村社区监督委员会,定期进行所属乡村社区村财务收支情况、土地经营状况等事项的监督,并及时将相关情况进行公示,确保村集体每一笔经费支出都有明细,每一寸土地流转的审批程序规范。

(七)传承乡村历史记忆并提升乡村文化脉络地域风貌

1. 分批分类打造乡村文化风貌

发展有历史记忆、文化脉络、地域风貌、民族特点的美丽乡村。发展中心村、保护特色村、整治空心村。采用分阶段构建方式,先期在100个州级乡村示范村中开展文化风貌提升,后期在优化乡村分类依据、细化建设内容、完善建设标准的基础上,在全州推进分类化的乡村文化风貌构建工作。

2. 打造多元化的乡村文化风貌

针对不同类型乡村进行不同方式的文化风貌构建。对历史传承类传统风貌类村庄,搭建法律、规划、申遗、档案编制等立体保护伞;积极开展国家和省级历史文化名村申报,扩大保护范围;建立健全历史文化资源信息档案和数据库,形成科学保护和管理依据;对遗产的保存、修复和开发利用制定村级规划,推动已损毁历史建筑专业化复建工作。对传统风貌类村庄,在保留和尊重村落地形、树木绿化、社区交流中心的传统街巷格局、个别构筑物等的基础上,按照现代生活生产的需要进行新的建设。对民俗风情类村庄,注重传统的乡村文化与风俗民情的保护和扬弃,充分利用传统文化资源;顺应乡村经济社会的发展和现代化进程,尊重文化自然演替的规律,鼓励和引导新的乡村文化形式和新的乡村精神,使乡村社会经济文化的发展符合现代化的生活方式和当代精神文化需求。对现代新风类村庄,注重村庄环境的整饬,完善设施配套和绿化建设;实行城乡一体化的规划和管理,让村落成为城市的重要组成部分。

3. 加强乡村文化载体建设

坚持一院多能、一室多用，统筹建设各类农村公共文化场所。推进农村综合性公共文化服务中心建设，制定建设标准，打造资源充足、设备齐全、服务规范、群众满意度较高的基层综合性公共文化设施和场所。开展文化礼堂、乡风家风馆、农家书屋、文体广场等文化阵地建设，部分中心村适度超前规划建设农民文化乐园。开展文化扶贫，推动资金、项目、政策向贫困地区倾斜，实现全州文化场馆行政村全覆盖。建立稳定规范的财政投入机制，吸引社会资金投入农村文化设施建设，形成政府主导、社会参与、多元投入的乡村文化建设发展格局。

4. 创新公共文化服务供给方式

按图书、报刊、影音、演艺、体育等类别制定公共文化服务目录，提供"菜单式""订单式"服务，探索建设临夏公共文化服务云平台，推动公共文化服务实现精准化投送。推广政府购买公共文化服务，在充分发挥文化企业供给作用的基础上，探索运用市场机制、社会捐助等多种形式，引导社会力量参与，增加农村文化资源总量，提高服务水平和效率。支持"三农"题材和民族风情文艺创作的生产和消费。

【专栏 9-4】

城乡融合文化工作重点项目

乡村文化风貌认定项目：在 100 个州级乡村示范村中，开展文化风貌分类认定。在传统格局保存完整，历史建筑遗产、文物古迹和传统文化丰富，现存有成片历史的传统建筑群、纪念物和历史遗址的村落建设历史传承类村庄；在传统聚落格局未受大的破坏和改变，村落中仍有部分历史建筑，整体具备浓郁田园风貌和一定地域特征的村落建设传统风貌类村庄；在非物质文化遗存丰富，农业仍为主导产业，具有浓郁民俗风情和地域、民族文化特征的村落建设民俗风情类村庄；在历史风貌已不复存在，已经转向以工商业为主导产业的村落和农村社区建设现代新风类村庄。

第十章
推动高质量发展城镇化的重大工程

一、生态文明工程

(一) 贯通融合共生的生态产业路径

1. 构建生态资源资产化基础上的生态产业融合的河州模式

探索生态资源价值评估标准构建,为生态资源资产化奠定量化基础。扩宽"生态入股"渠道,在耕地、草地、林地入股基础上,进一步在生态旅游领域推动湿地、古树、古井、特色地质、河道及沿岸等各类生态资源入股或租赁机制,结合"点状供地"政策,实现产业政企共建、生态政企共保的"河州模式"。推进生态保护地体系与全域旅游协同建设,灵活利用保护区边缘农村的闲置建设用地,保护区内已有的破旧房屋、林场厂部、管护站等建设用地产业价值,依托"点状供地"和"垂直发展"策略,打造沿太子山和绕太极岛康养等项目,实现生态越好价值越高的"生态+文旅"良性互动。

2. 借力"生态协会"形成生态损害与修复联通共建机制

由政府牵头,专业机构参与,组成"生态协会"。生态专业机构负责评估现有及未来可能产生的生态损害状况,并针对损害状况形成针对性养护任务,汇总各类任务,建立实时更新的生态养护任务清单。对非企业或个体责任所产生的养护任务,评估确定成本及政府承担的经费,通过竞标选定生态养护企业/机构承接并完成。对企业或个体在经营发展过程中造成的生态损伤,需要进行补偿性养护的,由专业机构确定任务内容,生态损害产生者与生态养护企业/机构直接联通商定费用，承接和完成对应养护任务。

3. 提升生态产品化开发力度，实现生态资源循环利用

依托临夏特色或优势生物资源，推动"植采一体"的运营模式，在对自然生态最小影响和不破坏原有生态面貌原则下，允许林、木、草、菌生产和加工领域企业入山、入林，在原有主业基础上配套发展生态种养植、特色作物育种育苗等业务，鼓励在山林种养区域发展生态旅游项目。优先开展基于青冈木资源的特色育苗、育菌试点，允许相关企业开展青冈木种养工作。

4. 组建生态资源科学研究平台集群

充分挖掘和发挥临夏州生态特色，通过建设一批研究平台，打造临夏在生态、地质、物种等研究领域的特有地位和影响力。利用临夏州地处陇中黄土高原与青藏高原过渡带上的独特地质风貌，高标准、高水平构建地质博物馆。依据临夏州黄河流域上游占位，协同黄河流域各地区，形成生态研究城市联盟，打造地质遗产廊道数字化保护协同平台，积极开展世界遗产申报。发挥临夏州亚高原区域的生物多样性优势，打造亚高原地区国家种子基因库临夏分库。把握临夏州作为全国自然灾害综合风险普查试点机遇，积极建设、申报形成国家、省级重点实验室、工程实验室、工程（技术）研究中心。推进地质、古生物等领域博物馆群和科普基地群建设，提升博物馆和科普基地建设标准和服务品质。扩大数字博物馆涉及领域和建设深度，推动全域地质、生物、古生物信息数字化、三维化，构建相关领域数据库，探索科研数据共享及有偿提供机制。

（二）构筑区域联动的生态保护格局

1. 构建"两山四水、四带多点"的区域绿色空间结构

以太子山、莲花山两条主要山脉，打造生态保育、生态屏障关键区域；以大夏河、广通河、牛津河、洮河四条主要水系，打造生态涵养、水文调蓄关键区域；以沿洮河、环刘家峡库区、沿太子山和沿兰郎公路"四带"为串联多个城镇生态系统的关键廊道；以自然保护区、森林公园、风景名胜区、地质公园等自然保护管理体系和公园体系为多个改善环境品质的重要空间点。通过区域绿色空间结构设计与规划，防止建设用地过度蔓延，实现绿色生态空间数量和质量的双提升。

2. 强化生态安全格局构建西南部绿色生态屏障

依托太子山、莲花山等生态安全屏障，强化临夏城镇内外生态联动，共同维护区域生态安全。加快构建以黄河上游生态保护高质量发展带，大夏河、大通河、洮河、湟水河和广通河等生态廊道构成的生态安全格局。系统整治黄河流域，连通江河湖库水系。严格保护大夏河、大通河、洮河、湟水河和广通河等河湖水域、岸线水生态空间。强化与周边青海湖、甘南高原等重要生态区保护建设的联动。

3. 加强山区森林建设与地质景观开发

重点以青藏高原和黄土高原生态过渡带建设为突破口，共同谋划建设国家公园、森林公园和湿地公园，率先开展甘青示范区国家公园联合建设试点。抓好临夏世界地质公园等地质公园建设。

4. 坚持改革创新精神，完善环保建管机制

坚持依法治理，深化生态保护和修复领域改革，释放政策红利，拓宽投融资渠道，创新多元化投入和建管模式，完善生态保护补偿机制，提高全民生态保护意识，推进形成政府主导、多元主体参与的生态保护和修复长效机制，进而形成生态文明建设同新型城镇化建设相适应的体制机制。

（三）着力重点领域的生态修复工作

1. 推进重点区域和重要生态系统修复工程

系统实施以黄河上游临夏段水资源补给区、洮河—广通河流域、湟水河流域永靖段、太子山沿线、莲花山国家级保护区、临夏州东北部干旱半干旱区、刘家峡库区两岸为重点的"七大生态治理区"山、水、林、田、湖、草全要素生态保护与修复工程，全面提升山体、森林、河湖、湿地、草原等自然生态系统稳定性和生态服务功能。

2. 加强人为水土流失防治

加强山区废弃矿山、采石场的生态修复，重点恢复受损山体，以绿地作为城市与山体的缓冲过渡地带，形成山与城互嵌互融的有机格局。针对崩塌、滑坡、泥石流等地质灾害易发区，采取修复与防治并重的原则，开展生态破坏地区的生态修复，提升地质灾害应对能力。

3. 落实推进生态治理工程

继续实施好北山生态廊道综合治理工程、百公里黄河水土流失治理及生态景观长廊建设工程、大夏河流域生态环境综合治理和生态文化长廊建设工程。

（四）开发绿色高效的循环发展模式

1. 加强循环经济园区建设

统一规划，厘定临夏经济开发区、和政县循环经济园区、海河循环经济产业园区功能区分和产业市场定位。落实资源回收、垃圾处理、再生资源加工企业的优惠扶持政策。打造州内企业联动平台，引导州内可再生资源向三大循环经济园区聚集，在环境允许、技术满足、规模可控的条件下，打造部分资源在州内的闭环流动体系。

2. 探索城乡联动、政企联动、区域联动的循环经济体系

推进循环经济企业业务向乡镇渗透，以产业化发展带动垃圾处理和资源回收利用城乡一体化。以多元化主体释放循环经济参与潜力，扩宽循环经济要素来源。积极参与环兰一小时经济圈促成周边循环经济合力，主动借助厦门—临夏帮扶介入东西循环经济协作，加入省内和国内跨区域全面物质闭环流动体系，构建出结构上城乡联动、主体上政企联动、空间上区域联动的循环经济体系。

3. 引导扩展绿色消费规模

以政府技术投入为杠杆，引导社会技术和资金资源向绿色消费转移，降低企业商品环保化、可回收化的研发和制造成本。打造资源循环智慧管理平台，以循环经济节点信息化为抓手，贯通资源回收利用追溯渠道，强化再生资源监管能力。以政、企、媒合作为主导，传媒资源为平台，企业广告为形式，推广绿色消费理念。

（五）营造强韧低耗的海绵城镇样板

1. 以生态家园为目标开展城镇综合整体性规划

从战略高度开展临夏生态化发展顶层设计，在城镇规划中横向布局临夏州整体生态结构和绿色廊道打造，纵向贯通经济发展、公共服务提供、基础设施建设等方面，围绕生态家园建设统一布局，促进生态和经济融合发展。以规划设计推动城镇发展模式生态化，引导促进生态富民、生态立镇、生态强市（县），贯彻"绿水青山就是金山银山"的发展理念。

2. 以循环理念为引导，改造城镇雨水大循环体系

积极吸取厦门"海绵城市"建设经验，大力开展海绵城镇建设。以6个靠近自然河流的生态旅游型特色小镇（康乐县莲麓镇、永靖县太极镇、和政县松鸣镇、东乡县达板镇、东乡县唐汪镇、积石山县大河家镇）为先行示范区，开展城镇整体海绵化建设，以透水道路和广场建设、城镇及周边自然水系保护修复、城镇绿地开发、排水污水处理设施建设为主，打造整体化海绵小镇。以临夏市和各县城为重点改造区，着重推动城区雨涝区域海绵化改造，恢复城市土地和水系蓄水能力，改造步道及广场地面透水能力。在模式成熟、技术可控的前提下，在全州推广城镇海绵化建设。

3. 以生态自然为要求促进城镇绿地高品质发展

改变过往城镇公园和绿地"水泥绕大树"建设模式，鼓励城镇公园和绿地景观迎合自然化、生态化营造模式。减少公园和绿地建设中水泥、不透水地砖等材料的使用比例，增加透水铺装、绿色屋顶、下沉式绿地、渗透塘、渗井、湿塘、雨水湿地的面积占比。

4. 以影响最低为约束，实施城镇雨水资源化策略

科学计算、谨慎实施，根据临夏州降雨特征、水文地址条件、径流污染状况和内涝风险控制要求情况，合力考量雨水资源利用需求，以不改变水文条件、不影响现有环境为底线，开展雨水资源化处理。建设蓄水池、雨水罐、调节塘、调节池和相应净化处理设施，扩宽城镇水资源渠道。

（六）打造健全有力的生态法治体系

1. 配合国家生态法治建设进程，完善生态环保法治体系

以国家和省环境法规为体系核心，与社会法律和环保智力资源建立持续合作机制，提速提质打造临夏州生态环境法规体系。参照国际先进水平，以污染物排放控制为重点，制定更严格的环境标准。建立健全职责清晰、分工合理的环境保护责任体系。完善体现生态文明要求的目标、评价、考核机制，在生态环境损害责任终身追究制的基础上，建立环保责任离任审计、环境保护督察和履职约谈等制度。加大区域环境综合整治监督执法力度，专项执法与"双随机"执法检查并举，强化联合联动综合执法，继续推进行政执法和刑事司法相衔接。落实环境生态损害赔偿制度，通过诉讼等方式对造成环境污染或生态损害的单位追究环境生态损害赔偿责任。

2. 建立环境违法线索管理闭环机制

建立案件规范化管理制度，做到环境违法线索"条条有登记、件件有跟踪、事事有审核"的"流水线"化、闭环化线索管理机制。严防线索流失和线索搁置现象。

3. 深化环境司法、执法联动机制

推动全州各级法院、检察院、公安机关、自然资源、生态环境、水利（水务）、林业和草原等部门进一步增进有效衔接，切实推进落实环境资源司法、执法联动工作机制，保持信息互通、工作协调。建立环境资源司法、执法联席会议制度，定期组织召开会议，会商重大环境资源违法案件，推进环境资源司法、执法信息共享。推进环境司法、执法联动政策创新，促进环境司法、执法联动常态化，打造完整顺畅、职责分明的环境违法线索通报、案件移送、资源共享和信息发布工作程序。建立环境资源纠纷的联合调解机制，聘请环境资源专家作为调解员参与复杂疑难案件调解工作。

【专栏 10-1】

生态文明工程重点项目

临夏州生态协会创建项目：成立专业化、市场化的生态环保中介机构，承担生态损害状况评估及生态养护项目的管理。

重点区域和重要生态系统修复项目：对黄河上游临夏段水资源补给区、洮河—广通河流域、湟水河流域永靖段、太子山沿线、莲花山国家级保护区、临夏州东北部干旱半干旱区、刘家峡库区两岸的山水林田湖草全要素进行生态保护与修复。

松鸣镇海绵城镇试点项目：以自然水系修复、城镇区域透水路面建设、雨水蓄积为主，在和政县松鸣镇率先开展整体化海绵城镇建设试点。

二、科技创新工程

（一）汇才引智，设立创新创业奖励任用机制

1. "河州之星"创新创业人才评选

推近"人才助推产业发展五大工程"，建立引才引智、创新创业、培育培养、归根归队、关爱关怀的人才工程建设体系，参照厦门创新创业人才评选工作，开发以激励为导向的人才评选指标，定期对在临夏州创业或工作一定时间以上的创新型、应用型、技能型科技人才、经营人才、领军人才、基础研究人才和高水平创新创业团队进行评选，打造具有示范性的创新创业人才队伍。通过人才评选，激励创新创业人才向临夏聚集，发挥专长。

2. 设立全州科技进步最高奖项"河州奖"

建立科技进步奖申报、评选与奖励机制，参照全国科技进步奖，按基础研究与应用基础研究、技术开发与技术发明、软科学与社会公益三大类型设置州级最高奖项。最高奖每两年评选一次，对获奖者予以奖金奖励。大力推动获奖项目申报省级和国家级科技进步奖。

3. 建立以成绩论奖励的人才奖励机制

对通过评选得出的创新创业人才和科技进步奖获得者，开展"锦上添花"式的奖励机制。创新人才以其知识产权的认定为标准，创业人才以其企业发展规模质量为标准，通过竞争性评价，对排名靠前者进行荣誉和物质奖励。

4. 推进创新创业的帮扶和指导

通过广泛征集创新创业指导需求，形成创新创业帮扶任务，建立创新创业帮扶任务库，任务由评选得出的创新创业人才和科技进步最高奖获得者按专业和类型组成人才工作组承担，并根据任务完成情况获取物质报酬。鼓励人才工作组向智库转化。

5. 构建广谱性科技成果推广转化渠道

使科技成果评估智库与拍卖机构组建联合体，每年主持举办科技成果拍卖大会。不限来源征集科技成果，不限地域开放拍卖，引导科技成果向临夏聚集，打响临夏科技成果转化的品牌效应。落实创新产品与服务远期约定政府购买政策。

（二）聚焦需求建立广域深度智库服务体系

1. 建设以临夏发展需求为导向的三大智库

包括针对种养殖、林业、食品加工、信息技术、环境保护等方面的自然科学和工程科学领域智库；针对规划设计、政策研究、产业策划、营销顾问、社会服务等方面的社会科学领域智库；针对艺术设计、创意经济、文创开发等方面的特色创意领域智库。智库建立由政府牵头，广泛与本地及省内研究院所、厦门研究院所、高校、高技术企业、专业机构、行业专家等智力资源对接，聚集专业智力资源组成智库。

2. 健全合理高效的智库运行机制

构建智库平台，由政府部门、企业根据自身实际发布需求信息，组成智库任务清单，由智库成员单独或联合接取，并按任务绩效获得相应报酬。

（三）内引外联打造合作创新共享平台

1. 建设多种形式联合的创新共享平台

以获取创新成果为导向，鼓励企业和机构积极对接外地资源，跨地域打造研究所、设计中心等创新平台，实现创新资源在外地、创新成果在临夏的远程创新，尤其加强临夏州企业、单位与兰州、西宁等周边城市开展科技合作，推进创新驱动发展。鼓励创新能力不强、创新需求相近的多个主体通过资源整合、利益共享模式，联合构建协同创新平台。推动临夏州企业参与融入丝绸之路"科技走廊"建设。

2. 引导创新需求整合实现创新成果共享

由政府或专业智库组织，调研、摸底缺乏创新能力的中小企业及个体经营者的创新需求，形成创新需求清单，整体对接相关资源进行综合创新服务，促进创新需求走出去、创新服务引进来，确保创新成果集体共享。

3. 组建临夏本土研发创新机构

基于临夏州企业普遍规模较小、市场知名度较低的现状，引导龙头企业强强联合，以龙头企业研发能力为核心，产业链相关企业专业能力为配套，共建共享，合作提升临夏本土研发创新能力。

（四）创新高科技产业扶持政策，打造高科技领军企业群落

通过政策扶持，强化企业创新主体地位和主导作用，支持具有配置创新资源能力的优势企业成长。按照"科技人才—知识产权—产学研—科技项目—高科技企业—上市企业—创新型领军企业"的发展路径，通过政策扶持打造一批创新水平高、成长性好、科技支撑作用强的创新型企业群体，形成一批有行业竞争力的创新型领军企业。支持有条件的中小企业围绕临夏优势支柱产业和战略性新兴产业，开展配套技术和产品开发，在推动产业集群发展的过程中提升创新能力，在种养殖、食品加工等领域培育壮大一批"科技小巨人"企业。

（五）健全财政科技投入稳定增长机制

1. 进一步加大财政对科技投入的力度

要求各级政府依法保证财政科技投入稳定增长，"十四五"期间研发经费投入强度提高到0.5%以上，州县两级政府编制预算和预算执行中超收分配，都要体现科技投入法定增长的要求，通过机制保障财政科技投入增长。建立多元化、多渠道的科技投入体系。积极争取国家部委、省级厅局支持，积极探索科技发展风险投资基金投入与使用，逐步构建科技投融资体系，并引导企业和全社会增加科技投入。

2. 提高科技投入资金使用效率

调整科技投入结构，加大对重大科技专项、科技队伍建设、科技基础条件等的投入力度，并加强对政府科技投入的管理，形成更加符合公共财政的投入结构，让科技投入资金的使用效率提升。

（六）推进以知识要素为依据的分配机制建设

1. 探索知识入股、知识分红等以知识要素为基础的分配机制

以临夏市以及选定的先行建设特色小镇为试点区域，引导支持在科学技术、管理经营等方面具备专长的个人、企业、机构等以知识要素参与包括国有企业在内的企业股份分配，创新分配机制，借助知识要素盘活现有资产。

2. 鼓励知识拥有主体参与企业经营和公共服务项目建设

以选定的先行建设特色小镇为试点区域，引导支持在科学技术、经营管理、金融对接、工程管理等方面具备专长的个人、企业、机构以知识要素参与公共服务提供。允许知识提供者在有收益的公共服务项目上占有股份，以公共服务收益吸引金融和智力资源先行进入，加快公共服务和基础设施建设速度。

【专栏 10-2】

科技创新工程重点项目

科技人才评选与成果奖励体系建设项目：设立"河洲之星"创新创业人员评选以及临夏最高科技进步奖"河洲奖"。

智库建设项目：由政府牵头，在自然科学和工程科学领域、社会科学领域以及特色创意领域成立三大专项智库。

联合创新平台打造项目：在皮革毛纺或食品加工等产业，鼓励州内龙头企业联合在临夏州本地或异地建立一个同行业或产业链上下游关联、企业共享的创新研发平台。

三、全民素质工程

（一）基础教育强基跨越计划

1. 建设"临夏名师名校云"推进基础教育数字化、远程化

利用当下新基建加速趋势，借助现代远程教育手段，以全州统筹各地共建方针,建设基于网络的"临夏名师名校云"工程。要求和鼓励临夏州内优秀教师增加网络教学比例,面向州内所有同级学生开展在线授课与互动,让名师课堂通过信息化手段向县城和乡镇覆盖。扩大县城和乡村基础教育中远程教育占比,将远程教育融入日常课堂教育,提升学生与名师接触频次。推动名校教学资源上云共享,扩展全州学生教学资源丰富性。

2. 助推优质教育资源进临夏、入乡镇

激活办学机制灵活性,内部联合、外部引进。大力支持民办教育品牌、外地名校进入临夏,允许公私联办、跨地域联办、挂牌、委托、合办、设立分校等多种办学形式,促进外地优质资源向临夏流动。鼓励县市联办、城乡联办等办学形式,促进州内优秀教育经验和创新教育模式向外推广,带动县、镇学校发展质量和速度的提高。

3. 建立临夏州教学质量互评共建平台

建设教师课堂网络互评共建平台,构建基于网络平台的各科目州级教研室。将教案、课堂录像、教学计划等内容上传平台,开展常态化分科目分类互评互比,发现教师教学短板,挖掘优质教师,通过培训资源共享和针对性建议提升教师整体水平。同时继续推动常规教师培训提升工作,借助国家扶贫政策利好与厦门鼎力支持,充分借助兰州、厦门等相对先进地区的师资力量,推进优秀教师赴兰州、厦门进修,推进厦门优秀教育工作者赴临夏开展培训。

(二)"河州工匠"职业教育创新发展计划

1. 强化和提升职业教育特色专业实力

基于州内阿拉伯语(下文简称"阿语")教育优势,积极探索开办跨境电商+阿语、贸易+阿语、物流+阿语等"阿语+产业"模式的融合型特色专业。针对州内产业发展,鼓励州内职业院校在农业技术、电子商务、信息技术、现代服务业、经营管理等人才紧缺领域开办专业,强化人才培育。加强州内院校与临夏优势产业对接,在现代职业学院平台内建成临夏文旅学院。

2. 借助产学融合策略提升职业教育能力

开展多种形式的产学联合培养模式,引导龙头企业在院校进行订单式人才培育和职工继续教育;引导职业教育资源进入职工人数较多的企业、实行就地办班办学,根据企业需求开设课程,针对企业职工进行职业教育。推广院校借助企业资源开办实训基地、实习基地,企业借助院校教育资源开办职工提升课堂等职教院校与企业深度合作、资源互换模式。

3. 实现临夏州本科教育零的突破

利用国家和甘肃省职业教育改革大趋势,支持临夏现代职业学院等本地院校通过联合办学、院校合并等方式,吸纳外地优质职业教育资源,升级职业教育层次,突破临夏本科教育为零的现状。推广碧桂园模式,宣传、吸引外地高水平企业来临夏开办职教院校和职教课堂,以订单培育等模式开展职业教育。

4. 搭建多元化主体的继续教育体系

改变教育仅由学校承担的现状,通过补贴、鼓励龙头企业和高技术企业开办职教课堂提升企业职工技能水平,允许企业内部课堂对企业外人士开放。允许企业、社会机构和个人以市场化模式开办单一专业或单一技术的技术班、技术课堂。实现在职教育和终生教育模式的创新。

5. 设立"河州工匠"评选与"河州能手"职业技能竞赛

定期从全州企业技能岗位从业者及个体技术从业人士中评选技能优秀、职业道德良好的典范,予以一定程度的物质奖励,吸引更多优秀技能人才来临夏州从业定居。定期开办职业技能竞赛,采用自愿报名机制,以丰厚奖励为引导,促进良性竞争和自我提升的社会风气。

(三)理想信念、文明风尚深耕计划

1. 开展"河州魂"文明风尚模范人物评选

采用推举评选模式,定期评选出一批道德品质优异、事迹感人、示范力佳的文明风尚模范人物,在各个媒体平台予以广泛宣传推广,在学校、政府单位、基层社区进行主导推介宣讲。

2. 编写、宣传不文明行为清单和自评表

由州文明办主持编制,采用打分模式,设立文明及格线、优良线。清单和

自评表通过学校、政府部门、社区广泛传播，邀请全体居民对照清单开展文明自评，促进居民对个人行为的注意和公德宣传。

3. 实施不文明行为曝光活动

综合采用公共区域监控摄像以及民间视频投稿，在州内电视台、网站、自媒体平台上曝光不文明行为，提升全社会对不文明行为警醒程度。

4. 开展"文明纠风月"活动

以荣誉和一定物质激励为引导，以自愿参加为原则，面向在校青年学生、社会志愿组织、离退休干部等文明素养水平较高、沟通交流能力较强的群体征集志愿者，每年开展持续一个月时间的不文明行为阻拦工作。以临夏市和各县城为主场，由志愿者深入街头，劝阻不文明行为，提升城市整体文明风貌，带动乡镇共同改善。

（四）全民科技素养再造计划

1. 多渠道开展科普推广工作

以客流量为基准的科普奖励政策，激励企业、机构、个人建设实体科普平台。鼓励深度契合临夏州情况的内容为要求的新媒体科普平台建设和内容开发，探索以点击量为基准的相关奖励政策。

2. 实施现代科技型农场主培养的"领头羊"计划

开展新型农业经营主体带头人轮训，着重农业技术、电商营销等专业知识，培育一批技术过硬的技术型职业农民，一群理念先进的经营型职业农民，促进农业农村创新发展。

3. 回应社会关切，营造科学理性的社会氛围

贴近百姓现实需求，围绕人民群众关心的卫生健康、食品安全、环保治污等领域，普及健康生活方式，提高全民健康素养水平，开展好世界艾滋病/结核病纪念日、世界无烟日、健康中国行、全国食品安全宣传周、全国安全用药月、全民健身科技志愿服务临夏行等主题科普活动。针对社会关注的焦点问题，加大科学解读传播力度，对谣言进行及时澄清，营造科学理性的社会氛围，消除封建迷信、伪科学、极端思潮。

（五）乡风乡规提升计划

1. 立体开展乡村乡规构建与推广

制定推广村规民约，征集优秀家风家训，灵活运用村居当地历史、名人、典故、谚语、民俗元素，充分结合村居环境和建筑风貌特色，因地制宜设计，建设价值导向鲜明、凸显临夏乡村风貌和文化特色的文化祠堂、文化主题公园、文化广场、墙绘、景观，让村民时时处处受到感染、熏陶。借助农村信用体系建设的不断推进，开展文明诚信市场、信用户、信用村、诚信企业等创建活动，建立诚信红黑榜发布制度，强化规则意识，倡导契约精神，弘扬公序良俗，引导广大农民群众诚实做人、诚信经营、文明服务，杜绝假冒伪劣、坑农害农现象。

2. 进行优秀乡风巡讲宣传

从环境清洁、社会和谐等角度，编制乡风评价标准。由各县市组织，以行政村为参比单位，进行乡风评比，选出乡风正负面典型。政府与优秀乡风代表组团，以宣讲、座谈等多种形式开展优秀乡风宣传。

【专栏10-3】

全民素质工程重点项目

"临夏名师名校云"项目：建立面向州内学生的远程在线授课与互动平台，并配套相关教学资源。

本科院校创办项目：以临夏现代职业学院等具备条件的院校为主体，通过专业优化和软硬件建设申办本科院校。

文明风尚模范人物评选项目：设立"河州魂"人物评选，定期选出文明模范，协同传媒机构进行宣传。

四、公共治理工程

（一）探索新型城镇化高质量发展导向的政务绩效考核体系

深入研究本质，广泛吸取经验，借助"十四五"全局规划调整大势，研究探索城镇高质量发展评价方法，建立高质量发展评价指标体系，通过该指标体系综合评价区域政务工作整体成绩。以新型城镇化高质量发展评价为导向，将评价指标分解落地，构建政务绩效考核指标。改革传统奖金发放机制，搭建基于发展绩效的奖励分配机制，推动以高质量发展评价为导向的政务绩效考核体系落地。

（二）健全公共部门共享协调机制、塑造优良营商环境

1. 落实企业重大事项专人负责、专项协调机制

借助电子政务和专人专办措施，打通部门信息和业务壁垒，实现"企业一次填报，专人负责跟进，全程顺畅走通"，最大限度降低企业办事人力成本和协调成本。

2. 构建跨部门事项流程联合开发机制

梳理跨部门政务事项，责成相关部门共同组织程序开发小组，集体协商设计跨部门事项管理程序，落实事项的办理流程、办理要求、办理标准和相关岗位责权。力争在"十四五"期间完成所有事项程序化工作，同步开展事情、程序公开化工作。

3. 优化行政程序降低企业办事成本

梳理行政服务信息指引与企业办事流程，消除流程冲突，明确办事要求和标准，消除企业办事信息盲区。推动信息无纸化传达，降低企业办事时间成本。强化服务意识和态度，向企业和个体经营者开展政策上门宣传，向规上企业提供政务上门服务。瞄准国际国内500强企业、行业龙头企业、上市公司、大型国企央企等，建立重点招商企业信息库，制定针对性方案，实地开展点对点精准招商。

4. 打破政企认知壁垒，举办政企营商论坛

构建顺畅政企互动渠道，启动定期研讨机制。要求政府各部门主动参与，邀请州内企业代表、州人大代表、州政协委员、行业专家广泛参加，探索优化政务服务水平、提升临夏营商环境，形成研讨总结报告和配套研究成果。建立研讨成果反馈机制，逐条跟踪研讨总结报告问题改善情况和建议落实情况，保

障研讨成果落实。

(三) 广泛探索多元主体良性互动参与城乡共治格局

以党建为引领，构建党组织领导下的"一核多元、分工共治"城乡社区治理机制。健全完善区域化党建领导机制、组织体系、工作机制，完善凝聚群众机制，发挥基层治理引领作用与优势。健全组织网络覆盖面，建立规范运行机制，引用多种形式有效载体，完善保障体系，发挥基层党组织政治引领和服务群众功能，突出党组织在城乡社区治理中的领导核心地位。广泛凝聚自治组织、经济组织、社会组织、驻区单位、居民个人等治理主体合力，逐步构建起多元共治的现代社区治理体系和社区良性社会生态，增强社区自治和服务功能，提升社区发展治理能力。确立责权归属，建立多层管理事项清单，区分政府、社区、社会机构和个人管理事项，实现多层次分工共治格局。

(四) 积极推进智慧临夏电子政务系统

学习厦门智慧城市和电子政务先进经验，积极推进临夏州电子政务云建设，打通信息孤岛，破除部门藩篱。推进电子政务服务平台建设，主动对接甘肃省电子政务平台，构建省、州、市（县）三级政务在线无缝融合办理机制。开展党政机关办公业务资源网建设，为党政机关各部门和全体公务员提供网络办公空间和条件，促进政务部门信息共享和业务应用，提升行政管理人员数字化办公水平，借助办公业务平台促进州委、州人大、州政府、州政协机关网络的互联互通。

(五) 大力提升行政管理人员治理能力和意识

1. 培养时时审视、事事注意的生态理念

以最高敏感度对待建设发展过程中涉环保事项，建立生态资源是临夏第一资源、生态发展是政务绩效第一指标的意识和理念。

2. 培养心态端正、行动周到的服务意识

准确认知自身岗位定位，明确政府和行政管理人员的服务属性，积极学习服务行业先进理念和经验，促进行政管理人员意识从"管理员"向"服务员"

的转变。

3. 培养注重市场、善用巧劲的经营理念

推进对"放管服"的政策认知，将市场认识、经营理念融入工作决策和行动。形成简政放权、管放并重、效率优先的行政体制理念。培养善用巧劲挖掘要素、整合资源，撬动高质量发展的决策理念。

4. 培养开放包容、合作共事的共建意识

促进政府从公共治理"垄断商"向"领头羊"的认知转变，深入了解"人民群众是改革发展成果的创造者""共同建设是全体社会成员的共同责任"两大理念；认知和深刻了解治理参与权是人民群众的一项重要权利，也是人性需求的组成部分；培养形成行政管理人员积极为人民群众参与治理创造条件、主动为人民群众参与治理搭建平台的良好风气。

【专栏 10-4】

公共治理工程重点项目

办事流程梳理项目：成立跨部门的办事流程梳理小组，梳理群众和企业有关的各项流程，消除流程内相互冲突，减少不必要环节，明确办事要求和标准，消除办事信息盲区。

政商论坛创办项目：以论坛形式，建立定期由政、商、学三方共同参与的研讨平台，探索研讨成果推进和反馈机制。

五、文化品牌工程

（一）构筑多民族多元文化保护体系

1. 全局全域保护地域特色文化风貌

以编制临夏历史文化特色小镇/街区风貌保护与更新设计导则为核心，立体打造地域风貌保护政策配套。将小镇、街区文化建设与生态建设融合，共同推进美丽城市、美丽乡村建设，在城乡优美景致基础上，打造丰富文化内涵。

2. 借助科技手段提升文化资源价值，开发保护能力

推动数字化文化保护与开发，建立在线数字化文物库与特色风俗博物馆，对物质类遗迹、文物以详细介绍和三维形象进行在线展示，对特色风俗通过影像实现活态展示。促成文化领域全方位"智慧+"模式，广泛利用互联网推送、传播机制和技术，使文化内容传播和文化特质感知从被动等待变为主动出击，降低潜在兴趣群体获取临夏文化介绍图文、影音和数字资源难度。推动数字展馆赴外参展参会，扩展临夏文化影响力覆盖面。

（二）提升文化传承与开发

1. 分类开展文化传承载体建设，打破历史文化与现代生活藩篱

深入挖掘黄河文化、彩陶文化、砖雕文化、物种演进文化、史前文化、民俗文化、红色文化、文化遗产等资源，在城市打造将文化和美食、娱乐、演艺融合的特色文化街区。在乡镇打造围绕历史文化资源开发、提供全面文旅服务的历史文化特色小镇。在乡村打造依赖文化遗产修复和传承、再现历史风貌的历史传承村庄。

2. 打造物质文化遗产综合开发体系，构筑遗迹保护产业化发展

在沿黄沿洮遗址、二十四关、古长城以及连片古建遗址等重点区域，以历史情景复现理念打造文保文旅综合体。推动损伤古建修复和损毁古建复建，加长物质文化遗产寿命，提升文化遗产价值，在古建区域周边建设风格一致的商业服务区域，扩展物质文化遗产区域服务能力。配套开发情景化古战争、古仪式实地演艺，复现古饮食文化、古服饰文化。打造景区特色节日，将演艺、饮食、文创销售等文旅商服资源周期性聚集，形成景区重点推介时段。统筹临夏州特色节日设计安排，鼓励文旅商服组团行动，以固定组团为不同景区提供差异化巡回服务。

3. 创新非遗传承利用机制，激活非遗资源内生动力

在保护传统技艺、传统风情的前提下，引导非遗传承人与企业合作，以非遗为要素进入企业，企业以股份为激励，开展联合开发。支持开办传统技艺体验馆、学习班，以开发促传承，增强非遗传承的从业吸引力。开设"河州新韵"传统技艺设计大赛，引导传统技艺与时尚设计结合，抬升非遗文创设计层次。贯通"传统技艺＋时尚产品"的非遗传承利用渠道，开发"古老风俗＋现代包装"的文化风情旅游思路。

4. 聚焦创意特色小镇建设，探索文化利用新策略与新机制

立足临夏市城郊镇与永靖县太极镇的创意特色小镇定位，引导州内文化资源与州外金融资源、开发资源整合，探索文化资源入股等资产化渠道，引入外界时尚创意智力资源和高端文创开发资源，主打传统文化与现代生活、传统元素与时尚潮流融合牌，提升文化元素产业化力度，共同推动文创产业特色化、高质量发展。

（三）挖掘弘扬时代文化精神特质与价值

1. 挖掘临夏文化精神特质，打造推广河州精神

不断总结提炼临夏文化与精神核心，传扬"天人合一，包容和合"的地域文化基调，以及"奉献、重商、自强"的民众精神特质。深度对接学术和创意资源，对接临夏州历史传承以及开展乡风乡俗挖掘整理工作。通过解析临夏各地文化风貌，发现、构造一批最具特色和代表力的临夏文化与精神符号，促进州内各地形成各有特色的文化元素。

2. 打造高效有力的文化和精神载体与宣传平台

打造乡俗馆、村风馆、宣传廊道、彩绘墙体等形式多样、设计优雅、与自然景观和城乡风貌融为一体的文化和精神文明载体。建立河州文化新媒体推介平台，探索多渠道的地方特色文化展现形式。

（四）立体打造地区品牌集群

1. 促进临夏产业品牌化战略实施

基于临夏州内企业普遍资金实力较弱、市场占有率较低、实施品牌化战略难度大的现状，推动产业品牌共享共赢机制，引导同类优质企业组团开展品牌运营。以产品相类、企业各异、品牌一致的操作模式，优先培养一批跨企业的临夏行业性品牌，创建跨企业品牌共赢机制。

2. 以沿黄市州城市文化联盟为载体，促进文旅品牌跨域运营

以沿黄市州城市文化联盟为依托，设计联盟统一的城市标识体系，打造以黄河文化为线索的跨区域文化形象集群，增强黄河流域文化表征可识别性。构建联盟数字化文化资源总库，谋划黄河文化"活态"数字博物馆建设。打通联盟文化与文旅互助协调机制，串接联盟各市州间游客推送和承接。形成联盟文化宣传统筹模式，做好"沿黄河讲好临夏故事、在临夏讲好黄河文化"的跨区域文化宣传工作。

【专栏 10-5】

文化品牌工程重点项目

临夏历史文化特色小镇（街区）风貌保护与更新设计导则编制项目：以导则为核心，编制形成临夏州文化风貌的保护与开发政策体系。

传统技艺设计竞赛设立项目：创办"河州新韵"竞赛，开展砖雕、葫芦雕等不同门类传统技艺的设计比赛，促进比赛中呈现的优秀设计商品化。

沿黄市州城市文化联盟组建项目：以品牌共享、标识统一、服务互通为原则，推动建立以黄河为主题的文化联盟。

六、智慧城镇工程

（一）建设高效完善的智慧城镇基础设施

1. 打造高带宽、低延迟的新型网络硬件体系

以有线光传输（光缆光纤）网络建设和 5G 无线网络建设为核心，推动全州域网络高速互联化。依托新一代传输技术低延迟特性，形成零延迟服务网络基础架构。

2. 部署网络化监控与探测设备，助推城镇管理精细化

推进"雪亮工程"建设，提升治安监控密度和质量。建设城市管网监测体系，推进综合管廊建设，将水、电、气、暖、排水、排污管网纳入远程监测之下，提升大气、水、土、林等环境监测密度和精度，推进城镇管理的精细化和及时性。

3. 建设综合数据中心，构造城镇"大脑"基础

以临夏市州级大数据云计算中心建设为核心，在各县城建设次级数据中心。实现数据中心间信息高速传输，保障未来数据融合和分布式存储潜力。加大数据中心算力建设，保障智慧城镇数据处理与分析能力冗余。

4. 配置强大周密的网络安全系统，保障智慧城镇安全运行

采用软硬结合的网络安全部署，建立强大安全防火墙。提高智慧平台建设安全标准，升级平台协议和加密力度。实施城市治理核心网络和互联网物理隔离策略，保障城市运转顺畅。

（二）打通融合互联的智慧城镇管理体系

1. 从制度建设和发展规划的源头打破信息壁垒

统一梳理部门业务数据、评估数据融合需求、鼓励部门数据开放、引导部门数据交换和对接、改善数据精度。在规划设计中将数据整合列入重点工作，制定专项政策推进数据跨部门融合。通过高质量发展指标体系，在政务绩效考核中将数据融合纳入考量。

2. 打造智慧城镇核心数据库，统一服务框架以及统一认证

通过电子政务与电子服务的数据和功能标准化、框架统一化建设，推动未来临夏智慧城镇数据和功能跨部门、跨区域，州、市（县）、乡镇三级融合发展。

3. 借助主体多元化降低城镇智慧管理的融合互联门槛

放开公共服务主体限制，允许和鼓励具备能力的企业和社会组织参与公共服务提供，借助企业服务平台的打造和融合，提升智慧城镇建设速度，改善智慧城镇能力更新效率。

（三）开发高效便利的智慧城镇操作应用

1. 针对性开发公共服务平台，提供丰富即时的远程公共服务

由卫健、教育部门主导，联合企业共同开发打造智慧服务平台，依托临夏市优质卫健、教育服务资源，通过平台为乡镇提供远程服务。依托低延迟网络探索远程诊疗、远程手术服务，改善各县城、乡镇医疗综合服务能力，提高社区、农村诊断精度和效率。落实实施教育信息化2.0行动计划，大力发展"互联网+教育"，向县城、乡镇在校学生提供远程名师课堂、远程考试服务。同步推进其他公共服务平台建设，探索引进外地优质公共服务资源、开展远程服务模式和渠道。

2. 政企学联动建设产业信息平台，提升经营主体决策科学性

探索建立农业智慧服务平台，向农户和农业企业提供全面的市场信息，包括各个品种的种养殖数量信息、市场价格信息、技术指导信息等，引导农业经营回避"一窝蜂"乱象，发挥大数据的末端服务效能。建立文旅综合信息服务平台，对临夏本地文旅消费市场情况进行汇总、分析，指引文旅业经营者提升服务，合理定价，培育竞争力核心。推进临夏州工业互联网平台建设工程，在5G无线网络和区块链技术两个角度发力，完善州内工业互联网基础设施。

3. 完善城乡居民生活便利性信息引导体系

政府主导、服务供应主体联合建设综合性的生活便利性服务平台，在公共交通以及水、电、气、暖等供应领域，由供应单位联合建设服务平台，实现在线交费、在线开通/停止服务等便捷功能，降低供应单位服务成本，最终形成综合性居民生活便利化服务平台。

4. 建设对外产业服务平台，提升产业服务能力

在旅游业、种养殖和农业服务业优先试点建设，以产业龙头企业为核心，多企业联合打造产业服务平台。打造面向旅客的"临夏旅游"，面向行业客户的"临夏花卉""临夏果菜"线上智慧服务，集合在线订单、网络支付、产地追溯、正品认证等功能，提升临夏行业信息化服务水平。积极推进"上云用数赋智"行动，加快企业上云步伐，推进研发设计、生产加工、经营管理、销售服务等业务数字化转型，培育发展数字化企业；构建数字化供应链，以数字流引领物资流、人才流、技术流、资金流，推进产业数字化、数字产业化发展。

(四) 缔造精准智能的智慧城镇决策辅助

1. 打造城市运转数据直观展现模式

以图形化、动态化展示为基础,将城镇监测数据直观展现给公共治理人员,在交通监控、人流监测、环境监测等重要方面提供实时反馈和分析,发现城镇发展中的杂、乱、难点,降低管理人员对突发事件、城市交通痛点和环境痛点的感知难度,从而帮助决策人员精确找准问题。

2. 建设大数据深度分析能力

依托临夏州大数据云计算中心算力,对长期监测数据进行分析,就有可能发现潜在的关联因素,提升解决问题能力,从而丰富公共治理手段,实现精准调控。

3. 推进智慧化考核能力建设

依靠技术手段实现公共服务考核,解决政务绩效考核指标难量化、数据难计算、考核工作量巨大以及考核主观性大的问题,促进考核自动化和公平化,降低行政考核工作压力和成本。

【专栏10-6】

智慧城镇工程重点项目

城镇核心数据库建设项目:以数据对城镇管控和治理的便捷性及数据安全性为核心要求,开发建立智慧城镇核心数据库,通过部门数据互通实现数据初步填充,为后续城镇大数据智能分析和利用奠定基础。

产业信息平台建设项目:率先在文旅和农业领域开发产业智慧服务平台,主要用于向从业者和相关联企业提供全面市场信息,配合智库体系提供深层次产业咨询服务。

智慧政务考核项目:梳理政务绩效指标,推进以客观数据衡量的部门绩效体系,并借助智慧城镇大数据进行自动化分析和绩效评价。

第十一章
新型城镇化实施保障

一、体制机制保障

(一) 强化综合领导体制

坚持党总揽全局、协调各方,强化党组织的领导核心作用,提高领导能力和水平,为实现新型城镇化提供坚强保证。建立统筹新型城镇化的领导体制,成立党政统筹、部门联动的临夏州新型城镇化工作领导小组,协调解决城镇化发展中的重大问题,研究确定重大战略和配套政策,实现对全州新型城镇化工作的统一领导、统一规划、统一管理、统一协调。临夏州新型城镇化工作领导小组由州委书记领导、州长任组长,以临夏州发展与改革委员会为主体,住房和城乡建设局、公安局、人力资源和社会保障局、文化广电和旅游局、自然资源局、农业农村局、林业和草原局、生态环境局、水务局、交通运输局、教育局、体育局等部门及七县一市的主要领导参与。工作领导小组的主要职责是建立领导小组成员单位联席会议制度,定期沟通协商城镇规划、区划调整、人口流动、社会保障、环境保护、体制改革等方面的突出问题,统筹支持城镇化发展的基础设施、公共服务设施、产业布局等领域重大项目建设;构建科学高效的城镇化发展决策、管理和协调推进机制,对全州新型城镇化发展的战略、规划、政策等重大问题进行研究、协调和决策;将新型城镇化工作纳入临夏州国民经济与社会发展规划,研究制定具体实施方案,明确工作重点和主要任务;制定城镇化发展监测评估体系,实施动态监测与跟踪分析,开展规划中期评估和专项监测，分年度加强对目标责任、工作进度的跟踪检查和阶段性问责问效；根据各县市不同城镇化基础条件、发展阶段和功能定位，进行分类考核，推动规划顺利实施。

（二）创新一体化体制机制

1. 推动城镇一体化发展，协调体制机制创新

随着交通运输、产业转移、要素流动不断增强，临夏州"一心四带多节点"的新型城镇化城镇带相互间的经济联系明显加强，多方向、多领域、多层次相互影响、相互支撑、相互促进的空间耦合互动效应不断显现。临夏市中心城市、七县县城、各类城镇等不同形态间的互促互动功能不断释放，要求破除制约一体化发展的行政壁垒和体制机制障碍，建立统一规范的制度体系和城镇带新型城镇化、城乡融合的工作协调机制，强化制度设计，统筹政策研究和制定，协调解决城镇化发展中的问题。州发展改革委要牵头推进规划实施和相关政策落实，组织实施试点示范，监督检查工作进展情况。各有关部门要切实履行职责，根据临夏州新型城镇化规划提出的各项任务和政策措施，研究制定具体实施方案。各市县人民政府要全面落实规划，建立健全工作机制，研究制定符合本地实际的具体政策措施。

2. 推进要素市场一体化创新建设

——建设产权交易共同市场。以畅通产权市场信息流、资金流为抓手，以统一交易制度为关键，通过构建统一交易系统、统一交易规则和收费标准、统一价款结算体系、产权交易机构主管部门统一监管规则，实现州内土地、房产、文化、国有资产等的出售、承包、租赁、参股、拍卖、兼并、收购和分股买卖等产权交易的"一网通办"。

——提高金融市场一体化程度。以金融支持城镇化建设中的强基础、补短板为抓手，围绕要素集聚度高的省级四个产业园区平台公共配套设施，"双圈"和"四廊"及"生活圈""生产圈""生态圈"交通基础设施，县市一体化交通基础设施，农林水利、生态环保、民生服务、冷链物流设施，市政和产业园区基础设施等建设项目，以贷款和专项债券为工具，通过设立一体化金融机构、推进新型城镇化金融服务、试点跨区域联合授信、提升移动支付水平、推进跨

区域公共信用信息共享、推进一体化绿色金融服务平台建设、推进一体化科技金融服务、建立金融信息共享合作机制等举措,实现州内金融融资活动一体化和金融制度一体化。

——建立土地高效配置机制。以提高城市综合承载力为导向,建立"总量锁定、增量递减、流量增效、存量优化、质量提高"的土地高效配置机制,统筹黄河流域生态保护、农业发展、城镇增容三大空间,建立全域生态保护红线、永久基本农田保护红线、城市开发边界和文化保护控制线四条控制线管控体系,强化土地用途管制和空间管制。深入推进土地制度改革,建设城乡统一的建设用地市场,优化城乡建设用地结构,构建永久基本农田特殊保护格局,强化对南部靠太子山一带和临夏市周围北塬等区域、永靖县盐锅峡镇一带、积石山自治县至康乐县胭脂镇沿线优质农用地的基本农田特殊保护管控。突出"以减定增",推进用地计划"增存挂钩"机制,优先保障县市工业园区建设用地流量,确保临夏十大产业的发展同用地计划有机融合。保持县市合理开发强度,盘活城市存量建设用地,保持临夏城市特色,推动城市有机更新,提升城市空间品质。坚持绿色发展导向和质量绩效导向,提高市县协同效率,优化土地资源配置,以生态产业、皮革毛纺、现代服务业、食品和民族用品等产业向园区集聚为重点,提升四个城镇带土地资源经济密度。

——推动资源市场一体化。以要素资源为抓手,统筹推进资源市场一体化。一是人力资源市场一体化。在全州范围内,实现人社档案系统的档案电子化及统一集中管理;对现有的人力资源公共服务业务流程进行梳理、再造,制定全州共同遵守的、统一规范的办事流程和服务标准;打造全州共建共享的专项技能型人才库,将七县一市各职业院校生源信息纳入人力资源公共服务平台,建立解决重点企业技能型人才用工需求的长效机制;建立联席会议制度和联合招聘活动制度,定期轮流开展七县一市联合赴外引才活动;依托七县一市现有人才服务平台,扩展搭建县市数据共享、互联互通的人力资源公共服务一体化信息平台,实现各项人力资源公共服务事项的异地办理、一网通办,做到"数据多跑路,百姓少跑腿"。二是投资运营一体化。采用投资开发、工程建设、运营管理"三位一体"发展模式,打通从投融资到建设运营的整条产业链,实现对项目全生命周期、全产业链的管控。新成立的临夏州发展(集团)有限公司,主要贯彻落实国家战略和政策目标,政府依法授予其履行出资人职责,开展国有资本投资、工程建设、运营管理工作。成立临夏州城市发展投资公司,其主要负责城市土地储备、资产经营、基础设施及服务设施项目建设和融资开发等工作,目的是成为临夏州发展(集团)有限公司的子公司。改制和整合州四大投资集团公司(临夏州盛河城乡投资发展集团有限公司、临夏州河湟文化旅游投资发展集团有限公司、临夏州水务投资集团有限公司、临夏州农牧投资发展集团有限公司)为临夏州发展(集团)有限公司的子公司。三是旅游资源市场一体化。坚持规划引领、统筹发展,注重文旅产业规划与国土空间规划、城乡总体规划、城镇建设规划相衔接,注重全域统筹、全景打造、全产融合、全时布局,统筹全州旅游资源,构建"一心引爆、双核驱动、三廊贯通、四区崛起"的全域旅游一体化发展布局。以临夏州古生物化石地质旅游廊道建设为抓手,带动廊道沿途城镇基础设施建设和公共服务水平提升,推动城乡融合一体化发展。四是水资源一体化。严格执行《国务院关于实行最严格水资源管理制度的意见》(国发〔2012〕3号)规定,制定全州用水总量控制和需求调节方案,加强水资源统一调度,细化分解各县(市)及重点城镇配套水资源三级区用水指标,加大地下水资源保护。以黄河、大夏河、广通河、湟水河等流域为单元,兼顾沿洮河城镇带、沿兰郎公路城镇带、沿太子山城镇带、沿黄河城镇带等重点区域的发展需求,以采取强化节水措施的水资源供需分析成果为基础,对全州水资源在经济社会系统和生态环境系统之间、不同流域和区域之间以及不同用水行业之间进行合理调配。五是技术要素一体化。积极落实《临夏州支持科技创新若干措施》等科技创新政策,实施临夏州企业研发机构高质量提升计划,以数字创意、生态产业和皮革毛纺等的技术研发为重点,培育龙头企业的技术创新主导地位。推动实施"增品种、提品质、创品牌"工程,加快企业技术改造、新产品研发和知名商标创建工作。支持科技企业与高校、科研机构合作建立技术研发中心、产业研究院等新型研发机构;健全科技成果产权制度,构建科技成果使用权、处置权和收益权机制,实现全州范围内科技成果的统一管理、统一授权、统一使用。

3. 强化基本公共服务一体化

——推进社会保障体系一体化。以社会保障"城乡一体、保障广泛、覆盖全面、水平适度"为原则,推进社会养老保险、基本医疗保险、工伤和生育保险等领域改革。一是在养老保险领域,将城乡居民和企业职工悉数纳入同一养老保险体系,实行统一缴费基数和缴费比例,统一待遇计发办法和调整机制;农业转移人口跨县(区)落户城镇的,按规定对参保缴费人员的城乡居民养老保险关系进行转移接续,各级财政按规定给予缴费补贴。二是在基本医疗保险领域,重点抓好医保"并轨、减负、控费"工作,继续推进公费医疗与职工基本医疗保险制度并轨,实现农民工医保制度与城镇职工基本医保制度并轨;逐步推广建立城乡基本医疗异地结算机制,加快落实医疗保险关系转移接续办法;在不增加缴费的基础上,建立重大疾病医疗保险,免费为所有医保参保人增设重大疾病和意外伤害保障。三是在生育保险领域,落实工伤和生育保险"制度全覆盖"的各项政策措施,凡是与临夏州用人单位建立劳动关系的外地城镇职工都可纳入临夏州的生育保险范畴;出台相关政策,将城镇居民、灵活就业人员以及外地农民工的生育费用纳入基本医疗保险报销范围。

——推进医疗卫生服务体系一体化。州、县市级政府统筹不同区域、类型、层级的医疗卫生资源的数量和布局,促进均衡发展。一是推进医联体建设,强化分级诊疗。探索医联体的建设发展,通过着力提升基层医疗机构诊疗水平、运行效率,合理分流患者,有效控制医疗费用;由卫生行政管理部门制订工作方案,逐步实现基层首诊、双向转诊、急慢分治、上下联动的分级诊疗模式;加强宣传引导,改变百姓就医理念和习惯。二是借助"互联网+医疗",实现医疗服务全覆盖。建立区域性医疗卫生信息服务平台,实现全州人口信息、健康档案、电子病历数据全覆盖,逐步实现全州就诊一卡通。建立医学影像和心电图远程会诊中心、专科医生云诊室、专业技术人员培训云平台。三是统筹整合资源,实现城乡医生一体化。合理配置医生资源,积极推进区域注册,允许公立医院医师多点执业;探索建立医师执业信息数据库,在基层设立"名医专家"和"专科医生"工作室,探索家庭病房、家庭医生预防诊疗体系。

——推进教育发展质量和共享水平。以加快推进县域内城乡义务教育学校建设标准统一、教师编制标准统一、生均公用经费基准定额统一、基本装备配置标准统一的"四个统一"为目标,协调义务教育与城镇化发展之间的关系,统筹推进县域城乡义务教育一体化改革发展,消除城乡二元结构壁垒,推动教育公平发展和质量提升，实现优质教育资源共享，逐步解决"乡村弱、城镇挤"的难题，实现城乡学校布局更加合理，"大班额"基本消除，学校标准化建设取得显著进展，城乡师资配置基本均衡，乡村教师待遇稳步提高，岗位吸引力大幅增强，乡村教育质量明显提升。

——构建现代公共文化服务体系。一是强化政府主体责任。各级政府要承担起公共文化服务的保障主体责任，自觉履行"四个纳入"，即将公共文化服务体系纳入当地经济和社会发展规划，纳入年度工作计划，纳入本级财政预算，纳入政府目标责任制。二是大力推进均等化建设。在服务内容方面，各级政府制定基本公共文化服务标准，市县级政府要用标准化的形式提升基层公共文化服务短板，拉高标杆，协调发展；在服务手段上，倡导推广流动文化，促进县级文化馆分馆、社区博物馆、社区图书馆建设；州政府整合现有的公共数字文化资源，建立全州统一的公共数字文化服务平台，推动公共文化服务与现代科技的融合发展。三是科学布局公共文化设施。各级政府合理确定公共文化设施布局，设施种类、数量和规模、布局要适合当地经济社会发展实际，实现七县一市"市有五馆，县有四馆"的建设目标。四是提升公共文化服务效能。在人员配备方面，向中心镇和常住人口两万以上的折桥镇、南龙镇、城郊镇、枹罕镇、韩集镇、刁祁镇、新集镇、城关镇（和政县）、三十里铺镇、城关镇（广河县）、三甲集镇、祁家集镇、买家巷镇、庄禾集镇、苏集镇、胭脂镇、虎关乡、达板镇、河滩镇、大河家镇、郭干乡、刘家峡镇、盐锅峡镇（共23个乡镇）派驻文化工作员，充实和加强基层文化队伍建设。根据功能及特点，向公众免费或者优惠开放机关、学校和其他企事业单位的文体设施。

（三）优化政府治理机制

1. 创新政府治理体系

健全党组织领导的自治、法治、德治相结合的城乡基层治理体系，把党的领导贯穿于社会治理全过程，充分发挥各级党组织战斗堡垒作用。以推进政府治理体系和治理能力现代化为方向，树立以人为本的理念，以户籍管理制度、土地管理制度、社会保障管理制度为突破口，优化政府的科学决策、规范政策执行机制，创新新型城镇化城乡融合进程中的政府治理体系，为新型城镇化的健康有序发展提供动力源泉与制度保障。

——以人为本的城乡融合发展社会治理。在城乡融合发展过程的多元主体中，社会治理应更多地强调社会，包括社会组织、企业、家庭和个人，通过参与、分享和信任等机制将社会治理与城乡治理过程中的各个要素连接起来；树立以人民为本、服务为先的治理理念，完善城乡治理结构，创新城乡治理方式，提升城乡社会治理水平，最终实现城乡融合发展社会治理的可持续发展。

——完善和推动基层社会治理机制。深化街道、社区、民族集中居住点、易地扶贫搬迁集中安置点、城乡结合部等基层的管理体制改革，优化基层服务供给，形成党建引领、综合服务、综治保障、科技赋能的基层治理机制。推动社会治理重心向基层下移，向基层放权赋能，优化基层管理体制机制，减轻基层组织负担，做强街镇、夯实社区（村），全面推行"街道吹哨，部门报到；社区吹哨，党员报到"制度，建好用好社区党组织书记、社区工作者、志愿者"三支队伍"；完善村级组织体系，加强村干部队伍建设，推进落实"一居（村）一警（辅警）"，提高城乡基层治理水平。完善基层民主协商制度，发挥群团组织和社会组织在社会治理中的作用，健全各类网格"多网合一"运行机制，提升综治中心服务水平，构建共建、共治、共享的社会治理格局。探索八坊十三巷民族集中居住区、达板易地扶贫搬迁集中安置点、临夏市县城乡结合部新型社区等的治理新机制。深化城乡基层治理示范体系建设。

——深化户籍管理制度、土地管理制度和社会保障管理制度改革。州、县级政府应推出同工同酬和同地同权的改革措施，实行"人地挂钩"和"人财挂钩"的城镇化运行机制，让全体社会成员参与到新型城镇化建设中去，建立从乡村到城镇全面覆盖的社会保障体制。

——创新政府社会治理体系，推动优化政府治理机制。创新新型城镇化城乡融合进程中的政府治理体系，推动完善政府治理机制，包括完善治理结构、构建治理组织体系、强化社区参与和服务功能、创新社会治安综合治理、健全防灾减灾应急管理体系、重视互联网治理、发挥人民团体和社会组织的作用、加强社会治理人才培养等。

——优化政府的科学决策、规范政策执行机制。政府在城镇化进程中要建立信息收集和传达机制，建立利益相关者的民主议政机制，完善决策制约和责任追究机制；同时，要实现执行透明化、执行规范化和执行民主化。特别是要充分考虑这种决策和执行机制是否能够满足大多数人的利益，是否能够推动新型城镇化的健康发展，任何有损于新型城镇化发展的体制机制都应予以革除。

2. 建立综合协调机制

——协调横向跨部门联系工作机制。以发展与改革委员会为主体，新型城镇化工作领导小组涉及的部门及各县市各自明确职责，建立统筹推进新型城镇化的协调机制。各市（县）人民政府结合实际，成立推进新型城镇化发展专门协调机构，明确职责分工和目标任务。要打破行政区划，建立临夏市县一体化、四个城镇带区域间城镇化发展协调机制，协调区域城镇职能分工、产业布局和基础设施建设。

——强化纵向多级联动管理机制。构建州级统筹谋划、县级协力推进、乡镇抓落实的三级联动机制，层层落实推进农业转移人口市民化、提高城镇建设用地利用效率、建立多元可持续的资金保障机制、优化城镇化布局和形态、提高城镇建设水平、加强对城镇化的管理等新型城镇化重点工作任务，提高工作的执行力度，形成各级政府参与新型城镇化工作的纵向合力，稳步推进城镇有机更新，不断完善城镇管理和服务，提高城镇发展的宜居性。

3. 强化应急能力体系建设

——完善公共突发事务协同治理机制。制定临夏回族自治州公共突发事件应急管理办法，健全防灾、减灾、救灾体制，推动公共事务治理体系和治理能力建设。构建对突发公共卫生、自然灾害、事故灾难、社会安全事件等公共事务的预防、报告、控制、处置协同治理机制，保证各项应急处置措施有效实施，全面提升全社会应对公共突发事件的能力。

——强化应急管理体系和能力建设，打造全域应急救援体系。建立州级应急管理局、县级应急管理局、乡镇应急管理所、村级应急管理室四级应急管理机构，推进片区应急救援站建设。完善统一指挥、专常兼备、反应灵敏、上下联动、平战结合的应急管理体制。完善和落实安全生产责任制，有效遏制危险化学品、建筑施工、工矿、交通等重特大安全事故。深化应急管理综合行政执法改革，提高应急装备和物资分类分级保障、综合管理与协调能力。加强洪涝干旱、森林草原火灾、地质灾害（山体滑坡、土地塌陷、库岸坍塌等）、地震、疫情等领域监测预警和防灾减灾救灾能力建设。

——加强专业应急救援队伍建设。建立防汛抗旱、森林草原消防、气象灾害、地质灾害、矿山、危险化学品、公用事业、卫生、重大动物疫情等领域"一专多能"的各级专业性应急救援队伍。完善应急管理全民参与的格局，强化社会协同应对突发事件的能力建设。整合社会力量，将社会救援力量作为应急救援的有益补充，主动做好衔接沟通工作，引导社会力量充分发挥各自优势，规范有序参与抢险救灾行动，形成救援合力。

——加强灾害科普宣传，增强全民防灾减灾意识。政府不定期开展防灾减灾知识进社区和农村活动，通过发放宣传资料、播放影片、现场咨询等形式，向居民宣传防震减灾知识，营造全民关注、全民参与防灾减灾的良好氛围。

——加强应急科技支撑体系建设。要充分利用大数据平台，综合分析风险因素，实现应急管理全面感知、动态监测、智能预警、扁平指挥、快速处置、精准监管、人性化服务。

（四）构建智库咨询机制

为保障新型城镇化管理决策的高效、合理和科学性，构建新型城镇化智库咨询机制，新型城镇化重大决策充分吸收智库的意见建议。聘请省内外不同领域高水平的专家组成新型城镇化咨询委员会，充分发挥不同领域专家的优势，以创建民族地区新型城镇化和高质量发展示范区、全国生态文明建设示范州等为目标，持续跟踪研究临夏州在黄河流域上游段生态系统中的国家战略，提出调整优化新型城镇化空间布局的策略，对甘肃省十大绿色生态产业、临夏州"十大产业"进行全产业链战略指导，对县市一体化体制机制、绿色生态产业（文化旅游、现代农业、通道物流、中医中药等）特色化发展、园区产业集聚、城乡融合发展、产业融合模式、县域城市功能定位、品质城市建设、基础设施和服务提升等方面提供咨询和决策建议。

（五）推进国内外合作机制

围绕城市规划、城市基础设施和管理、公共服务体系建设、投融资等领域，加强与欧美、中亚国家的合作关系，积极拓展与丝绸之路沿线、中亚城市间合作交流，加强与世界银行、亚洲银行、国家开发银行等金融机构的合作交流，拓展与长三角、珠三角、京津冀及兰西城市群周边城市间合作交流方式，学习借鉴先进理念、技术和管理经验。各县市要加强与厦门市各区县关于新型城镇化东西部协作、合作交流。鼓励企业、社团和民众多方参与，创新合作方式，丰富合作内容。建立州内城镇化协商推进机制，按照区位最优原则，打破行政区划，联合招商引资，合建产业园区，合理分担税收等收益，引导城镇群产业向开发区、产业园区（基地）集中。

二、政策支持保障

（一）出台综合配套政策

以协调推进脱贫攻坚任务完成后的新型城镇化和乡村振兴为抓手，以推进农业转移人口市民化为重点，全面构建有利于城乡要素配置、产业发展、基础设施、公共服务等相互融合和协调发展的体制机制，出台《临夏回族自治州关于推进新型城镇化和城乡融合发展的政策措施》《临夏回族自治州关于建立健全城乡融合发展体制机制和政策措施的实施意见》《临夏州农村集体经营性建设用地入市指导意见》《临夏州农村宅基地制度改革指导意见》等综合政策及配套文件，指导全州各职能部门、各县（市）的新型城镇化工作，保障全州新型城镇化规划与国民经济和社会发展规划、相关部门城乡规划、土地利用规划、生态环境保护规划、各县市全域旅游规划等相融合，实现全州"一本规划、一张蓝图"。

（二）健全财政支持政策

依靠国家、甘肃省专项财政资金资助及州级财政支持，健全财政支持政策，夯实新型城镇化的财政资金基础。

1. 国家、甘肃省专项财政资金资助

把握上级的政策导向，努力寻求中央和省级财政投资导向与临夏州实际的最佳结合点，强化部门合力，全力包装申报项目，全力争取国家和省重点项目资金支持。积极申请国家关于"三区三州"等深度贫困地区旅游基础设施改造

升级行动、财政部实施乡村振兴战略等国家专项资金。对接中央及甘肃省关于全面推进城镇老旧小区改造的政策，积极申报争取中央财政专项资金、中央预算内投资等中央补助资金及省级财政资金。依据国家发展和改革委员会《关于加快开展县城城镇化补短板强弱项工作的通知》（2020年），落实政府投资重点支持"两新一重"建设的要求，推动地方政府财政资金投入县城公益性固定资产投资项目，符合条件的县城公益性项目可通过中央预算内投资予以适当支持。对接国家产业扶持政策，积极申报文化和旅游部、农业农村部、国家发展和改革委员会等部委的科技示范园等观光与科普一体的现代农业产业园、休闲农业项目、田园综合体建设项目、农业综合开发产业化发展项目、国家中药材生产扶持项目、产城融合示范区项目、区域生态循环农业示范园、农业产业融合发展示范园、农村三次产业融合发展先导区、以绿色为导向的农业等项目的财政补贴资金。优先争取临夏市、永靖县列入县城新型城镇化建设示范名单，获得中央预算内专项资金支持。充分利用甘肃省绿色生态产业发展基金和绿色生态文化旅游产业发展基金，加快构建黄河流域临夏段经济效益、社会效益、生态效益相统一的绿色生态产业体系。在促进新型城镇化发展的交通、水利、林业、环保等基础设施及征地拆迁补偿、提升城市品质等项目建设方面，向省级发改委、农业农村、交通、生态环境、自然资源、水利等对口部门申请资金。充分利用"十四五"时期国家发展和改革委员会计划支持"三区三州"等贫困地区办好一批特色鲜明、优势突出、紧密服务地方教育发展的师范学院的机遇，争取国家资金，新建临夏师范学院。

2. 加大州级财政支持新型城镇化发展的力度

——设立支持新型城镇化发展专项资金。通过不断做大"财政蛋糕"，逐步加大对城镇化建设的财政资金支持力度。州级财政每年在预算资金中单列新型城镇化发展专项资金2亿元，各县（市）也要相应单列城镇化发展专项资金。从改善城镇薄弱环节入手，专项资金主要用于加强污水、垃圾处理等市政公用设施建设；坚持建管并重，进一步加大对道路、管网等设施的维护经费投入力度。在提升城镇硬实力的同时，安排一定的专项预算资金用于提升与新型城镇化建设相配套的教育、医疗、社会保障、住房保障和就业等城镇软实力，促进城乡基本公共服务均等化。

——加快融资担保平台建设。按照省政府《关于促进融资担保发展的意见》和《甘肃省融资性担保机构审批管理办法》要求,在整合现有担保平台的基础上,按照政府主导、多方参与的原则,州、县(市)组建资本金充足、功能完善、市场化运作、符合现代企业管理制度的法人担保机构,有效发挥担保机构作用。通过州级财政资本金注入、社会资本参股入股等方式,扩充政府主导型担保机构的担保基金规模,壮大担保实力。鼓励和引导民间资本投资设立商业性担保机构,建立多层次多元化的担保体系。临夏市、永靖县试点成立政策性风险补偿基金或担保公司,为借款人融资提供增信服务。

——加强财政性资金支持。对符合政府财政支持条件的项目,可通过直接投资、资本金注入、投资补助、贷款贴息等方式,优先安排财政性资金或地方政府专项债券,以促进项目的经营性现金流与贷款条件相匹配。在经费支持方面,通过提高地方政府专项债券作为项目资本金比例等方式,加强与银行信贷投放的配套衔接。

3. 鼓励社会资本设立产业化投资基金

在政府的支持下,鼓励社会资本设立污水处理、燃气热力生产、文化、教育、医疗、养老等经营性领域的产业化投资基金。通过向社会发行基金股份,设立社会发展基金公司,吸纳社会闲散资金。另外,可发展多层次资本市场,提高股权性资本的比重,聚合包括私募股权投资(PE)、风险投资(VC)等在内的各种性质投资,鼓励转债务为股权的金融创新,切实缓解城镇化的资金压力。

(三)创新金融支持政策

1. 信贷专项支持政策

依据国家发展和改革委员会《关于信贷支持县城城镇化补短板强弱项的通知》(发改规划〔2020〕1278号)精神,围绕以产业园区和特色小镇为主的县城产业平台公共配套设施、以5G网络为主的县城新型基础设施,以环境卫生、市政公用、商贸流通、商业步行街和特色街区为主的县城其他基础设施项目,争取国家开发银行等六家银行的信贷专项资金,支持县城城镇化补短板强弱项项目。依据国家发展和改革委员会与国家开发银行签署的《关于支持战略性新兴产业发展的战略合作协议》（2017年），通过投贷联动等创新模式，获得国家开发银行对临夏创新型中小企业信贷支持力度。依据国家发展和改革委员会、财政部与亚洲开发银行共同签署的《乡村振兴的谅解备忘录》（2018年），申报乡村振兴信贷资金，推动临夏州城乡融合发展等乡村振兴重点领域的发展。鼓励开发性、政策性金融机构按照市场化原则和职能定位，对投资运营新型城镇化建设项目、城乡融合典型项目、特色小镇和特色小城镇建设项目的企业进行综合授信，加大中长期贷款投放规模和力度。

2. 专项信托基金和债券政策

依据国家发展和改革委员会《关于做好基础设施领域不动产投资信托基金（REITs）试点项目申报工作的通知》（发改办投资〔2020〕586号），聚焦临夏州仓储物流、数据中心、智慧城市、省经济开发区新兴产业、高科技产业、特色产业项目，申报关于基础设施领域不动产投资信托基金（REITs）。以太子山、黄河三峡康养产业为重点，积极申报中国政府和社会资本合作融资支持基金（中国PPP基金），加大对健康、文化、科技、养老、教育、体育、旅游等公共服务行业投入。依据国家发展和改革委员会《县城新型城镇化建设专项企业债券发行指引》（2020年），积极申报市场化自主经营、具有稳定持续经营性现金流的单体项目或综合性项目，获得县城新型城镇化建设专项企业债券。依据财政部印发《关于加快地方政府专项债券发行使用有关工作的通知》（财政〔2020〕94号），优化新增专项债券资金投向，并将其重点用于国务院常务会议确定的交通基础设施、能源项目、农林水利、生态环保项目、民生服务、冷链物流设施、市政和产业园区基础设施等七大领域。积极支持"两新一重"、公共卫生设施建设中符合条件的项目，可根据需要用于加强防灾减灾建设。依据中央农办、农业农村部、发展改革委、财政部、人民银行、银保监会、证监会七部门联合印发《关于扩大农业农村有效投资 加快补上"三农"领域突出短板的意见》（2020年），争取高标准农田建设工程、农产品仓储保鲜冷链物流设施建设工程、现代农业园区建设工程、动植物保护建设工程、农村人居环境整治工程、农村供水保障工程、乡镇污水处理工程、智慧农业和数字乡村建设工程、农村公路建设工程、农村电网建设工程等方面的农业农村领域补短板重大工程项目建设。在扩大地方政府债券用于农业农村规模、保障财政支农投入、加大金融服务"三农"力度、积极引导鼓励社会资本投资农业农村四个方面,加强农业农村投资力度。加大"新三板"和主板挂牌推动力度,支持河湟文化旅游投资发展集团、燎原、华安、清河源、康美等企业上市,发行企业债券用于新型城镇化建设项目、城乡融合典型项目、特色小镇和特色小城镇建设项目等。

3. 强化社会资本融资

——加大政府政策引导。通过政府相关政策的引导,鼓励金融机构积极开展与城镇化建设相关的金融业务,吸引更多的资金投向城镇化建设。中央和地方政府应该尽快在公共服务等领域明确建设标准、降低准入门槛,让更多社会资本进入,形成多元投资主体。

——引导社会资本有序投入农业农村。进一步推进临夏金控融资担保有限公司为全州精准扶贫、项目建设、产业培育、文化旅游、社会事业发展提供融资担保业务。依据农业农村部《社会资本投资农业农村指引》(2020年),引导社会资本有序投入农业农村,鼓励发展乡村特色文化产业,推动农商文旅体融合发展,挖掘和利用农耕文化遗产资源,打造特色、优秀的农耕文化产业集群。

——引导社会资本投向绿色产业领域。建立全州绿色生态产业项目库,对入库项目给予融资支持,加大政府和社会资本合作(PPP)在生态产业发展领域的推广应用,引导社会资本投向废弃物资源化利用和生态保护修复等领域。鼓励企业通过区域性股权交易市场进行融资,促进绿色生态产业和资本市场深度融合。

——鼓励社会资本参与公益性事业投资和运营。通过特许经营等方式,鼓励社会资本参与城市基础设施等有一定收益的公益性事业投资和运营。政府通过特许经营权、合理定价、财政补贴等事先公开的收益约定规则,使投资者有长期稳定收益。投资者按照市场化原则出资,按约定规则独自或与政府共同成立特殊目的的公司(SPV)来建设和运营合作项目。投资者或SPV可通过银行贷款、企业债、项目收益债券、资产证券化等市场化方式举债并承担偿债责任。政府对投资者或SPV按约定规则依法承担特许经营权、合理定价、财政补贴等相关责任,不承担投资者或SPV的偿债责任。

4. 强化对中小微企业的金融支持政策

——加大对小微企业金融服务的政策支持力度。对小微企业金融服务予以政策倾斜，是做好小微企业金融服务、防范金融风险的必要条件。进一步完善和细化小微企业划型标准，引导各类金融机构和支持政策更好地聚焦小微企业。充分发挥支持性财税政策的引导作用，强化对小微企业金融服务的正向激励。在简化程序、扩大金融机构自主核销权等方面，对小微企业不良贷款核销给予支持。建立科技金融服务体系，进一步细化科技型小微企业标准，完善对各类科技成果的评价机制。在银行业金融机构的业务准入、风险资产权重、存贷比考核等方面实施差异化监管。继续支持符合条件的银行发行小微企业专项金融债，用所募集资金发放的小微企业贷款不纳入存贷比考核。逐步推进信贷资产证券化常规化发展，引导金融机构将盘活的资金主要用于小微企业贷款。鼓励银行业金融机构适度提高小微企业不良贷款容忍度，相应调整绩效考核机制。继续鼓励担保机构加大对小微企业的服务力度，推进完善有关扶持政策。积极争取将保险服务纳入小微企业产业引导政策，不断完善小微企业风险补偿机制。

——积极发挥州工商联作用，助推中小微企业融资。州工商联要按照"整合存量、安排增量"的思路，整合各类扶持中小微企业发展财政专项资金，扩大中小微企业应急周转金和中小微企业贷款风险补偿资金规模，确保每年按10%的增速增加专项资金总量，发挥财政资金的撬动效应，集中用于缓解中小微企业融资难、融资贵问题。发挥政府资金的作用，引导社会资本设立产业投资、创业和风险投资、天使投资等投资基金，支持创新创业型企业加快发展；支持小贷公司、民间资本管理公司、民间借贷登记服务公司、中小微企业票据服务公司等准金融机构发展，为中小微企业和民间资本搭建桥梁。搭建民间融资服务平台，肯定民间资本的合法地位，深化银政企融资对接，提升融资对接精细化水平，落实好中小微企业信用贷款补偿政策，完善融资风险分担机制以及增加对担保公司的保费补贴，加大对担保机构的财税支持，增强担保机构服务中小微企业的积极性，进而完善中小微企业融资担保体系，营造加快企业发展的金融环境。

——培育特色企业上市，不断扩大直接融资规模。围绕经济发展战略和产业发展重点，在特色经济和优势产业中选择一批高成长性企业，统一组织实施直接融资培育工程，通过特色企业上市培育，不断提高资本市场利用水平。加强与省主管部门、监管部门、金融中介机构之间的合作，形成企业上市培育工作合力，集中力量辅导，集中政策扶持，集中资金支持，推动重点培育企业加快上市进程。把握国家加快发展债券市场的机遇，加强对债券融资工具的宣传推介，创造条件参与省上发行的中期票据、短期融资券、中小企业集合债券等融资工具，进一步扩大债券融资和票据融资规模。

——切实降低小微企业融资成本。进一步清理、规范各类不合理收费是切实降低小微企业综合融资成本的必然要求。对小微企业免征管理类、登记类、证照类行政事业性收费。规范担保公司等中介机构的收费定价行为，通过财政补贴和风险补偿等方式合理降低费率。继续治理金融机构不合理收费和高收费行为，开展对金融机构落实收费政策情况的专项检查，对落实不到位的金融机构要严肃处理。

——切实改进中小企业金融服务。努力提高中小企业贷款比重，进一步缓解中小企业融资难问题。建立健全适合中小企业特点的信贷管理机制，切实发挥中小企业信贷专营机构的作用，在风险可控的前提下，简化审批流程、提高审批效率，重点支持符合产业和环保政策、产品附加值高、市场前景较好、资信状况较优、创新和竞争能力较强的中小企业发展壮大。科学合理划分县级支行贷款审批权限，改进信贷考核和奖惩管理方式，提高中小企业开拓信贷市场的积极性，提高对中小企业的信贷服务效率。在有效防范信贷风险的基础上，积极推广动产、知识产权、股权抵押和专利权质押等融资业务，大力发展保理、福费廷等金融产品，推出更多适合中小企业多样化融资需求的金融产品和信贷模式，不断改善中小企业融资环境。

——全面营造良好的小微金融发展环境。推进金融环境建设，营造良好的金融环境，是促进小微金融发展的重要基础。地方政府要在健全法治、改善公共服务、预警提示风险、完善抵质押登记、宣传普及金融知识等方面，抓紧研究制定支持小微企业金融服务的政策措施；切实落实融资性担保公司、小额贷款公司、典当行、投资（咨询）公司、股权投资企业等机构的监管和风险处置责任，加大对非法集资等非法金融活动的打击惩处力度；减少对金融机构正常经营活动的干预，帮助维护银行债权，打击逃废银行债务行为；化解金融风险，切实维护地方金融市场秩序。有关部门要研究并采取有效措施，积极引导小微企业提高自身素质、改善经营管理、健全财务制度、增强信用意识。

5. 加强对"补短板、强弱项"项目的优惠信贷政策

在贷款优惠方面,重点围绕七县一市城镇化"补短板、强弱项"项目贷款执行。按照项目实际需要,金融机构给予原则上不超过20年的中长期贷款。综合运用借款人不动产抵押、动产质押以及在建项目资产抵押、收费权质押等担保方式,对借款人综合实力较强、贷款需求较大、投资回报周期较长的项目,发挥银行业务互促、优势互补的效用,通过银团贷款方式予以协同支持。大力推行"绿色信贷""绿色保险"等金融产品,加大对节能减排、污水处理等产业领域的金融支持,开辟绿色办贷通道,优先开展尽职调查、优先进行审查审批、优先安排贷款投放。对特色农产品根据农产品产品的属性,按照生产周期发放贷款。

6. 营造良好的金融生态环境

——构建多元化金融体系。以"合理布局、明确定位、增强功能"为目标,发展多元化金融体系,构建与经济发展相适应的完整金融生态。支持银行类、非银行类金融机构的联合作用,完善债券市场、保险市场的基础设施建设,鼓励股权交易市场的设立,同时充分发挥政策性银行的政策性业务优势,以基金证券公司、担保公司、商业银行和农村合作社等在内的多组织形式,建立共同为新型城镇化建设提供服务的长效机制,形成多元化的新型城镇化金融服务格局。引进甘肃银行等股份制商业银行,设立该类银行分支机构。鼓励和支持有条件的国有商业银行继续在县域设立分支机构。引导民间资本投资农村金融服务领域,加快组建小额贷款公司、村镇银行、农村资金互助社等新型农村金融机构。

——大力推进社会信用体系建设。以健全信贷、纳税、缴费、合同履约、产品质量等信用记录为重点,加快建设公共信用、企业信用和个人信用服务体系,建立信用信息共享制度。坚持开展诚信道德宣传教育,增强企业和公民诚信意识。综合运用法律、经济、舆论等多种监督手段,构建社会信用激励惩戒机制,形成"法制、征信、教育"三位一体、分工明确、运行高效、监管有力的社会信用体系。

——建立政、银、企合作协调长效机制。建立产业指导信息定期发布制度和项目推荐制度,推进项目建设单位与贷款银行的有效对接,提高项目贷款的成功率。政府有关部门要做好牵线搭桥工作,在帮助企业做好项目筛选、论证的同时,通过召开银企座谈会、重点项目推介会、贷款营销洽谈会等多种方式,及时向银行发布重要经济信息,推介优良项目,促进信贷资金与企业和项目有效衔接。各相关部门要加强中小企业在办理抵押、登记、评估、过户等环节的收费管理,适当减免相关税费,减轻企业融资成本。

——健全金融风险防控体系。加强部门之间的信息沟通和工作协调,建立金融风险预警机制和通报制度,提高金融风险预警能力,切实防范苗头性问题和交叉性、系统性金融风险。按照"预防为主、分业管理、属地负责、分级控制"的原则,建立完善金融突发公共事件应急处置机制,制定和落实应急预案,在政府领导下各成员单位各司其职,确保重大特大金融风险发生时能够快速、稳妥地协同处置,维护金融安全与稳定。建立金融债权追偿协调制度,严厉打击逃废金融债务行为,保障金融机构的合法权益。严厉打击高利贷、非法集资、地下钱庄、非法证券交易、洗钱等犯罪活动,维护金融秩序和社会稳定。

(四) 落实土地供给政策

1. 衔接和对接土地政策

——衔接新型城镇化用地土地政策。依据《全国国土规划纲要(2016—2030年)》(国发〔2017〕3号)、《中华人民共和国自然保护区条例》(2017年国务院令第687号)、《关于支持旅游业发展用地政策意见》(国土资规〔2015〕10号)、《中华人民共和国土地管理法》(2019年修正)、《临夏州国土空间总体规划(2019—2035年)》等文件精神和规划要求,按照资源和生态保护、文物安全、节约集约用地原则,在与土地利用总体规划、城乡规划、风景名胜区规划、环境保护规划等相关规划衔接的基础上,积极推动临夏县市一体化、城市新区、产业集聚区和新型农村社区建设产业发展用地。

——精准对接国家政策导向。用地配置、用地计划要符合国土空间规划、国家产业政策、供地政策和用地定额标准等法规政策规定,要坚持"土地要素跟着项目走"。优先保障临夏市临夏县中心城区规划区、县(市)城区域中心城市和重点城镇建设的用地需求。优化新增建设用地计划指标和城乡建设用地增减挂钩的指标分配,保障县城城镇化补短板强弱项项目的合理用地需求。更改土地利用计划管理方式,使年度用地计划以真实有效的项目落地作为配置依据。为防止产生新的批复而未供土地，确保新增建设用地获批后能在法定期限内供地，加大对建设用地项目情况的审查，建设用地按批次报批时，提供拟建项目用地清单，明确项目具体名称、投资主管部门立项批复及占用土地面积等情况。

2. 严格实行用地计划"增存挂钩"政策

用地计划要遵循临夏发展大势之需，保障为经济社会发展提供必要用地，合理拓展建设用地新空间、全面提升土地节约集约利用水平。明晰国土开发的限制性和适宜性，科学确定国土开发利用的规模、结构、布局和时序，划定城镇、农业、生态空间开发管制界限，引导人口和产业向资源环境承载能力较强的区域集聚。

按批次用地计划实行建设用地增量与存量直接挂钩政策，将批而未供和闲置土地处置情况作为配置土地利用计划的重要依据。依据土地市场动态监测与监管系统数据，明确各县批而未供和闲置土地任务基数，提高批而未供土地处置率和闲置土地处置率，各地要抓紧组织开展相关工作，加大土地盘活利用力度，进而拓展土地"增减挂钩"政策。大力开展建设用地增减挂钩和工矿废弃地复垦利用，产生的新增用地用于建新区项目建设时，不占用全州新增建设用地规模和年度用地计划。要将"增减挂钩"政策作为今后弥补用地计划指标不足的常态化工作，按要求扎实推进。完善征地补偿办法，探索土地增减挂钩指标在市域或区县（市）统筹调剂使用。

3. 推进土地权能和征地制度改革

——规范和约束政府的征地行为。缩小征地范围，建立严格规范、公开透明的征地程序，通过改革完善征地审批、实施、补偿、安置、争议调处裁决等程序，进一步规范和约束政府的征地行为，强化对被征地农民知情权、参与权、监督权的保障。

——完善征地补偿办法，合理确定补偿标准。抓紧修订《临夏州征地统一年产值和区片综合地价标准》，提高农民在土地增值收益中的比例。按照提高被征地农民在土地增值收益中分配比例的原则，综合考虑土地的财产价值、就业功能和社会保障功能等因素，建立和完善多元补偿安置机制，切实做到被征地农民生活水平不降低，确保农民长远生计有保障。对征收的农村村民住宅，应当按照先补偿后搬迁、居住条件有改善的原则，尊重农村村民意愿，采取重新安排宅基地建房、提供安置房或者货币补偿等方式给予公平、合理的补偿，并对因征收造成的搬迁、临时安置等费用予以补偿，保障农村村民居住的权利和合法的住房财产权益。

——探索农民参与土地资本化进程。建立兼顾国家、集体、个人的土地增值收益的分配机制，以政府、社会资本和农民集体共同开发、合作共赢为导向，允许农民通过集体经营性建设用地使用权参与开发经营，合理提高农民收益。

4. 加快推进农村集体建设用地流转

充分发挥市场机制在集体建设用地配置中的决定性作用，加快建设城乡一体化土地市场，积极开展集体建设用地流转。实施临夏州县市农村产权交易平台建设项目，建立完善集体建设用地使用权流转市场和中介服务组织。推进符合条件的集体经营性建设用地直接进入市场流转，推动农村集体经济组织采取出让、出租、联营、作价入股等方式进入土地市场交易。引导农村土地产权规范有序流转，逐步试点城乡土地的同地同权，保障农民土地权益。全面开展农村土地的有偿退出机制，深化农村土地制度改革，保障农民财产权益，在符合地方国土空间规划、产业发展、人群准入、经营能力要求的前提下，在农村集体建设用地可以不改变其所有权的条件下，允许城镇居民投资乡村产业和租赁土地、住房，促进农村土地使用权、承包经营权、所有权流转，实现城乡土地用地同权，促使城乡关系由城市单向性向城乡双向型转变。

5. 建立宅基地退出机制

——建立农村宅基地征地拆迁土地增值收益分配制度。鼓励各地根据土地利用总体规划、城乡建设规划，实施异地搬迁政策。沿用永靖城北新区、达板建设模式，逐步撤销偏、小、远、交通不便、基础设施水平较低、地质灾害多发、重点项目用地区域的自然村。有步骤地推进小于25户的农村居民点撤并，加快集中安置点、小城镇、中心村建设，引导村民逐步向集中安置点、小城镇、中心村集中居住。建立农村宅基地征地拆迁土地增值收益分配制度，研究构建宅基地改造模式选择与土地收益的关系，构建土地银行与乡村振兴的协调机制。探索落户城镇的农村贫困人口在原籍宅基地复垦腾退的建设用地指标由输入地使用。

——统筹农村权益、农村宅基地土地市场化配置。探索农村宅基地改革，实现农村土地市场化配置。开展临夏州农村土地流转及适度规模经营示范补贴项目，对自愿放弃农村宅基地、进城居住且不再申请宅基地的村民，市县政府可给予合理补偿，所需资金从土地出让收益中安排。也可以尝试将农村宅基地对应的土地使用权转化成建设用地指标，有偿流转到人口流入地区，而相应的闲置的农村宅基地复耕成为农业用地，助推农村地区的农业规模经营。

——建立城市宅基地交易制度。探索临夏市和临夏县等城市聚居区范围内对于宅基地及附属建筑物使用权进行长租或者买卖制度，将宅基地纳入集体经营性建设用地的范围，允许依法进行市场交易。

6. 构建城镇用地规模结构调控政策

——坚持最严格的基本农田保护制度和节约集约用地制度。落实国土空间开发保护要求，坚持最严格的基本农田保护和节约集约用地制度。南部靠太子山一带和临夏市周围北塬等区域、永靖县盐锅峡镇一带、积石山自治县至康乐县胭脂镇沿线优质农用地（一等和二等）的基本农田集中区，禁止任何单位和个人在基本农田保护区内建窑、建房、建坟、挖砂、采石、采矿、取土、堆放固体废弃物或者进行其他破坏基本农田的活动。坚持节约集约用地制度，严格土地用途管制，严控新增城镇建设用地规模，严格执行城市用地分类与规划建设用地标准，实行增量供给与存量挖潜相结合的供地、用地政策，提高城镇建设使用存量用地比例。

——优化土地利用结构和效率。以耕地及基本农田布局优化和林地保护为基础，合理布局园地、城镇用地、交通运输、旅游等用地，优化土地利用结构。科学开发利用地上地下空间资源，推动低效用地二次开发，提高城乡土地利用效率。

第一，耕地及基本农田布局优化。在占补平衡的基础上对各县市耕地及基本农田的分布进行适当调整。将基本农田分布集中度相对较高、南部靠太子山一带和临夏市周围北塬等区域、永靖县盐锅峡镇一带、积石山自治县至康乐县胭脂镇沿线优质农用地（一等和二等）分布地域划入基本农田集中区。优化北部干旱半干旱地区马铃薯、玉米、花椒等旱作生态农业，西南部阴湿地区玉米、蚕豆、油菜等耐阴作物种植业的土地利用结构。以永靖县川塬、临夏县北塬灌区为主，在广河县、临夏市、和政县、康乐县、东乡县、积石山县的川塬区水肥条件较好的区域，布局优质无公害蔬菜、反季节蔬菜和水果等，应及时将其调整为耕地及基本农田。

第二，林地布局。坚持退、封、造、护并举，以森林、水资源保护为重点，继续实施莲花山和太子山林场的天然林的保护工程。在和政县松鸣岩国家森林公园和临夏市南龙山、和政县南阳山和永靖县巴米山三个省级森林公园加强荒山造林和疏林、灌木林地的改造，发展生态型林业体系，促进农林结合；在广河、康乐特色畜牧养殖与民族美食体验区进行牧草地布局，为牧业发展提供基础。

第三，园地整合提升布局。围绕和政循环经济产业园区特色林果与生态休闲体验区，在现有园地规模的基础上保证园地面积稳定，着力提高单产能力和综合效益。在园地的利用上，通过生物工程措施提高园地的产出量，系统梳理现状非建设空间内各类用地、设施之间的矛盾，加大对非建设空间用地治理和土地腾退整治力度，实现对全域全类型非建设空间整体统筹管控。园地的发展应逐步由外延扩张转变为内涵提高，挖掘内部潜力，即完成由"量的增加"到"质的提高"的转变。

第四，城镇用地布局的优化。保障以临夏市县城区为中心，以永靖县、和政县县城为次级中心，其余四县以及多个特色重点镇（土桥镇、盐锅峡镇、买家集镇、三甲集镇、苏集镇、达坂镇、大河家镇等）为纽带，以一般建制镇为基础的空间结构，形成合理的组团发展格局，并根据各城镇空间布局形态、城镇发展特点和城镇化发展要求，确定空间规模。统筹全局，战略留白，保障新型城镇化高质量发展。至2030年全州共划定城乡建设用地164.9平方公里，计划战略留白用地10平方公里。

第五，交通运输用地。保障"两纵两横"的高速公路、各类干线公路、沿黄河旅游通道和沿太子山旅游扶贫大通道、兰合铁路、临夏北塬机场等重大交通基础设施用地需求。

第六，旅游用地布局。根据临夏州旅游资源特点、区域分布和开发条件，合理安排布局旅游用地，优化太子山、莲花山森林生态旅游区，刘家峡恐龙足迹群，和政生物化石地质公园与炳灵丹霞地貌景观旅游用地，同时优化马家窑文化、半山文化、齐家文化遗迹旅游用地。

7. 创新各类配套政策机制，优化提升系列用地政策

加强土地调控，推进计划差别化管理，建立健全计划指标分配体系，改进计划编制下达办法，严格计划执行监管考核，增强计划管理的针对性和导向性。大力开展建设用地增减挂钩和工矿废弃地复垦利用。探索开展地下空间资源开发利用，建立地下空间资源有偿使用市场机制。改革城市土地批租制度，建立可持续的城市财政制度。设置零散闲置的农村土地资源规模化入市"土地银行"模式。建立城市更新过程中的低效存量用地改造配套政策体制，对工业用地"标准地"模式进行示范试点。创建基于负面清单限制下的复合型用地模式。地下空间（0~10m）资源纳入建设用地体系。采用年租加税金的方式，改革城市土地批租制度。

（五）强化用水管理政策

1. 水供求调配方案与规划布局优化

根据全州现状及未来城镇化用水效率和水平，按照国家、省州实行最严格水资源管理制度的要求，在原则不突破省上划定的用水总量控制目标的前提条件下，按照"一心四带多节点"的城镇空间格局，细化分解各县（市）及重点城镇配套水资源三级区用水指标，制定全州用水总量控制和需求调节方案，编制临夏州用水总量控制与节约用水方案。

2. 水资源配置突出重点区域，确保水资源配置平衡

严格执行《国务院关于实行最严格水资源管理制度的意见》（国发〔2012〕3号）的规定，加强水资源统一调度，加大地下水资源保护。水资源利用以黄河等地表水源为主，地下水为辅。建设引黄济临、积石山县引水、和广两县小峡小牛圈城乡水源保障工程等供水工程，保障重点城镇、工业园区、粮食主产区用水需求。实施农村安全人饮工程建设，普及农村自来水。加快中型灌区节水改造和末级渠系配套建设，提升供水保障能力，解决全州工程性缺水问题。

以黄河、大夏河、广通河、湟水河等流域为单元、兼顾沿洮河城镇带［包括康乐、广河（三家集）、东乡（达板、唐汪）］、沿兰郎公路城镇带（包括广河县、和政县）、沿太子山城镇带（包括康乐县、和政县、临夏县、积石山县)、沿黄城镇带（包括东乡河滩、永靖县、临夏县莲花镇、积石山县）等重点区域的发展需求。以采取强化节水措施的水资源供需分析成果为基础，按照水资源可利用量对河道外用水消耗实施总量控制；按照河流生态环境用水要求进行断面水量控制，按照节水型社会建设要求进行用水定额控制，按照水功能区纳污能力进行入河排污量总量控制，对全州水资源在经济社会系统和生态环境系统之间、不同流域和区域之间以及不同用水行业之间进行合理调配，使得水资源配置格局与经济社会发展及生态环境保护的要求相协调。在保障经济社会又好又快发展的同时，有效保护水资源，维护生态平衡、改善环境质量。

3. 建立健全计划用水管理和水资源统一调配制度

根据规划的流域水量分配方案、水资源状况和年度预测来水量，按照统筹协调、综合平衡、留有余地的原则，合理动态制定年度用水和水量调度计划。逐步建立将年度水量调配方案、用水计划纳入国民经济和社会发展年度计划的管理机制，建立并完善向取水户下达年度用水计划的制度，建立健全计划用水的监督机制，完善节水绩效考核制度，形成节约有奖、超用惩罚的节水机制，建立促进水资源高效利用的激励机制，建立健全水资源宏观调控制度。适时根据水资源的供求状况、国民经济和社会发展状况，按照水资源供需协调、综合平衡、保护生态、厉行节约、合理开源的原则，制订供求计划。

4. 建立完善水资源有偿使用制度和经济调节机制

按照有利于促进水资源合理开发、节约利用、有效保护，有利于协调水资源可持续利用、经济社会发展和生态环境保护，有利于发挥水资源综合效益的原则，建立水资源与生态环境价值体系，合理确定各地区、各行业和各类资源开发利用活动以及各类用（排）水户的资源环境税（费）标准。

建立健全有利于水资源合理利用、全面节约和有效保护的经济调节政策。完善水资源可持续利用政策体系，制定切实可行的相关政策，积极发挥集体和个人在水资源合理利用、有效保护以及生态环境保护与修复中的作用。充分发挥市场在水资源配置中的导向作用，逐步建立有利于水资源高效可持续利用、有利于生态环境保护的经济和产业政策体系，合理调整经济布局，加快产业结构调整和优化升级步伐。

对不同水源和不同类型的用水实行差别水价，使水价管理走向科学化、规范化轨道。逐步推进水利工程供水两部制水价、城镇居民生活用水阶梯式计量水价、生产用水超定额超计划累进加价。缺水城市要实行高额累进加价，适当拉开高用水行业与其他行业用水的差价。对于农业和生态环境用水，因其用水性质的特殊性，研究制定其合理的水价政策与机制。同时，保证城镇低收入家庭和特殊困难群体的基本生活用水。全面开征污水处理费，未开征污水处理费的地方，要限期开征；已开征的地方，按照成本补偿、微利运营的原则，提高污水处理回用率。

5. 建立水资源开发利用、保护和治理体系

——持续加强水利建设。加快重点水源工程建设，把配套改造现有水源工程与新建新的水源工程结合起来，大力实施跨县（市）区域调水和水资源调蓄工程建设，构建合理布局、保障供给的水资源配置网络。实施南阳渠提质增效及水系连通、引洮济夏水源保障、东乡县布楞沟山旱地林果产业示范园供水、积石山引水工程农业灌溉配套等一批水资源调蓄和区域供水工程，提高城乡供水安全保障程度。推进高效节水灌溉，实施临夏县北塬、东乡那勒寺川等中型灌区续建与节水改造项目。

——加强雨洪管理，建设海绵城市。将海绵城市理念贯彻到城市规划及建设全过程，首先在临夏市采取"渗、滞、蓄、净、用、排"等措施，加大降雨就地消纳和利用比重，降低城市内涝风险，改善城市综合生态环境，将70%的降雨就地消纳和利用；同步在各县县城开展海绵城市建设工程，到2035年城市建成区80%以上的面积达到目标要求。实施临夏市及各县县城的中水利用项目，构建"基质—廊道—斑块"为核心的海绵城市空间格局。加强自然本底保护，充分利用自然地形地貌促进自然积存，利用下垫面自然条件促进自然渗透，利用天然植被促进自然净化。加强水系生态骨架建设，保护和修复坑塘水面、灌溉渠网，重塑健康自然的弯曲河岸线。加强城市建成区透水铺装、下凹绿地、蓄水池等海绵措施的建设与利用，全面增强建筑小区、公园绿地、道路绿化的雨水消纳功能。

——着力构建水安全体系，推进水资源保护及水生态修复。以"南养水源、北保水土、中建绿廊、系统提升"的总体思路，构建全州水安全体系。践行"节水优先、空间均衡、系统治理、两手发力"的新时代治水方针，尊重规律，注重保护和治理的系统性、整体性、协同性。通过保供水、抓节水、优配水、增绿水、防洪水"五水共抓",构建临夏州生态安全、供水安全、防洪安全、水资源高效利用和现代水治理的"五大体系"。

通过工程与非工程措施,实施临夏州水生态环境综合治理工程、临夏州黄河干流临夏段生态廊道工程等,修复已经破坏的水生态环境。在南部实施水源涵养与保护,发展适宜高寒阴湿地区、二阴区的农林经济作物;北部加大水土流失综合防治,发展旱作农林经济作物;中部的黄河干流及洮河、大夏河两岸建设生态廊道,在黄河三峡进行湿地的恢复与保护、退耕还林、还草、还湖等。通过水资源的合理配置,使生活、生产和生态用水得以兼顾,保障河流生态环境用水、湖泊湿地补水和林草植被等生态建设用水,重点解决黄河三峡、广通河、大夏河等流域水生态问题。

——强化饮用水水源地环境保护,确保饮用水安全。实施临夏市槐树关水库水源地、临夏市引黄济临水源地、临夏县城区关滩水源地、临夏县卧龙沟水源地、临夏县山神沟水源地、临夏县杨家河水源地、临夏县土沟台水源地、广河县小牛圈沟饮用水源地、康乐县石板沟水源地、康乐县药水峡水源地、康乐县磨沟水源地、康乐县紫沟峡水源地、康乐县扎子河水源地、康乐县麻山峡水源地、积石山县中峡水源地、积石山县北部崔家峡水源地、积石山县北部五台峡水源地、积石山县中部吊水峡水源地、积石山县南部大茨滩尕阴洼水源地、永靖县刘家峡水库水源地、永靖县盐锅峡水源地、永靖县三塬水源地、永靖县西部王台水源地、东乡县尕西塬水源地、东乡县河滩镇水源地、东乡县董岭乡水源地、东乡县唐汪镇饮用水源地、东乡县达板镇饮用水源地、和政县海眼泉水源地、和政县大峡水源地、南阳渠牙塘水库饮用水源地保护工程,重点推进饮用水水源地保护区划定和保护工作,开展集中式饮用水水源地环境状况评估,加强水质监测和水源环境风险排查整治,保障全区饮用水水质持续稳定达标。

——构建多水源水资源保障体系,注重本地水资源涵养联通。严格控制地下水开采,增强地表水调蓄能力,安排各县(市)1~2个应急水源储备。实施广河县、东乡县、积石山县抗旱应急水源保障工程、临夏州引洮济夏水源保障工程、康乐县农村饮水水源保障工程、大夏河、牛津河等水系连通工程。充分利用外调水资源,实施用水计划的"飞水模式",形成多水源联合调度的供水格局。按照优先利用外调水、就近利用本地水资源的原则，优化水资源配置。建设安全高效的水资源调度与调蓄体系，预留外调水工程廊道及配套设施用地。协调大夏河上游的引用水量，在夏河县适当增加引用水的同时，应保证大夏河下泄水量，确保临夏市县可用水量，保障大夏河临夏市临夏县段生态用水需求。

——统筹山水林田湖草系统治理。实施以土地综合整治、矿山生态修复、地质灾害防治、搬迁避让为主要内容的黄河流域临夏段生态修复工程。以西南部沿太子山麓区域为重点，加大草原、森林、湿地等生态系统的保护和修复力度，增强水源涵养及生物多样性保护能力。以东北部沿库沿河高原区为重点，推进坡耕地水土流失综合治理、淤地坝建设、小流域治理、山洪沟道治理，减少水土流失。争取国家将全州25°以上坡耕地、重要水源地15°~25°坡耕地、严重污染耕地纳入退耕还林还草范围且给予重点支持。大力开展国土绿化行动，加大天然林保护、三北防护林、野生动植物保护、湿地保护修复等重点生态工程实施力度，扎实推进城镇面山、公路沿线、河流两岸、景区周边的生态综合治理。积极争取进入黄河干流上下游横向生态补偿试点范围，协同推进黄河干流生态保护。坚持"治污、造绿、节水、宜居"原则，实施生态移民，积极推进封山禁牧和育林育草，实现生态环境保护与人居环境改善同步推进。

（六）创新招商营商政策

修改完善《临夏州招商引资优惠政策（试行）》（2019年），创新招商举措，大力实施"河州商人回归"工程，全面提升服务水平，着力引进一批绿色环保效应显著、科技含量高、核心竞争力强、带动能力大的好项目，扎实推进招商引资工作向高水平、高质量发展。

1."政策招商"与"产业招商"并重

实行"专业+产业"招商，依据州、县领导分工，按照管行业管招商原则，设立农业、工业和商贸流通业、生态产业、城建、文体教育卫生五个专业招商办，实现招商工作专业化、精准化。制定吸引力更大、操作性更强的临夏州招商引资优惠政策实施细则，鼓励引进财政贡献大、科技含量高的优质项目。其中，县市政府每年安排专项资金5000万元，重点扶持在临夏投资的先进环保、先进装备制造、健康食品、新材料、新能源与新能源汽车、生物医药、高端研发、信息物流、未来科技、高等教育等重大民生产业项目。

2. "多元招商"与"精准招商"同举

积极探索多元化招商方式，形成领导带头招商、小分队招商、以商招商、委托招商、"点对点"对接招商等"小股出击"与"集中推进"相结合模式。同时，依托国内各地的临夏商会，激励他们回家乡投资兴业，动员他们介绍更多的项目落地临夏。

3. "招大引强"与"提质提量"同步

坚守安全和环保两条底线，提高项目准入门槛，推进招商引资向"择商选资"转变，扎实推进招商引资工作向高水平、高质量发展。

4. "优化营商"与"精准服务"同行

充分调研和论证编制招商引资项目，做好土地储备，破解融资难题，打出优化营商环境"精准服务牌"，努力在优化流程上做"减法"。同时，在"加"字上做文章，各职能部门主动靠前服务，不断增量扩面，深度对接企业需求，当好五星"店小二"，用"辛苦指数"换来群众的"幸福指数"、企业的"成长指数"、临夏州的"发展指数"。通过激发企业家的活力、激活市场主体、增强市场主体发展的内生动力等举措，实现共建共享共融合，引领和助力项目市场主体在临夏州不断落地生根。

三、人才支撑保障

以构建城乡一体化人才发展格局为目标，全面推进各类人才队伍建设，打破城乡区域界限和城乡人才的封闭格局，把城乡人才工作作为一个整体，不人为设置体制性障碍，努力改变传统人才工作"重城市、轻农村，重机关、轻基层，重城镇人才、轻农村人才"的不平衡发展状态，实现城乡人才优势互补、相互融合和全面协调发展。

（一）加快人才管理体制改革与创新

坚持两条腿走路，一方面加强高水平人才队伍的建设，另一方面推进人才发展体制改革和政策创新，构建合理的人才流动机制，完善全链条育才、全视角引才、全方位用才的发展体系，最大限度释放和增强人才活力。围绕服务优势产业和转型发展，突出"高端、紧缺、实用"导向，实施领军人才、高层次人才、创新创业青年人才、精准扶贫人才等重大支撑工程，培养一批经济社会发展重点产业领域高层次急需紧缺人才。

（二）建立城乡统一的劳动力市场

全面消除对农村进城务工人员就业的限制性、歧视性、不平等性规定，构建开放透明、公平竞争、统一规范的劳动力市场。通过简化人口登记制度，促进有能力在城镇稳定就业和生活的农村贫困人口有序实现市民化；以均等化、普惠化、便捷化为方向，健全基本公共服务制度，落实基本公共服务项目，完善基本公共服务标准，让农村进城务工人员优先享受当地的公共服务。对外来务工人员实行居住证制度，在社会保障实现全国统筹后，用居住证制度替代现行户籍制度，畅通劳动力城乡流动通道。完善城乡一体化的就业援助制度，逐步将新型职业农民纳入城镇职工社会保障体系。

（三）加大教育投入力度

进一步加大教育投入，实现公共教育资源按照常住人口来配置，改善农村留守儿童和城市流动儿童教育条件。在政府大力支持配备教育设施的同时，采取措施不断吸引优秀人才并鼓励社会上有教学经验的青年老师投身教育事业。大力提升各级各类教师队伍质量，推进中小学教师"县管校聘"改革，盘活现有教师资源，统筹管理县域内教师招聘、分配和动态调整。落实5年一周期不少于360学时的教师全员培训计划。通过州级统筹、县域调剂、动态调配等手段建立以州为主，各县域之间教师动态调剂帮教的调整机制。

（四）加快职业教育及高等教育发展

——建设职业教育基地，健全职业教育培养体系。整合州域职业技能培训资源，构建以州、县市区为主的职业技术教育中心和技工学校、中职学校融合发展体系。每个县建成一所职业技术培训学校，大规模开展终生职业技能培训，强化国家通用语言培训。职业教育专业设置要与临夏州支柱产业和经济社会发展实际相结合、与乡村振兴战略目标相结合、与市场需求相结合、与高职院校专业对接相结合。着力强化专业建设的区域特色和学校特色，发挥临夏州在"一带一路"建设中阿语教育的独特优势，建立起具有临夏地方特色和优势的专业群。完善人事制度改革，加强"双师型"教师队伍建设。以就业为导向，按照州、县两个级别，面向城乡各类劳动者以及行业企业、社会团体、产业园区、职业院校、职业培训机构，统筹推进具有公共性、公益性、开放性、综合性特征的公共实训基地，提供技能实训、技能竞赛、职业技能培训考核评价、创业培训、就业招聘、师资培训、课程研发等服务。

——开展职业技能培训，不断提高就业创业能力。面向沿黄沿洮先进制造、中医中药等战略性新兴产业技能人才紧缺领域，实施"学历证书+若干职业技能等级证书"制度。多渠道开展学生及社会人员的职业技能鉴定、新型职业农民培训、基层文艺人才培训、精准扶贫产业帮扶技能培训，积极引导农村劳动力转移就业和农民工返乡创业就业。依托政府、院校、企业、社会"四位一体"的培训网络，开展临夏美食专业技能和从业人员素质培训，努力打造"河州工匠"品牌。充分发挥州、县、乡、村四级技术推广体系作用，加强农业技术培训和服务。对接教育部等九部门关于《职业教育提质培优行动计划（2020—2030年）》，鼓励农民工和高素质农民等群体报考高职学校，可免于文化素质考试，只参加学校组织的与报考专业相关的职业适应性测试或职业技能测试。

——新建临夏师范学院和临夏现代职业学院文旅学院。充分利用"十四五"时期国家发展和改革委员会计划支持"三区三州"等贫困地区办好一批特色鲜明、优势突出、紧密服务地方教育发展的师范学院的机遇，争取国家资金，加大州财政支持力度，构建"一县一校一中心"格局。新建临夏师范学院，旨在更好巩固教育脱贫攻坚的成果，不断增强贫困地区教育事业发展的内生动力。新建临夏现代职业学院文旅学院，完成教学实训楼和科研合作基地等基础设施建设，引进和培养师资队伍，构建符合临夏文旅特色的课程体系。

（五）建立城乡劳动要素双向流动机制

长期以来农村人口单向流入城市，不仅造成农村发展空心化、老龄化，也严重影响和制约了农村建设和农业发展。通过建立城乡人口合理流动的体制机制,使农村人口愿意留下来建设家乡,也能够吸引城市人口愿意走进来建设农村。要通过人口管理制度改革,优化配置人力资源,逐步消除人口双向流动的户籍壁垒,鼓励热爱农村、愿意到农村发展的城镇人口向农村流动,进而使其所承载的资本、知识、信息、技术等要素协同向农村流动。全面放宽城市落户条件,完善配套政策,促进有能力在城镇稳定就业生活和返乡回乡创新创业的农村人口在城市举家落户。加强城乡人才市场合作,搭建人才联合培养、互换培养平台,建立人才信息发布、人才信息成果共享制度等,为城乡人力资源合理流动和优化配置提供制度基础和政策保障。

(六)统筹推进六类人才队伍建设

——党政人才。开展大规模干部教育培训工作,通过下派任职、多岗交流、挂职锻炼等形式,推进机关优秀干部到服务群众一线、城市管理一线、综合执法一线、信访维稳一线、项目建设一线学习锻炼,强化教育培训实效。

——企业经营管理人才。组织实施青年创业国际计划项目、开展与临夏职业技术学院等大专院校的合作培训,加大对规模以上企业主要经营管理人才以及重点发展的商贸物流、金融服务业领域中小企业经营管理人才的创业能力培训。设立科技特派员创业专项资金,发放中小企扶持资金,支持优秀青年科技人才创新创业。

——专业技术人才。实施专业技术人才知识更新工程,通过开展"城乡互动之光人才培养计划"和"优质教育资源共享行动计划",促进较高专业技术水平的一线教育、卫生、农业技术骨干参与城乡交流;按照"城市+城市"合作发展、"城市+农村"捆绑发展的模式,将城乡教育人才培养工作由个别教师参与的"点"扩展到城乡学校互动的"面",促进城乡教学水平的整体提高。

——高技能人才。与省内和国内高校探索实施人才"订单式"培养、毕业生顶岗实习锻炼,为企业培养和输送一批优秀技术人才。发挥工会、科协等群团组织的作用,组织开展各种劳动竞赛、技术比武、技术革新、岗位练兵等群众性科技创新等活动,为技能人才展示提升才能提供平台。

——农村实用人才。以劳动力转移"阳光工程""百万农民培训"工程和

"城乡互动"人才培养计划为抓手,通过邀请专家集中培训,联系专家服务团成员指导教学,鼓励技术人员结对,鼓励农村实用人才创办经济实体、科技承包、订单式培训、技能培训等措施,培养"土专家"和"田秀才",提高设施农业种植水平、提升技能档次,不断扩大农村实用人才总量,提升整体素质。

——社会工作人才。引导社会从业人员持证上岗,提高家庭服务业从业人员职业技能,对符合条件、经职业技能鉴定考核合格的,颁发职业资格证书且给予80%的学费补助。采取挂职锻炼、培训深造等措施,培养造就一批服务社会的有用之才。

(七) 强化农村人才队伍建设

加强以农村生产经营型人才、专业技能型人才和专业服务型人才为主的新型职业农民培养,提升"土专家""田秀才""农创客"等实用性人才队伍素质。围绕临夏州产业发展的具体要求,加大对新型职业农民的产业发展实用技术的培训,通过线上和线下不同方式让他们掌握更多的实用技术。发挥农民专业合作社、家庭农场、各类农村协会的示范作用,通过村庄内部自治组织来参与新型职业农民的培育,让农业新型经营主体成为新型职业农民培育的有效力量和重要载体。在新型职业农民培育过程中尝试采用积分制的形式,按照不同的积分,在农业产业发展方面给予相应的优惠,进而提高职业农民参与农业的积极性。充分发挥新型职业农民的辐射带动作用,建立新型职业农民协会,吸纳更多的农民加入、转型成为新型职业农民。

四、项目带动保障

深入研究和把握国家宏观政策走向、项目实施动向,依据临夏州发展能力和建设需求,及时储备和更新城镇化重大项目库,坚定不移扩大有效投资,做到"规划一批、储备一批、建成一批"。建立重大项目建设目标责任制,明确责任单位、时间表和路线图,新建项目突出高质量、续建项目突出早见效、停滞项目突出再激活、谋划项目突出补短板,发挥产业项目和基础设施服务项目在带动新型城镇化中的集聚要素作用,全力以赴抓项目、促发展、助振兴,确保重大项目如期完成。严格落实项目基本建设程序,规范招投标管理,强化安全质量监管,提升城镇化重大项目质量安全和社会风险防控水平。

(一)绿色生态示范区重大项目建设

立足州情,紧抓临夏州国家生态文明示范工程试点和国家生态保护与建设示范区建设机遇,充分依托和挖掘各县市绿色发展的巨大潜力,因地制宜、合理布局。以确立绿色生态产业发展的重点领域、主要业态和关键环节为突破口,实施一批县域独具特色的绿色生态示范重大项目,包括旅游文化体育、现代农业、通道物流、现代制造、中医中药、节能环保、清洁能源等产业领域的重大项目,全面带动生态产业整体推进,加快生态产业体系整体构建,促进三次产业互融互通、协调联动。

(二)新基建重大项目

制定临夏州新基建重大项目建设行动方案,按照"成熟一批、开工一批、储备一批"的原则,积极谋划和实施信息基础设施、融合基础设施、创新基础设施方面的在建、新开工、储备中的重大项目。其中,在建项目主要任务是提速建设,对冲疫情影响、稳定经济增长;新开工项目主要任务是加快启动,进一步扩大有效投资、培育新增长点;储备项目主要任务是聚焦引领实体经济转型升级、激活发展新动能,为"十四五"及中长期发展提供坚实支撑。

(三)城镇基础设施、公共设施及城市更新重大项目

在城市公用设施领域,包括健全城市路网系统及交通系统设施,健全停车场等便民设施,扩大普惠性养老、幼儿园和托育服务供给领域的重大项目;在新型智慧城市领域,包括完善城市数字化管理平台和感知系统等;在城市更新领域,对老旧小区、老旧厂区、老旧街区和城中村进行系统改造。

(四)文化传承保护项目

以临夏世界地质公园为创建契机,建设黄河文化遗产保护廊道,积极谋划黄河国家文化公园临夏段文化保护传承项目、临夏花儿展演及非遗民俗展览中

心建设项目、"印象花儿"实景演出项目、葫芦雕刻艺术馆扩建项目、砖雕文化产业园建设项目等一批具有临夏标志性的文化传承保护项目。

五、试点示范保障

坚持"顶层设计、地方为主，因地制宜、分类推进，先行先试、积极稳妥，定期评估、总结推广"，研究制定临夏回族自治州新型城镇化试点方案，选择不同区域、不同规模的城镇，开展新型城镇化综合改革，进行国家特色小镇、集中安置点、美丽乡村试点建设，推动相关政策和举措率先在试点地区落地，探索完善城镇化发展体制机制，积累可复制推广的经验，引导新型城镇化健康发展。

（一）县级综合改革试点示范

选择区位优势独特、产业基础较好、人口规模较大、聚集能力较强的临夏市、临夏县、永靖县开展县级新型城镇化综合改革试点，在县市一体化、多规融合、户籍改革、土地流转、投融资改革、城乡融合、社会保障体系、公共服务均等、创新社会管理、行政区划调整等方面先行先试。

（二）国家特色小镇试点示范

选择和政县松鸣岩镇作为国家特色小镇示范点，在集生产、生活、生态为一体的"三生融合"方面，在产、城、人、文"四位一体"新模式方面，在彰显临夏州产业特色、完善设施服务、凸显临夏人文底蕴、打造宜居环境、引领区域创新发展等方面先行先试。

（三）集中安置点试点示范

选择东乡县达板镇作为易地扶贫搬迁安置点示范点，在迁入地城镇化基础设施建设、搬迁后续产业培育、就业帮扶、社区管理、社会融入等民生方面先行先试。

(四) 美丽乡村示范点

临夏市折桥村作为美丽乡村建设示范点，在贯彻落实乡村振兴战略、高质量推进村庄规划、生态环境、经济发展、公共服务、基层组织建设等方面先行先试。

六、监测考核保障

(一) 加强城镇化统计工作

建立健全城镇化统计监测指标体系，包括人口规模、人口流动、布局、公共服务、基础设施、生态环境等方面的统计监测指标体系，规范统计口径、统计标准和统计制度方法。开展农民工基本情况摸底调查工作，对农民工基本信息、就业、返乡、社保等情况进行调查，动态掌握相关数据和资料。加强文化旅游产业统计，摸清临夏州文化旅游业家底，实现新型城镇化与文化旅游协调发展。采用收入法统计核算文化创意设计、文化休闲娱乐业、"吃住行游购娱"旅游要素及相关产业；综合应用收入法和生产法核算旅游与文化、体育、工业、农业、康养等融合后的增加值。充分利用信息网络、数码相机、GPS卫星定位仪等现代科技手段，对全州文化资源进行统计；挖掘和统计整理民间私人收藏的彩陶、瓷器、玉器、铜器、奇石等实物；加强对临夏砖雕、河州孝贤、保安腰刀煅制技艺等非物质文化遗产及民间艺人、"花儿"传承人的统计工作；加强对保安族、东乡族两个临夏州特有的少数民族文化习俗的统计工作。结合国家乡村旅游扶贫工程观测中心统计监测工作，通过与大数据企业和专业机构合作，加强对古生物化石地质画廊乡村旅游资源的统计工作。

(二) 制定城镇化发展监测评估体系

围绕提高城镇化质量，推进以人为核心的城镇化发展，建立包含绿色生态友好、创新高效发展、社会和谐包容、服务保障全面、城乡空间优化、多元文化完善的全面、综合、科学的城镇化发展评估体系，旨在加强城镇化发展规划、发展方案等实施层面的动态监测,及时进行中期评估。州新型城镇化工作领导小组联席会议研究审议并及时发布各县市城镇化发展报告和年度工作要点,提出相关政策措施实施效果的分析和对策建议,确保城镇化发展政策措施和重点项目顺利实施。

(三) 开展规划分类考核

在实施动态监测与跟踪分析的基础上,建立城镇化发展考核机制。根据七县一市不同城镇化基础条件、发展阶段和功能定位,进行分类考核,切实发挥考核评价的激励、约束和导向作用。

第三篇
经验借鉴

一、甘肃省调整优化新型城镇化空间布局

（一）案例背景

我国新型城镇化空间布局将呈现空间布局形态多元化、空间布局结构协同化、空间布局动力升级化、空间布局约束刚性化的"四化"互动趋势。《甘肃省新型城镇化规划（2014—2020）》（甘政发〔2014〕53号）中，按照省域自然条件和城市发育特点，统筹规划、合理布局，以区域性中心城市和城镇带为依托，以中小城市为重要节点，进一步优化城镇布局和城市空间结构。

（二）关键举措与成效

1. 关键举措

——加快建设以兰白都市圈为核心的中部城市群。围绕打造西部经济发展核心增长极，强化"丝绸之路经济带"战略通道及沟通西南、西北的交通枢纽地位，推进以兰州、白银主城区和兰州新区为核心的都市圈建设。依托兰白都市圈，以陇海兰新铁路、包兰青藏铁路和沿黄经济带为轴线，以定西、临夏等重要城市和城镇为节点，优化城镇布局，完善基础设施，推进跨城市间的产业分工、资源整合和联动发展，促进中部城市群的形成。

——进一步提升河西走廊城市带发展水平。依托河西走廊"丝绸之路经济带"通道的优势，充分发挥酒嘉、张掖、金武等城市组团辐射带动作用，加快同城化和城乡一体化发展，推进形成工业化、城镇化良性互动的河西走廊城市带发展新格局。

——积极推动陇东陇南城市带加快发展。天水及平庆城市组团是"丝绸之路经济带"甘肃段的重要门户。按照甘肃省东部地区的资源、产业和城镇发育特点，以完善交通基础设施为先导，加快区域中心城市和小城镇建设，加强资源整合和产业集聚，促进区域产业纵向分工协作和横向错位发展，推进形成陇东陇南城市带。

——大力促进中小城市和小城镇协调发展。中小城市和小城镇在甘肃省城

镇化进程中有着重要地位和作用,是人口和产业的适宜集聚区,也是城市群(带)的组成部分,具有类型多样、形式灵活、方便宜居等特点,要因地制宜、分类指导、多元推进。

2. 成效简评

"十三五"时期,甘肃省以人的城镇化为核心、以提高城镇化质量为导向,优化空间布局结构,提高空间配置效率,改善空间功能品质,增强空间治理能力,支撑重大区域战略实施,适应经济高质量发展的空间需求,不断解决人民日益增长的美好生活需要和不平衡不充分的发展之间的矛盾,塑造多元、开放、高效、优质的新型城镇化空间布局。

(三) 案例启示

启示1:有序集聚、有机疏解。科学认识临夏州当前人口流动模式复杂多元的特征,把握人口向都市圈地区集聚、都市圈功能向中心城市郊区及外围疏解的内在规律,准确判断农村地区人口减少、部分城市收缩的趋势,顺势而为、合理施策,促进城市人口和功能有效集聚、有序收缩、有机疏解。

启示2:形态多样、尺度多元。临夏州七县一市不同地区城镇化基础条件和阶段差异明显,城镇化空间发展需求和重点不同,要树立"全尺度"思维,政策重点既要指向城市群、都市圈等宏观尺度,也要覆盖科创走廊、发展轴带等中观尺度,以及新城新区、园区社区、特色小镇等微观尺度,加快完善适应多类型城镇化空间形态的治理体系。

启示3:增量管控、存量更新。适应城镇化发展从规模扩张向存量更新转变的趋势,坚持完善增量管控政策与构建存量更新政策并重,临夏州既要严格执行面向增量的管控举措,强化"三区三线"空间管控监督评估,又要加强面向存量土地的制度创新,形成支持城市更新、提质增效的制度性通道。

启示4:科技引领、智慧包容。无人驾驶、远程医疗、量子通信、虚拟现实、增强现实、人工智能、物联网等新技术的加速应用和快速迭代,将深刻改变城镇运行方式和居民生活方式。数字城市、未来社区、智能建筑不断涌现,人们的职住形态复杂多样,由于技术创新导致城镇空间发生实质性变革的可能性显著提高,急需建立以科技为引领,多元开放、韧性包容的城镇化建设和治理体系。

二、漳州全力推进文化、旅游、体育、会展、夜间经济融合发展

（一）案例背景

幸福产业是指以满足人由生存到发展的多元幸福诉求为导向，以健康、绿色、时尚、智慧为特征，旨在提升人的生活质量与幸福感的相关基础产业。2016年6月27日，李克强总理在夏季达沃斯论坛时，首次将旅游、文化、体育、健康、养老并称为"五大幸福产业"。随后，国务院办公厅出台《关于进一步扩大旅游文化体育健康养老教育培训等领域消费的意见》（国办发〔2016〕85号）。

（二）关键举措与成效

1. 关键举措

——一场赛事，彰显融合益处。2019年12月环东山湾"片仔癀杯"中国汽车拉力锦标赛在东山、云霄、诏安、常山开发区等地激情上演，国内顶级赛车手和赛车爱好者云集于此，赛事得到中央电视台全程直播。一次赛事的成功举办，极大激活了漳州文化、旅游、体育等各种优质静态资源，有力推动了产业集聚、资源集聚、人气集聚，培育出产业融合的新业态，提升了漳州的知名度和美誉度。同时，漳州全域的旅游、住宿、餐饮等产业也在此期间得到了进一步的发展，让原本较为冷淡的冬季经济，获得了更强劲的发展。

——"夜游云水谣"，迎合了市场的需求。漳州把目光聚焦在文旅体和会展、夜间经济的融合发展上，一个由多产业融合发展出现的新业态，迎合了市场的需求、赚足了网民的眼球，为漳州这座小镇发展增添了一股强劲的新动力。地处商贸繁华的城市中心区的漳州古城，在积极发展夜间经济的同时，不断加快发展节庆表演、文化娱乐、风味美食、时尚购物等业态，打造"老街情、慢生活、闽南味、民国风、台侨缘"的综合型夜间消费活力聚集区。

2. 成效简评

——爆点就在融合，景点的主体仍是人文景观和自然生态，而经特色夜间

旅游产品的"加持",山水就有了不一般的魅力。

——文化、旅游、体育、会展乃至夜间经济,从行政上看,分属不同部门,但从经济消费上看,它们又密不可分。

——寻求更高层次的体验,是人民群众对美好生活的需要。

——需求反作用于生产,让服务业迎来一场全方位的"供给侧改革"。

——努力促进关联产业、优质资源由分散走向融合,全方位推动高质量发展超越。

(三)案例启示

启示1:"融合"成为突破发展瓶颈的重要抓手,真正让文化等多种业态在临夏融和,成为促进经济转型升级的新动力。

启示2:临夏州需要多渠道筹措资金加大幸福产业投入,开发文化旅游、体育旅游等跨界融合新产品,重点扶持文化旅游、康养等项目建设,在现有产业链条"纵向"延伸和集群"横向"配套上下功夫,培育壮大一批特色产业集聚区,推动幸福产业集聚发展。

启示3:临夏州应充分发挥旅游产业关联性强、带动性大的特点,推动旅游产业与农业、工业、先进制造业、民族特色产品等多种产业,以及城市建设、城乡发展、民族文化等多种事业充分融合,将旅游业培育成为带动社会经济发展的增长性主导产业、群众满意的现代服务业、惠及全民的幸福产业。

三、中山市改善城市交通网络,解决制约经济社会发展瓶颈

(一)案例背景

中山市位于珠江口西岸,属于南北狭长型地带。改革开放后,中山市区的交通可以满足交通流量的需求,基本保持人、车、路的整体和谐。随着旅游业发展、商务活动的增多、外来人口大幅度的上升以及机动车的快速增长,原来的交通建设已不能满足日益增长的交通需求,城市道路拥挤、交通堵塞、乘车难、行车难、停车难、环境污染严重、原规划路网不合理、道路建设与城市规

划不配套等一系列问题逐渐表现出来，这种"城市病"严重影响中山市经济社会发展和城市的良性循环。

（二）关键举措与成效

20世纪90年代初，中山的道路交通基础建设有一个高潮，为当时中山的经济建设打下了良好的基础。之后，历届市委、市政府都把中山市的交通建设作为重要的工作内容来抓。经过多年的努力，中山市交通基础设施建设取得了骄人的成绩。

1. 关键举措

——推进交通基础设施建设，提升内部通达水平。加强中心城区主通道建设，实施拓宽工程；着力解决旧城区道路绕行多、瓶颈多情况；增加公交运营线路，推动"村村通公交"策略、增加城市环道建设，建设立体通行线路，打通断头路，通过以上举措提升了城市内部微循环和道路通行能力。

——强化道路管理治理，提高治堵力度。完善快处机制，对规定时间、规定区域符合轻微事故快处条件、拍照取证后5分钟拒不撤除现场或因撤除不及时引发道路拥堵的，一律依法严格处罚，避免因交通事故加剧交通拥堵；设置小客车专用道，城区南北外环路等符合条件的主干道路设置小汽车专用道，配合公路主管部门在105国道北段设置小型车专用道，加强行车秩序管理和执法监督，提高主干道路通行效率。

——推动智慧交通建设，提高道路管理现代化水平。加大对国省主干道、高速公路等交通基础设施数据采集处理；在已经实现对主城区主要路口红绿灯智慧管理的基础上，扩大互联网+交通信号运行监测评价及优化应用范围，进一步提高实时监测、研判分析、评价及优化服务；对接中山市城乡智慧停车管理系统，发布停车信息。实现智慧决策、智慧预警、智慧服务，全面提升公路决策水平、路网监测能力和智能化管理水平，为公路"畅安舒美"提供有力的数据支撑，为公路应急提供重要的保障，为公众提供个性化的出行服务。

——推动对外交通网络建设，积极融入区域通道建设。重点推进"三环十二射"干线公路建设，进一步优化中心城区与镇区的交通联系，提高中心城区辐射带动能力；建设环珠江三角洲地区高速公路、中山至深圳跨珠江口通道、港珠澳大桥、深港东部通道,及与港澳及环珠江三角洲地区紧密相连的一体化综合交通运输体系;积极纳入由穗莞深、中山—南沙—虎门、广州—佛山—江门—珠海、佛山—东莞四条城际线组成的环珠江口的中环线,形成网络完善、布局合理、运行高效的区域网络道路,提升对外融入能力。

2. 成效简评

——形成发展速度快、覆盖面宽、通行效率高的交通体系。目前中山全市有大型汽车10454辆、小型汽车112099辆,其中城市客车848辆、出租小汽车280辆,实现全市"村村通公交";截至2015年,中山公交集团共有公交营运线路176条,规划建设了3682个公交站点;共有公交营运车辆2113辆,日均运营班次达8079个,日均客运量达58万人次,日均运营里程37万公里。

——城市交通发展对经济社会发展起明显的推动作用。中山市城市交通发展与周边地区已构成交通大网络,为中山地区的物资流通、人员往来带来了很大的方便,促进了中山和周边地区经济社会的发展;中山市利用处于大湾区城市群几何中心的区位优势,以深中通道建设为契机,加快打造大湾区交通网络的"珠西脊梁",为开放中山新格局的形成提供便捷快速的交通支撑。

(三)案例启示

启示1:临夏州通过内部交通基础设施建设,提升内部道路通行能力和水平,提高道路服务效率。

启示2:临夏州通过外部道路网络建设,积极融入区域和国家大通道建设,提升对外融入能力。

启示3:临夏州通过智慧化交通建设,全面提升道路智能化管理水平和能力,为经济社会发展提供了重要的通行保障。

四、广州搭设信息实时共享系统,提升运营效率

(一)案例背景

广州的大数据产业起步较早,政府对大数据的管理和应用也走在前面。早

在 2015 年，广州就设立了专门的大数据管理局，统筹推进政府部门的信息采集、整理、共享和应用，消除信息孤岛；2016 年，经国家发改委、国家工信部和中央网信办三部门批复同意，广东正式启动建设珠江三角洲国家大数据综合试验区；2017 年 1 月，《广州人民政府办公厅关于促进大数据发展的实施意见》出台，提出到 2020 年，培育主营业务收入过 20 亿元的大数据相关领头企业 10 家。

(二) 关键举措与成效

1. 关键举措

——积极推动政务数据开放共享。推动各部门加快数据共享梳理工作，已完成对市财政、教育等 83 个部门 1157 个信息系统 3520 个信息资源的登记注册工作，已归集 51 个部门 405 个主题约 17.6 亿条数据，建立企业、个人、事业单位、公共组织和政府等五类信用主体约 5.4 亿条数据的信用主体库。此外，广州市还并且正在修订第二版政府信息共享目录。

——汇集全市政务信息资源，建立统一政府信息平台。广州市政府信息共享平台是全市统一的数据共享交换的核心枢纽以及政务信息资源的管理服务中心。目前已接入 113 家单位，含 1 个省级政府部门，广州市全部 11 个区级政府、68 个市级政府部门和 33 家银行企业；自然人基础信息库涵盖 1843 万条自然人的学历、工作单位、婚姻、参保登记、公积金等方面信息，法人基础信息库涵盖 174 万家企业、机构的开业登记、年检、税务登记、参保登记等方面的企事业单位和个体户信息。

——强化政务信息系统的运行安全管控机制建设。在数据开放共享中，广州市政府充分考虑了数据安全问题，出台《广州市网络与信息安全应急处置总体预案》《广州市电子政务信息安全管理办法》《广州市电子签名使用管理办法》等办法，对政务信息系统中的个人隐私信息保护，做了严格的要求。同时逐步建立起了政务信息安全和保密安全的准入控制机制，强化政务信息系统的运行安全管控能力，提升信息安全预警和应急处置能力。

2. 成效简评

——减少成本开支。通过整合使用大数据系统，广州削减成本并减少了税务开支，提高了当地公共安全机构的运营效率。多个应急安防机构间的协作联合使运营更加高效，更具成本效益。

——提升运营效率。系统整合是效率的一次巨大飞跃，不仅停留在财务方面还涉及公司运营层面。消防部门的车辆上搭载的移动数据终端与指挥调度系统相连接，当距离火警或突发事件较远时，出警人员依然可以从通信中心获取事件的详细信息。这使他们在达到事发现场之前可以进行预判，做出处理决策。

——促进部门协作、提高参与度。通过共享运营模型，进一步扩展区域协作并实现与其他系统和公共服务的集成。

——开启了信息共享模式。2016年7月1日起，《广州市政府信息共享管理规定实施细则》正式实施，明确了包括户籍、婚姻、出生死亡、企业和个体户等16类基础信息将纳入政府信息共享范畴，行政机关可以依法通过信息共享程序获得信息。信息共享的大门打开了，"互联网+网格化"在内的诸多社会管理也开启了新的模式。

（三）案例启示

广州作为改革开放的前沿城市，在新思维、新技术的应用方面走在前列。通过大数据信息平台建设，广州实现了政务数据开放共享，推动了大数据与产业发展、政府治理及科技创新的紧密结合，发挥了其核心调度、信息共享作用，建成了具有国际竞争力的国家大数据强市。广州政府信息共享平台为我们提供了一个可借鉴的框架，为各地政府数据应用平台的设计和建设提供宝贵经验。

五、宁夏农业银行金融服务城镇化

（一）案例背景

近几年来，宁夏农业银行坚持突出重点原则，在稳妥推进农户贷款的同时，重点满足县域市场具备还款能力的、与大型商业银行经营特点相适应的规模化、商业性信贷需求，通过细分市场找准重点投放领域；坚持商业经营原则，通过对"三农"和县域市场的商业化经营，引导和促进"三农"和县域各类资源的优化配置，实现农行和"三农"的共同成长；坚持差异管理原则，根据县域经济发展的不同阶段和资源禀赋特点，通过差异化的政策安排，细化农村金融市场中的具体操作办法，实现在商业化经营基础上对"三农"和县域的有效服务。这一系列的举措提高了金融对于新型城镇化建设服务能力，弥补了财政方面的缺陷，促进了宁夏城镇化的发展。

（二）关键举措与成效

1. 关键举措

——重点支持县域个人生产生活。以从事种养业农户为基本客户群体，满足农户的生产、生活需要，努力扩大以惠农卡为载体的农户小额贷款覆盖面。重点支持订单农业和处于农业产业化链条上的农户；支持有能力及信用的种养大户、家庭农场、专业合作社社员等规模化经营农户；支持农机大户、农产品运销专业户、多种经营户、个体工商户等经营大户。大力拓展县域个人住房按揭和其他消费类贷款，稳步开展县域中高端个人客户的综合消费和综合授信贷款业务。

——大力支持有优势、特色、带动力强的农业产业。重点支持宁夏回族自治区级及国家级的农业产业化龙头企业的技术研发、基地建设和农副产品收储、加工、销售。加大农副产品加工类、农牧业生产类、轻工业类、医药工业类、农业产业化龙头企业的信贷支持力度。加大对农业产业化重点区域和重点产业集群的支持力度。

——加大农村特色资源开发。立足宁夏的资源优势，择优支持火电、风电、矿产等资源开发；围绕枸杞、清真牛羊肉、奶牛、马铃薯、瓜菜五大战略主导产业，盯住粮食、淡水鱼、葡萄、红枣、制种、牧草六个优势产业和羊绒、中药材等特色产业及其上下游资金链上的客户，发展优势特色经济，逐步深入扩大服务"三农"覆盖面；支持园艺业、民族工艺品制造业、观光农业、农家乐休闲旅游业和名胜风景区等特色产业。

——加大对农村现代商品流通能力建设的支持。支持农村流通网络建设，有选择地支持重点产区和集散地农产品批发市场、集贸市场等流通领域基础设施建设和大型粮食物流节点、农产品冷链系统和生鲜农产品配送中心建设，做好"万村千乡市场""双百市场""新农村现代流通网络"和"农村商务信息服务"建设的配套信贷服务。

——大力推进农村城镇化建设。积极推广"绿色家园"品牌，开展农村城镇化建设贷款业务，以符合条件的政府投融资平台为载体，支持有产业支撑、具备城市化条件、财政基础稳固的县城和经济强镇的水电路气等城镇基础设施项目建设，提升城镇功能；发展有市场需求、自有资金投入比例高的普通住宅开发项目；适度支持规划合理、入驻率高、产业集群明显的市级以上工业园区建设。

2. 成效简评

宁夏农业银行制定的一系列措施，高效扩大了服务"三农"的覆盖面，累计支持涉农企业、合作社等法人单位组织270多个，累计发放涉农法人贷款147亿元；推动了主导产业优化升级，促进农村就业并增加农民收入，为宁夏城镇化建设提供了有力的资金支持，极大推动了城镇化进程。

（三）案例启示

宁夏农业银行制定"县域"业务发展规划，加强对县域经济和金融市场的调查研究，根据县域经济社会发展情况、资源禀赋、因地制宜的出台相应的措施，坚持以人为本，支持重点领域，优化业务结构，提高了金融对城镇化的综合服务能力。目前，临夏州地方政府财政能力有限，财政自给率低，金融对于城镇化的支持能力较低，不断开拓创新，深化金融服务工作是目前重要的工作之一。宁夏与临夏州同处于西部城镇化水平较低的甘肃省，都是少数民族聚居的地区，情况较为相似，宁夏金融服务工作对于临夏州金融服务的改进和发展具有一定的借鉴意义。

六、人才引领产业转型——苏州探索新型城镇化之路

（一）案例背景

自2003年第一次全国人才工作会议后，苏州就开启了人才工作机制的探索

和实践。此后，人才工作得到了历届政府的高度重视，将人才工作提高到驱动地方发展的第一资源和核心战略的高度。在此战略高度下，苏州先后出台了一系列人才政策，推动了苏州区域经济的发展和产业结构转型。

（二）关键举措与成效

1. 关键举措

苏州的人才工作，已经不仅仅局限在苏州市区，更加深入到县市甚至乡镇一级。镇一级单位设置人才科，这在其他地方是非常少见的。同时，各个县市根据本地的区域特色，形成了适合本土的人才工作特色。

——引导人才与当地企业"配对"。以张家港为例，张家港市具有发达的本土规模企业群，拥有19家上市公司，销售额超百亿元的企业有11家。张家港充分利用这一区域特征，探索出一条"本土资本嫁接国际化人才"的道路，通过引导人才与当地资金实力比较雄厚的本地企业"配对"，由本地企业提供创业资金、国际化人才提供技术并占大股份的方式合资成立创业公司，让市场成为吸纳人才、培养人才的主体。

——形成健全的考核体系。为了确保县市一级甚至乡镇一级对苏州人才政策的贯彻性与执行性，苏州从2004年就开始探索人才工作目标责任制考核，2011年已基本形成了一套包括统计公报、县市考核和部门考核三个系列的考核体系。同时，苏州对每个区县的党政领导班子都有明确的人才和科技指标，每个指标都是刚性的、量化的，考核的导向性和接力性非常细致。苏州市委考核县市党政一把手，县市考核下面的部门，形成一个压力传递的过程。这为苏州打造一个被市场广泛认可的、人才自发积聚的创业示范城市提供了很好的基础。

——人才工作的社会化。要充分发挥苏州产业基础较好的优势，挖掘和盘活加快人才发展的存量空间，注重调动社会力量和本土用人主体参与和支持人才工作的积极性，加大科技人才资源向基层一线的集聚力度。

2. 成效简评

截至2020年，苏州共立项支持451家创业企业实现主营业务收入111.04亿元，其中过亿元的15家（2011年为10家），过千万元的101家（2011年为74家）；实现利税16.9亿元，同比增长76%（2011年9.6亿元），一批新的经济增长点正在逐步形成。苏州人才工作，特别是苏州人才结构优化引领产业结构转型升级的工作推进，对苏州区域经济和产业结构转型起到了实质性的作用。

(三) 案例启示

目前，临夏州人才建设的基础薄弱、存量不足、质量不高，现在的人才状况远远无法满足经济发展的需要，如何培养人才、留住人次是现在主要面临的问题之一。苏州人才工作"自上而下，自下而上"局面的形成，为苏州打造一个被市场广泛认可的、人才自发积聚的创业示范城市提供了很好的基础，成为了吸引人才自发积聚的一支重要力量。梳理苏州人才工作，不难发现，意识早、起步早、宏观政策的持续稳定，为苏州人才工作纵深度的开展以及体制机制的建立提供了可能。临夏州应该以构建城乡一体化人才发展格局为目标，全面推进各类人才队伍建设，制定稳定的政策，形成适合本土人才的工作机制，保证人才工作的稳步推进。

七、武城"进城证"让农民"进得来离得开"

(一) 案例背景

2016年山东省政府正式批复《武城县实施产城融合推进就地城镇化试点方案》，要求武城作为全省唯一实施产城融合推进就地城镇化试点县。武城县作为全国农村承包土地经营权抵押贷款试点，2016年3月份颁发了全市首张农村土地经营权证，实现了农村土地所有权、承包权、经营权的"小三权"分离，并在全国率先实行承包土地经营权抵押贷款"项目池"承接担保机制，完善了抵押品交易处置机制。

(二) 关键举措与成效

1. 关键举措

——进城落户农民保留"大三权"来去自由。武城县在全国率先实行农村集体经济组织成员备案证制度，为进城落户农民发放农村集体经济组织成员备案证书,保障了他们的宅基地使用权、土地承包经营权、集体资产收益分配权以及这"大三权"的合法继承权不变。

——针对群众进城意愿强但有诸多顾虑这一矛盾,制定出台"黄金20条"。围绕"离得开",制定实行农村集体经济组织成员转移备案制度,开展"美丽乡村 空心村整治"等5个方面的具体措施;围绕"进得来",实行人才引进无门槛、投资经商(办企业)无限制、农民进城无忧虑、流动人口落户无压力,放宽集体户、家庭户为主要内容的"四无一放宽"落户政策,建立农业转移人口"来去自由"户口迁移机制;围绕"留得住",制定推进产城融合、推进两区同建等四个方面的具体措施;围绕"过得好",制定保障农业转移人口平等享受教育权利、加强公共卫生服务均等化等七个方面的具体措施。

——农民心动又行动、就业又创业。武城坚持以提高城市和农村居民的生产生活质量为核心,对于不适合迁建的村庄积极开展"美丽乡村·空心村整治"和"宅基地换住房"试点工作,建立农户宅基地置换和有偿退出机制,对于选择进城落户居住的,给予一万元的"房票",进城购房时等值使用。同时,高标准建设农村新型社区33个,规划建设四大类16个农民工和农业转移人口创业园区,培育"按时上下班,每月拿工资"的农业工人,实现农村新型社区居住水平和致富载体双提升。

按照政府引导、培训指导、市场主导的原则,武城县努力提升农业转移人口就业创业和增收创收能力,确保农民进城后有稳定工作、有固定收入、有生活保障。武城县已开展创业就业培训35期2000多人,发放创业补贴3.5万元,创业担保贷款700万元,落实职业培训和技能鉴定补贴50.7万元。

——民生基础工作落实、农民安心又放心。2016年以来武城县新建扩建城区小学8处、初中4处,在解决"大班额"问题基础上,又净增学位9000个,为农业转移人口平等受教育提供了坚强保障;新建扩建9个社区卫生服务机构,总面积8500平方米,进一步扩大了卫生资源供给;大力开展保障性安居工程,对凭备案证书在城镇购房的农业转移人口给予每平方米100元补贴,大幅降低了农民进城的住房负担;基础设施建设、惠民政策落实、公共服务保障等关乎民生的基础工作逐步落实到位。

2. 成效简评

作为山东省唯一产城融合推进就地城镇化试点县，武城今年的城镇化工作成果丰硕：将有 1.2 万名农民进城落户，近 1 万名农民就地转移，5000 余户城中村、城边村居民和棚改户改善条件，户籍人口城镇化率将达 50% 以上。

抓住试点机遇，武城坚持群众路线，围绕"离得开、进得来、留得住、过得好"等关键环节，不断完善"1+N"政策体系，探索建立"农村集体经济组织成员转移备案""房票"等 15 个配套办法，让群众"想离离得开、想进进得来、想留留得下、想回回得去、进城过得好、原地有保障"，初步建立起可复制、可推广、可借鉴的就地城镇化新模式。

（三）案例启示

当前，临夏州农业人口市民化面临的主要问题还是户籍政策的限制以及农业人口市民化的转移意愿不足，农民进镇入城最担心的就是失去在农村的权益，因此产生了重重顾虑。武城县公安局围绕"人的城镇化"这一核心，创新推出"来去自由"的户口迁移机制，放活户籍通道，让进城农民想进进得来，想回回得去，确保了农民进城放心、安心。同时，武城县制定的"四无一放宽一落实"政策，即引进人才无门槛、投资经商办企业无限制、农民进城无忧虑、流动人口落户无压力，放宽集体户和家庭户设立条件，落实居住证制度；"来去自由"即让进城落户农民"想离离得开、想留留得下、想回回得去"。这一系列的措施，打消了农民市民化的后顾之忧，有力地促进了农村人口城镇化进程。

八、韶关市仁化县康溪村土地资源的"土地银行"零存整取模式

（一）案例背景

2018 年韶关市仁化县康溪村规模化经营的土地只占 32.6%，闲置土地却占 37.9%，相对成规模的地块大多已经出租，难以再流转形成具备一定规模的农业种植基地，集中使用农村非规模化经营土地、提高单位面积土地产出率刻不

容缓。如何让土地增值，如何让农民觉得土地有利可图，如何使农民回流，使得要素集中、产业兴旺是需要迫切解决的问题。乡村用地存在着增加开发建设成本，提高休闲农业项目在土地使用及建设开发过程中的复杂性，甚至导致现有休闲农业项目存在违法违规用地现象等系列问题。

（二）关键举措与成效

1. 关键举措

——在实行最严格的耕地保护制度的前提下，制定"易复垦、限高度、限规模"的用地标准，推广完善"土地银行"模式，消除乡村产业现代化的"拦路虎"。

——把农户分散的土地承包经营权集中起来，推动土地经营权向种养大户、龙头企业和合作组织有序流转。在土地确权的基础上，农户将各自闲置的零散土地存入"土地银行"，获取相应的租金或分红；"土地银行"将土地进行整合开发，交给休闲农业项目经营者进行经营，收取相应的租金或分红。

——对农民进行有效的转移，让更少的农民经营更多的土地，提倡"田园中国梦"，以三次产业融合发展为基础，以产居融合为特色。

2. 成效简评

——降低了农户与休闲农业经营者之间的交易成本，使流转土地的农民可以安心外出务工、不用担心土地租金，经营者也能放心经营、增加土地投入。

——农村非规模化经营土地"零存整取"，盘活了乡村土地资源及农村集体性资产，引入农业企业、旅游企业、文创企业，将资源变资本、村民变股民、产品变商品，形成农民稳定增收的长效机制。

（三）案例启示

启示1：设置"土地银行"，农村土地资源零散闲置规模化入市。可有效解决"村民入城"后土地资源零散闲置，有效解决类似于休闲农业项目往往存在建设用地指标缺乏、用地成本较高、配套用地政策落实难等棘手问题。

启示2：探索临夏市和临夏县等城市聚居区范围内，对于宅基地附属建筑物使用权进行长租或者买卖的制度，将宅基地纳入集体经营性建设用地的范围，允许依法进行市场交易。

九、广州存量旧厂房与旧工业用地更新改造

(一) 案例背景

2009 年开始,广州的存量用地——旧村庄、旧厂房、旧城镇的数量比较多,存在着这些土地如何改造提升,政府和旧厂房产权持有方的收益怎么分配的问题。

(二) 关键举措与成效

1. 关键举措

——以广东省实施"三旧"改造为契机,广州相应地创立了"三旧"改造和城市更新的政策体系与实施机制,尊重市场化规律发挥市场在资源配置中的基础性作用,激发市场介入活力,盘活存量用地,推进旧村庄、旧厂房、旧城镇改造。这个制度设计的贡献在于允许土地权属人自行改造,在利益分配上,土地权属人可以享受土地增值的收益,也可以协议出让。

——将国有土地旧厂房改造类型扩展为四种:国有土地上旧厂房不改变用地性质,自行改造工业厂房(含科技孵化器)的,只要不分割出让,政府可不增收土地出让金;分割出让的,政府按照《关于科技企业孵化器建设用地的若干试行规定》计收土地出让金。国有土地旧厂房按规划新用途改为商业服务业设施用地的,按商业市场评估价补缴土地出让金。国有土地旧厂房利用工业用地兴办国家支持的新产业、新业态建设的,可按现有工业用地性质自行改造,按照"工改工"政策执行。

2. 成效简评

——加快提升低效存量用地效率,促进城乡融合的高质量发展。旧厂房和工业用地更新改造发展,明确了改造发展目标,统筹产业发展空间布局,优化空间集聚发展条件,切实解决企业在发展过程中的问题。

——促进了产业的转型升级,进一步促进城市的产业转型升级,促进了存

量土地再利用。

（三）案例启示

城市更新过程中促进低效存量用地提升用地效率。在城市更新过程中，可以相应地创立与之相适应的政策体系与实施机制，尊重市场化规律发挥市场在资源配置中的基础性作用，激发市场介入活力，盘活存量用地，推进旧村庄、旧厂房、旧城镇改造。允许土地权属人自行改造，在利益分配上，土地权属人可以享受土地增值的收益，也可以协议出让。加快提升低效存量用地效率，促进城乡融合的高质量发展。

十、浙江省工业项目"标准地"制度

（一）案例背景

2017年8月，浙江湖州德清县为了提高土地节约集约利用，改变供地模式、服务模式，改善招商模式，倒逼转型升级，推出了"标准地"模式。旨在解决工业企业投资项目用地行政审批等环节耗时费力效率不高，一直被项目投资者诟病的问题。

"标准地"是指，在完成相关区域评估的基础上，带着固定资产投资强度、容积率、单位能耗标准、单位排放标准、亩均税收等至少五项基本指标出让的国有建设用地。

（二）关键举措与成效

1. 关键举措

——浙江省发展改革委、省国土资源厅印发了《浙江省企业投资工业项目"标准地"工作指引》《关于加快推进"标准地"改革的实施意见》为标准地改革明确了标准。

——形成了成为标准地的体系流程。完成相关区域评估→确定固定资产投资强度、容积率、单位能耗标准、单位排放标准、亩均税收等出让指标→"标准地"数字地图查询→地块搜索比选→政策规划查询→"标准地"在线招商→传递投资意向→一般企业投资项目审批。

2. 成效简评

——"标准地"改革推动了企业投资项目审批过程减前置、减环节、减流程、减时间。

——"标准地"改革"标准"在先,从源头上消除了项目不实、不清、多变等问题,破解了因环境准入等问题导致的项目无法落实难题,淘汰高污染、高能耗以及落后产能等项目,选出高科技、高产出的好项目;"标准地"改革监督在后,强化了相关部门的监管职责和要求,健全事中事后项目监管,促使政府服务方式大大转变。

(三) 案例启示

启示1:"标准地"模式可高效的推动批而未供和闲置土地的高效利用。在工业用地总量有限的情况下,提升存量用地的工业绩效,创建基于负面清单限制下的复合型用地模式。

启示2:探索临夏州中心城区推广工业项目"标准地"制度,通过政府事前定标准,企业对标竞价、按标施建,政府对标验收,以市场化手段引导企业按需拿地、招引遴选高质量项目落地。

十一、城市功能分区与土地混合利用的协同

(一) 案例背景

城市的功能分区,在不同的历史时期具有不同的内容和特点。在奴隶制时代,有的城市明显地按不同的阶级或阶层进行居住用地的分区。但在实际规划建设过程中,太过明确的城市功能分区却带来土地使用效率低下,城市街景单调乏味,呈现一种机械而没有活力的生活状态。特别是许多地方在新城建设过程中,过于强化功能分区,如产业园区、住宅区、商业区等分散分隔,导致引发产城分离、职住失衡、交通拥堵等严重的城市问题。

（二）关键举措与成效

1. 关键举措

——"增加土地使用的密度"。在一个给定类型的土地使用中，通常是指居住用地，规划师可以增加可用选择的范围。鼓励多种形式和使用期的混合而不是按照不同的密度或户型来分区，增加全局的密度，混合类型的房屋会使不同的人群住在一起，有利于社会融合。

——鼓励"兼容混合"来增加使用的多样性。兼容性混合不会造成矛盾并且可以产生协同效应。例如，在商业和办公区增加高密度居住用途被证明是兼容的，因为靠近商业居住的居民可以光顾或工作在那些商业中。他们的出现会延长在工作时段后的地区活力，创造新的商业机会。

——整合隔离的用途。多种类型用途就近混合需要克服许多监管障碍。例如，司法管辖权经常需要在重工业和其他城市用地之间设置缓冲区，要考虑到环境影响，噪音或交通。

2. 成效简评

城市功能分区与土地混合利用并不对立，而是要在适度分区的基础上，更好地探索土地混合利用，不断提升土地以及土地背后带来的价值。

（三）案例启示

启示1：在临夏市选择具有混合土地使用功能的建设项目开展城市功能分区与土地混合利用的协同示范建设。使居住、办公、商业、酒店和休闲娱乐的基本功能赋予其中。

启示2：在临夏州国土空间规划中将混合土地使用模式明确提出，使之与城市的整体脉络相协调、与周边环境相适应。

十二、南张楼村"巴伐利亚试验"城乡融合

（一）案例背景

20世纪80年代末，山东省有关部门联手德国专家和民间机构，将德国农

村发展经验"移植"到青州市南张楼村,展开了迄今22年的"城乡等值化实验"。借鉴德国土地整理与村庄革新发展经验,建设城乡等值化社会主义新农村的"南张楼模式",成为中国农村发展的一种现实范本。

(二)关键举措与成效

1. 关键举措

——进行土地整理,将废弃高地削平、洼地填平,在增加600亩可用土地的同时实现农户土地连片化。

——重新规划调整村庄功能分区,将原本杂乱无章的村庄重新分片,村东为大田区、村东南为工业区、村北为文教区、村中心地带为生活区,并建成一片休闲绿化区域。重新分区后的生活区和文教区可保持独立安静,原有古河道经治理和绿化成为休闲公园。

——建成全国首家民俗博物馆,以及可容纳千人的乡村礼堂。

——铺设地下节水灌溉管线,耕翻、播种、脱粒、浇灌等农业劳动也实现了全过程机械化作业,以上最大程度地方便了农业生产。

——在土地整理和村庄革新的过程中村民全程持续参与。特别是涉及农户利益的农业结构调整、土地、住宅等变动事项,都要与村民召开大会广泛讨论。涉及全村的事项都要进行集体表决,只要有一户村民不同意也不能确定规划方案。

2. 成效简评

——项目实施前后,全村人口稳定在4000人,没有出现同时期其他乡村一样的人口单向流入城市现象。

——项目实施头一年的1989年,南张楼村年人均收入不足2000元,到2009年时已经超过万元。

——全村形成80多家企业,1989年全村劳动力近90%从事农业,到2009年时全村50%以上劳动力从事非农业工作,农业不再是吸纳劳动力的首位产业。

——基础生活设施完全脱离了传统农村氛围,工作和生活在工业区、大田区、文教区、生活区等社区内,生活方式有明显改善。

——南张楼村民参政的热情逐步提高,不再"让在哪里画钩就在哪里画钩",村民积极参与乡村治理已成为习惯。

——文教中心、集贸中心等具有强力带动作用,对周边村庄形成显著辐射效应。

(三) 案例启示

启示1:与城市生活不同类但等值,让乡村追求与城市不同,更符合农民需求的生产生活方式,是临夏州城乡融合中乡村发展的关键。

启示2:制定科学精密的规划是临夏州推进乡村振兴的重要前提。

启示3:重视乡村社会发展与环境建设,是临夏州实现城乡等值的重要举措。

十三、宁波模式城乡融合

(一) 案例背景

宁波城乡融合发展起步较早、基础较好,从2004年就开始全面实施城乡统筹发展战略,常住人口城镇化率、城乡居民收入比等几个重要指标都位居全省、全国前列。2018年宁波市在其全面实施乡村振兴战略三年行动计划中明确提出要争创全国城乡融合发展先行示范区,目前,"宁波案例""宁波经验"已经在全国得到推广。

(二) 关键举措与成效

1. 关键举措

——按照"城镇高度集聚、农村多样保留"要求,完善城镇和乡村布局体系,构建形成以工促农、以城带乡、工农互惠的新型工农城乡关系,建设城郊十园、特色小镇、田园综合体等新型城乡融合载体。

——建立城乡公共服务标准和质量差距逐步缩小机制,推动城市优质教育、医疗、文化、养老等公共资源向农村覆盖延伸。

——建立完善城乡统一的基础设施建设管理机制,构建覆盖城乡的交通道路、供水供电、信息通信、环卫保洁等基础设施服务网络。

——全面深化城乡统筹综合配套改革,构建城乡统一的户籍登记、土地管理、就业管理等制度及城乡一体的政策体系。

——探索乡村治理新机制,推行小微权力规范化运行,梳理出台了《宁海县村务工作权力清单36条》,让小微权力有了明晰的边界,推进村务工作的阳光运行。

——在2498个行政村推广"村民说事"制度。

——实现"城乡一体、标准一致"的城乡居民低保、基本医保和基本养老保障"三保"并轨。

——"一张蓝图绘到底",多年持续进行农村环境治理。

——率先实施"多权一房"改革,在全国率先试行"房票"质押贷款,被拆迁农户凭拆迁协议就能获得贷款,有效盘活农民数十亿元"沉睡"资产。

——政策性农业保险险种基本覆盖宁波农业主导产品。

2. 成效简评

——宁波城乡居民收入比连续14年保持缩小,目前已小于1.8∶1。

——宁波规范小微权力做法被纳入中央一号文件进行全国推广。

——22个乡镇被纳入省级示范乡镇,建成62个特色精品村。

——乡村旅游营业额达到50亿元。2017年劳均农林牧渔业增加值超过6.3万元。

(三) 案例启示

启示1:临夏州充分发挥城镇对乡村的辐射带动作用,通过各类城乡融合载体建设打通辐射路径。

启示2:按照临夏州城乡"定位不同、功能互补、有机融合、同样美好"的理念统一编制城乡发展规划,实行多规合一,统筹城乡资源要素和管理政策,解决规划城乡脱节和制度区域分割问题,以规划促进融合发展。

启示3:灵活运用多种金融工具,为临夏州乡村发展提供助力和保障。

启示4:为资源和要素流转提供便利,让农民能动性成为临夏州乡村发展核心力量。

附录：
临夏州资源环境承载力分析

城镇化是一个人口向城镇集中的过程，在此过程中一方面是城镇人口的增多，另一方面是城镇数目的增多。伴随城镇化发展，出现了诸如交通拥堵、住房紧缺、环境脏乱等城市病。新型城镇化顺应历史潮流应运而生，相对于传统城镇化而言，更主张人本理念，而适度的人口规模则成为新型城镇化健康发展一个至关重要的因素。构建基于经济承载力人口容量、土地承载力人口容量、可供水资源承载力人口容量、人均建设用地承载力人口容量、生态环境承载力人口容量模型，在此基础上以区域实际为基础，通过层次分析法得出影响人口容量的各系统重要性指数，最终利用线性加权法取得临夏州及各县市符合实际的综合适度人口容量，并以此测度城镇化发展水平，即临夏州理论城镇化水平，通过实际城镇化水平与理论城镇化水平的对比分析，找出新型城镇化在发展过程中存在的问题，并提出相关解决路径。

一、各系统人口容量

（一）基于经济承载力人口容量

经济人口容量是一个地区区域总量经济指标与该区域一定标准的人均经济指标的比值，计算如式（1）。本书采用2019年临夏州及各县市区域GDP为标准。

$$E = GDP_{区域} / GDP_{区域人均} \qquad (1)$$

（二）基于土地资源承载力人口容量

区域土地粮食生产能力是土地资源承载力的最终反映，因此，根据土地粮食生产能力，在确定临夏州及各县市区域人均粮食消费水平下，计算土地资源承载力，即区域土地在不退化的前提下生产粮食所能供养的人口数，计算如式（2）。

$$L_{cc} = G/G_{pc} \tag{2}$$

式中，L_{cc} 为土地承载力，G 为土地生产力（kg），G_{pc} 为人均粮食消费水平（kg/人）。土地生产力以 2018—2019 年各地的平均粮食产量计算，粮食作物以稻谷、小麦、玉米、薯类、豆类为准，人均粮食消费水平参考 395kg/人计算[《国家粮食安全中长期规划纲要（2008—2020 年）》中 2020 年我国人均粮食消费量不低于 395 千克]。

（三）基于可供水资源承载力人口容量

区域水资源承载力下的人口容量为区域可供给的生活用水量与人均综合用水量的比值，计算如式（3）。

$$POP_{ws} = W_A/W_{CPC} \tag{3}$$

式中，POP_{ws} 为可供水资源承载力人口容量，W_A 为区域可供给的生活用水量（三次方米），W_{CPC} 为人均综合用水量（三次方米）。按照《城市居民生活用水量标准》GB 50331—2002，甘肃省属第二分区，城市居民生活用水应在每人每天 85—140 升；按照《甘肃省行业用水定额》（修订本），临夏州临夏市属甘肃省城镇居民生活用水定额三类地域，综合定额为每人每天 100 升，临夏州其他区域属甘肃省城镇居民生活用水定额四类地域，综合定额为每人每天 90 升。考虑到临夏州州情及农村居民生活用水较少，取每人每天 90 升，则临夏州城镇居民平均生活用水量为 32.85 三次方米/人。

（四）基于人均建设用地承载力人口容量

依据《城市用地分类与规划建设用地标准》GB 50137—2011，由于临夏州现状人均城市建设用地规模仅为 30.63 平方米/人，小于 65.00 平方米/人的最低标准，建议尽可能节约利用资源，发展紧凑型城市，因此人均建设用地指标应不低于 65.00 平方米/人，则人口容量的计算如式（4）。

$$C_m = 100 \times 1 \times Q_l/65.00 \tag{4}$$

式中，C_m 为人均建设用地承载力人口容量（万人），Q_l 为城市建设用地量（平方公里）。

（五）基于生态环境承载力人口容量

依据《城市用地分类与规划建设用地标准》GB 50137—2011，绿地占城市建设用地的比例应为 10%—15%，人均绿地面积不小于 10 平方米/人，其中人均公园绿地面积不应小于 8.0 平方米/人，为此得到生态环境承载力人口容量计算公式，如式（5）。

$$C_l = 100 \times Q_l \times 15\% / 10 \tag{5}$$

式中，C_l 为生态环境承载力人口容量，Q_l 为城市建设用地量（平方公里）。研究数据来源于《2018 年临夏州统计资料手册》、临夏州住建局。

二、综合承载力人口容量

通过上述各公式计算，得出各系统理论水平下综合人口容量，然后根据对实际情况的了解，运用权重系数将理论结果进行修正，得到符合实际的综合人口容量。计算如式（6）。

$$P = \sum (w_j x_i) \tag{6}$$

式中，P 为综合承载力人口容量；w_j 为各评价指标的权重，权重采用层次分析法获取；x_i 为单个指标的评价值；n 为评价指标个数。

三、人口潜力指数

人口潜力指数是评价一个地区当前人口数量条件下能够容纳更多人口的潜力，其大小直接决定着该地区未来能否容纳更多人口数量的能力，其值越大表明未来能够容纳的人口数量越多，反之亦然。当值大于 1 时，说明未来能够容纳的人口数量多于实际人口数量，具有吸纳人口的能力；当值小于 1 时，说明实际人口已经超出该地区人口承载力，不具备人口增长的潜力。计算如式（7）。

$$P_t = P_l / P_i \tag{7}$$

式中，P_t 为人口潜力指数，P_l 为研究区理论人口密度，即研究区综合人口容量与该区域土地面积之比（人/平方公里），P_i 为研究区实际人口密度（人/平方公里）。

四、结果与分析

（一）评价结果

根据式（1）~式（6），得出临夏州及各县理论综合承载力人口容量（见附表1）。

附表1　临夏州各县市理论综合承载力人口容量　　　　（单位：万人）

项目	临夏州	临夏市	临夏县	永靖县	广河县	和政县	东乡县	康乐县	积石山县
基于经济承载力人口容量	207.14	29.56	34.37	18.79	24.60	19.62	30.81	24.63	24.76
基于土地资源承载力人口容量	169.58	3.72	32.72	19.99	25.84	12.84	30.59	28.53	15.48
基于可供水资源承载力人口容量	171.23	24.44	28.41	15.53	20.34	16.22	25.47	20.36	20.24
基于人均建设用地承载力人口容量	96.45	36.92	6.08	13.08	8.09	12.15	3.28	10.15	6.69
基于生态环境承载力人口容量	94.04	36.00	5.93	12.75	7.89	11.85	3.20	9.90	6.53
综合承载力人口容量	147.68	26.56	21.57	15.59	17.12	14.63	18.73	18.25	15.35

资料来源：根据《2018年临夏州统计资料手册》测算。

通过附表1，以理论承载力人口容量为基础，根据式（7），得出临夏州各县市理论城镇化率和人口潜力指数（见附表2）。

附表 2　　　　　　　临夏州各县市城镇化发展情况比较

区域	常住人口（万人）	城镇人口（万人）	实际城镇化率（%）	理论城镇化率（%）	人口潜力指数
临夏州	207.14	76.73	37.04	51.96	0.71
临夏市	29.56	26.22	88.70	98.72	0.90
临夏县	34.37	8.18	23.80	37.92	0.63
永靖县	18.79	9.74	51.84	62.48	0.83
广河县	24.60	8.00	32.52	46.73	0.70
和政县	19.62	5.66	28.85	38.70	0.75
东乡县	30.81	7.53	24.44	40.20	0.61
康乐县	24.63	5.78	23.47	31.68	0.74
积石山县	24.76	5.62	22.70	36.62	0.62

资料来源：根据《2018 年临夏州统计资料手册》测算。

以临夏州各县市实际人口密度为基础，将其划分为 4 个类型区，即人口稀少区（$P_i \leq 101$ 人/平方公里）、人口中等区（101 人/平方公里 $< P_i \leq 300$ 人/平方公里）、人口密集区（300 人/平方公里 $\leq P_i < 500$ 人/平方公里）、人口极密集区（500 人/平方公里 $\leq P_i \leq 3321$ 人/平方公里）（见附表 3）。

附表 3　　　　　　　临夏州各县市人口密度及密度等级

区域	实际人口密度（人/平方公里）	理论人口密度（人/平方公里）	人口密度等级
临夏市	3321.35	2987.28	人口极密集区
临夏县	283.35	182.53	人口中等区
永靖县	100.80	84.07	人口稀少区
广河县	457.25	323.86	人口密集区
和政县	204.38	154.33	人口中等区
东乡县	203.77	127.50	人口中等区
康乐县	227.42	170.67	人口中等区
积石山县	272.09	172.35	人口中等区

资料来源：根据《2018 年临夏州统计资料手册》测算。

（二）分析

城镇人口的空间分布往往是城镇化发展、经济活动、社会文化等综合作用的结果。临夏州及各县市理论综合承载力人口容量均低于实际常住人口数量，理论城镇化率均高于实际城镇化率，理论人口密度均低于实际人口密度，人口潜力指数较小。这说明，临夏州及各县市整体城镇化水平偏低，城镇化发展速度较慢，人口分布不均衡。从实际人口密度及人口密度等级区来看，永靖县属于人口稀少区，临夏县、和政县、东乡县、康乐县和积石山县属于人口中等区，广河县属于人口密集区，临夏市属于人口极密集区。依据世界城市化的发展阶段［初期（人口城镇化率在30%以下）、中期（人口城镇化率30%~70%）、后期（人口城镇化率70%~90%）］，按照临夏州各县市人口密度等级对城镇化发展进行分析。

1. 人口极密集区

临夏市作为临夏州州政府所在地，是临夏州的首府城市，也是临夏州的政治、经济和文化中心，理论城镇化率与实际城镇化率分别是98.72%、88.7%，进入城镇化发展后期阶段，理论人口密度和实际人口密度相应最高，是人口极密集区。在这个时期，农村人口向城镇人口的转化趋于停止，这个过程的城市化不再是人口从农村流向城市，而是城市人口在产业之间的结构性转移，主要是从第二产业向第三产业转移。临夏市的人口潜力指数接近于1，说明临夏市有一定的吸纳外来人口的能力，为了进一步推进临夏市新型城镇化建设，需从提高土地粮食生产能力、增加可供水资源量等方面入手。

2. 人口密集区

广河县理论城镇化率和实际城镇化率分别是46.73%、32.52%，属于城镇化发展的中期阶段，农村劳动生产率提高，第一产业剩余劳动力转向第二、第三产业。理论人口密度和实际人口密度分别是323.86人/平方公里、457人/平方公里，是人口密集区。广河县人口潜力指数仅为0.7，说明该地区吸纳外来人口的能力较弱，需从增加城市建设用地量、增加可供水资源量等方面入手来推进新型城镇化建设。

3. 人口中等区

临夏县、和政县、东乡县、康乐县和积石山县的实际人口密度在101人/平方公里至300人/平方公里之间，属于人口中等区。这五县的理论城镇化率均超过30%，从理论上来看，处于城镇化水平的中期，但实际城镇化率均低于30%，处于城镇化水平的初期。该阶段农村人口占优势，工农业生产力水平较低、工业提供就业机会少、农业剩余劳动力得不到释放。同时，这五县的人口潜力指数均较低、吸纳外来人口的能力较弱、城市建设用地量不足成为这五县新型城镇化建设的重要阻碍。

4. 人口稀少区

永靖县实际人口密度分别是100.8人/平方公里，属于人口稀少区。永靖县的理论城镇化率和实际城镇化率均高于30%，处于城镇化水平的中期阶段。该阶段的农村劳动生产率提高，第一产业剩余劳动力转向第二、第三产业，第三产业的比重不断提高。但永靖县的人口潜力指数低于1，说明该地区吸纳外来人口的能力有限，为了提高吸纳外来人口的能力，加快新型城镇化的建设，需不断增加可供水资源量、扩大城市建设用地量。

参考文献

[1] 陈明星,叶超. 深入推进新型城镇化与城乡融合发展的思考与建议[J]. 国家治理,2020(32).

[2] 谢天成,施祖麟. 中国特色新型城镇化概念、目标与速度研究[J]. 经济问题探索,2015(6).

[3] 汪玉凯. 新型城镇化需要新的治理模式——关于中国城镇化的教训与风险[J]. 中国党政干部论坛,2013(7).

[4] 侯祥鹏. 中国城镇化的现实图景、演进逻辑与未来展望[J]. 社会科学文摘,2020(12).

[5] 孙雅姗. 我国新型城镇化的提出背景及现实意义[J]. 西安文理学院学报(社会科学版),2014(5).

[6] 吴宝华. 新型城镇化发展道路模式研究[M]. 天津:天津人民出版社,2018.

[7] 俞云峰. 新型城镇化的实现路径与制度创新研究:城乡统筹的视角[M]. 北京:中国社会科学出版社,2017.

[8] 陈世金. 中国新型城镇化基础设施融资模式研究[M]. 北京:中国社会科学出版社,2017.

[9] 赵旭东. 城乡中国[M]. 北京:清华大学出版社,2018.

[10] 清华大学中国新型城镇化研究院. 走以人民为中心的城镇化道路[M]. 北京:清华大学出版社,2019.

[11] 单卓然,黄亚平. "新型城镇化"概念内涵、目标、内容、规划策略及认知误区解析[J]. 城市规划学刊,2013(2).

[12] 李程骅. 科学发展观指导下的新型城镇化战略[J]. 求是,2012(14).

[13] 河南理工大学城乡发展与社会治理研究中心. 以新城镇化引领城乡统筹发展研究：以河南省为例 [M]. 北京：中国社会科学院出版社，2017.

[14] 吕秀彬. 以人为核心的新型城镇化探析 [J]. 新经济，2021 (4).

[15] 韩保江. 乡村振兴与新型城镇化协同发力 [J]. 中国金融杂志，2020 (3).

[16] 余江，叶林. 中国新型城镇化发展水平的综合评价：构建、测度与比较 [J]. 武汉大学学报，2018 (2).

[17] 卢新海，柯楠，等. 中部地区土地城镇化水平差异的时空特征及影响因素 [J]. 经济地理，2019 (4).

[18] 郭炳南，姚霞飞，唐利. 中国新型城镇化发展水平的区域差异与分布动态演进 [J]. 科学与管理，2021 (11).

[19] 曾建丽，赵玉帛，李淑琪. 京津冀城市群新型城镇化水平时空格局演变及驱动因素研究 [J]. 生态经济济，2021 (10).

[20] 叶继红，项金玉. 长三角城市群新型城镇化质量综合评价研究 [J]. 山东行政学院学报，2021 (4).

[21] 黄敦平，陈洁. 我国新型城镇化质量综合评价 [J]. 统计与决策，2021 (12).

[22] 赵娜. 新型城镇化发展质量的测度与评价 [J]. 统计与决策，2020 (22).

[23] 李苏，董国玲. 新型工业化与新型城镇化发展的互动关系研究——基于宁夏 2005-2019 年数据的实证分析 [J]. 价格理论与实践，2021 (4).

[24] 温婷，张凡，张晓雪. 长江经济带物流业集聚对新型城镇化的影响 [J]. 统计与决策，2021 (20).

[25] 杨志辉，李卉. 财政分权是否促进了新型城镇化 [J]. 经济问题，2021 (3).

[26] 王琴，于秋月，黄大勇. 新型城镇化与旅游业发展的动态关系研究——以长江经济带为例 [J]. 统计与决策，2021 (18).

[27] 张鹏杨，许宁. 旅游产业集聚与新型城镇化发展的实证 [J]. 统计与决策，2021 (11).

[28] 王永瑜，徐雪. 中国新型城镇化、乡村振兴与经济增长的动态关系研究 [J]. 哈尔滨商业大学学报（社会科学版），2021（4）.

[29] 余欣. 居民消费升级与我国新型城镇化建设发展：基于服务业成本视角 [J]. 商业经济研究，2021（17）.

[30] 郭炳南，姚霞飞. 中国新型城镇化与区域协调发展的耦合协调度评价研究 [J]. 吉林工商学院学报，2021（5）.

[31] 朱艳娜，何刚，张贵生，等. 皖江示范区新型城镇化与生态环境耦合协调及空间分异研究 [J]. 安全与环境学报，2021（11）.

[32] 徐雪，王永瑜. 中国省域新型城镇化、乡村振兴与经济增长质量耦合协调发展及影响因素分析 [J]. 经济问题探索，2021（10）.

[33] 邵海琴，吴卫，王兆峰. 长江经济带旅游资源绿色利用效率与新型城镇化的时空耦合协调 [J]. 经济地理，2021（8）.

[34] 姜亚俊，慈福义，史佳璐，等. 山东省新型城镇化与生态环境耦合协调发展研究 [J]. 生态经济，2021（5）.

[35] 张发明，叶金平，完颜晓盼. 新型城镇化质量与生态环境承载力耦合协调分析——以中部地区为例 [J]. 生态经济，2021（4）.

[36] 刘依杭. 新时代乡村振兴和新型城镇化协同发展研究 [J]. 区域经济评论，2021（3）.

[37] 马长发，朱晓旭. 西部地区新型城镇化和乡村振兴互动关系研究 [J]. 生态经济，2021（5）.

[38] 陈晓华，张鑫玲. 乡村发展与新型城镇化耦合协调度及影响因素——以滁州市为例 [J]. 安徽农业大学学报（社会科学版），2021（4）.

[39] 李丹，吴彪，王雪，等. 黑龙江省新型城镇化与耕地利用耦合协调时空分异特征研究 [J]. 中国农业资源与区划，2021（11）.

[40] 唐晓灵，高煜童. 重庆市新型城镇化与农业经济协调发展研究 [J]. 中国农业资源与区划，2021（5）.

[41] 杨梵. 乡村振兴和新型城镇化战略的协同发展 [J]. 国土与自然资源研究，2021（5）.

[42] 张合林，申政永. 乡村振兴与新型城镇化耦合协调发展研究 [J].

区域经济评论，2021（4）．

[43] 夏金梅．新型城镇化与乡村振兴协同发展的时空观察［J］．西南民族大学学报（人文社会科学版），2021（5）．

[44] 闫玉科，陈哲，梁瀚元，等．广东新型城镇化与农业现代化协调发展研究［J］．东北农业科学，2021（4）．

[45] 梁雯，汪皖珍，刘志秀．长三角地区新型城镇化和物流业耦合协调分析［J］．重庆文理学院学报（社会科学版），2021（11）．

[46] 王常军．数字经济与新型城镇化融合发展的内在机理与实现要点［J］．北京联合大学学报（人文社会科学版），2021（3）．

[47] 曹允春，张雪颖．科技创新与新型城镇化耦合协调研究——以长江经济带为例［J］．科技与经济，2021（5）．

[48] 翁异静，汪夏彤，杜磊．产业结构与新型城镇化时空耦合研究——以浙江省为例［J］．数学的实践与认识，2021（9）．

[49] 王飞虎．我国新型城镇化包容性发展的制度创新与模式选择研究［J］，江西社会科学，2020（2）．

[50] 汪雅珍，张廷海．新型城镇化对经济高质量发展的影响研究［J］．河北农业大学学报（社会科学版），2021（4）．

[51] 刘治彦，余永华．以新型城镇化建设促进城乡高质量发展的路径研究［J］．企业经济，2021（10）．

[52] 焦方义，张东超．新型城镇化构建"双循环"新发展格局的机制与路径［J］．新疆大学学报（哲学·人文社会科学版），2021（4）．

[53] 任碧云，郭猛．我国新型城镇化高质量发展的策略研究［J］．经济纵横，2021（5）．

后　记

2020年4月，受甘肃省临夏回族自治州发展和改革委员会的委托，本人负责编写《甘肃省临夏回族自治州新型城镇化规划（2020—2035）》。面对时间紧、任务重、要求高的编制任务，我们迅速组织了由部分高校、科研院所相关领域专家组成的编制组，开展规划编制工作。历经文案研究、现场调研、高层访谈、部门座谈、专题汇报、专家评审等环节，项目得以顺利结项，并获得了临夏州州委、州政府的高度认可和评价。

中国特色的新型城镇化是现代化的必由之路，是解决农业、农村、农民问题的重要途径，也是解决新时代我国社会主要矛盾、推动经济高质量发展的强大引擎。以习近平新时代中国特色社会主义思想为指导，立足新发展阶段、贯彻新发展理念、构建新发展格局、统筹发展和安全，以推动新型城镇化高质量发展为主题，以转变城市发展方式为主线，以体制机制改革创新为动力，以满足人民日益增长的美好生活需要为根本目的，深入实施以人为核心的新型城镇化战略，不仅仅是一个实践问题，更是一个重大理论问题。鉴于此，我们在《甘肃省临夏回族自治州新型城镇化规划（2020—2035）》的基础上，结合最新国家新型城镇化相关政策动态及新时代新型城镇化表现出新的趋势性特征，对相关内容进行了深入细致的再研究、再梳理、再加工，并增加理论指引和经验借鉴篇章，努力做到"匠心独具悟神技，精雕细琢出佳品"。为此，本书得以成形。

本书的各篇章作者为：

第1篇：刘海兵（武汉科技大学恒大管理学院副教授）、金梅（兰州交通大学经济管理学院教授）。

第2篇：第1章，蔡国英（兰州城市学院城市管理学院副教授）；第2章，刘海兵、金梅；第3~4章、第11章，党玮（兰州交通大学经济管理学院教授)、陈玉芝(兰州交通大学经济管理学院副教授)等;第5章,金梅、刘延兵(甘肃省地质调查院工程师);第6章,赵连春(西北师范大学经济学院博士);第7章、第9章、第10章,李志远(兰州大学管理学院副教授)、金梅;第8章,戈银庆(西北师范大学社会发展与公共管理学院教授)。

第3篇:金梅、党玮等。

金梅、党玮作为总负责人,共同负责全书框架的设计以及文稿的审核、总纂与定稿。此外,兰州交通大学经济管理学院在读硕士研究生王展、倪涵、马学文、王天姿、吕蜜、李宵榕、赵学睿、王银灵也参与了其导师承担章节的资料收集、内容撰写及文稿订正工作。

本书得到了临夏回族自治州州委书记郭鹤立的悉心指导,得到了州发展与改革委员会马福华主任、马月清科长及和政县县委书记孔令义等领导的鼎力支持和帮助,得到了甘肃省发展与改革委员会规划处雍海宾处长的关心和帮助,在此深表感谢。在本书出版的过程中,中国财政经济出版社张怡然编辑、张亚琼编辑为本书的出版付出了辛勤的劳动,正是由于她们的悉心编辑,使本书得以在较短时间内交印出版。"投我以桃,报之以李",在这里,向所有为本书问世做出贡献的单位和人士表示最衷心的感谢!

金 梅

2021年11月